dtv

Was hat der Franz damit zu tun, wenn man die Orientierung verliert und sich »verfranzt«? Woher kommt das »Armutszeugnis«, wo liegt das »Wolkenkuckucksheim«, welche Bedeutung hat »Hongkong«? Und war der »Einfaltspinsel« – wortgeschichtlich gesehen – ursprünglich etwa ein Maler? Wolfgang Seidel geht der sprachgeschichtlichen Entwicklung von Wortwurzeln nach, nimmt biblische Begriffe ebenso unter die Lupe wie psychologische oder den Slang der Modewelt, er zeigt, dass Latein und Altgriechisch alles andere als »tote« Sprachen sind und widmet sich nicht zuletzt der stattlichen Anzahl von Schimpfwörtern. Wieso etwa nennt man jemanden einen »Armleuchter«? Fest steht jedenfalls: Der »Lausbub« hat keine Läuse, die »Zimtzicke« keinen Zimt gefressen und auch die »alte Schachtel« ist keineswegs aus Pappe.

Wolfgang Seidel, geb. 1953, studierte Jura. Als Lektor arbeitete er in Stuttgarter und Frankfurter Verlagen. Seit 2001 lebt er als Übersetzer und Autor in München. Bei dtv ist von ihm erschienen: ›Woher kommt das schwarze Schaf?‹ (dtv 34357).
www.seidels-woerterbuch.de

Wolfgang Seidel

Die alte Schachtel ist nicht aus Pappe

Was hinter unseren
Wörtern steckt

Deutscher Taschenbuch Verlag

Von Wolfgang Seidel ist
im Deutschen Taschenbuchverlag erschienen:
›Woher kommt das schwarze Schaf?‹ (34357)

Originalausgabe
November 2007
3. Auflage Februar 2008
© Deutscher Taschenbuch Verlag GmbH & Co. KG
München
www.dtv.de
Das Werk ist urheberrechtlich geschützt.
Sämtliche, auch auszugsweise Verwertungen bleiben vorbehalten.
Umschlagkonzept: Balk & Brumshagen
Umschlagbild: Tullio Pericoli/Margarethe Hubauer Illustration
Satz: Greiner & Reichel, Köln
Gesetzt aus der LinoLetter 7,5/11,75˙
Druck & Bindung: Druckerei C. H. Beck, Nördlingen
Gedruckt auf säurefreiem, chlorfrei gebleichtem Papier
Printed in Germany · ISBN 978-3-423-34449-4

Inhaltsverzeichnis

Vorwort 7

Die Namen der Buchstaben 9
    Das Alphabet 9
    Zur Entstehung der Schrift 17

Stadt, Land & Fluss 20
    Traumorte 20
    Städtenamen 24
    Ländernamen 28
    Flussnamen 40

Himmel & Erde 44
    Der Sternenhimmel 44
    Die vier Elemente 53
    Land & Meer 55

Religion 59
    Grundbegriffe 59
    Die Namen Gottes 68
    Die Namen des Messias 70
    Die Namen des Teufels 70
    Christliche Begriffe 72
    Wörter aus der Bibel 76
    Wörter aus anderen Religionen 78

Staat & Recht 83
    Staat 83
    Recht 94
    Krieg & Frieden 99

Manieren & Höflichkeit 106
    Freundliche Grüße & Herzliche Glückwünsche 106
    Der gute Ton 109
    Anreden & Titel 113

Lifestyle & Mode 116
    Lifestyle 116
    Wörterbuch des Wohnens 118
    Mode 122
    Redewendungen aus dem Kleiderschrank 127

Geist & Psyche 129

Wörter aus dem Lateinischen & Griechischen 136
    Wörter aus dem Lateinischen 136
    Originalton Latein im Deutschen 137
    Wörter aus dem Griechischen 145
    Vorsilben & Nachsilben 148

Nahe Verwandte & Verstärkungswörter 152
    Nahe Verwandte 152
    Verstärkungswörter 158

Worterfinder 164

Schimpfwörter 177

Wörter des Alltags 193
    Weltbegriffe aus dem Deutschen 193
    Aus der Mode gekommen 200
    Vergessene Wörter 206
    Kleine Wörter 215

Abkürzungen 223
Quellenangaben 224
Stichwortverzeichnis 225

Vorwort

Wo stand der erste Elfenbeinturm? Wer war jener Herzog von York, nach dem die amerikanische Weltmetropole New York benannt ist? Warum hat die Sintflut nichts mit Sünde zu tun?

Wörter und ihre Herkunft kennenzulernen, heißt auch immer, die Welt ein bisschen besser kennenzulernen. Denn die Welt begreifen wir durch Begriffe. Dabei haben nicht nur große Weltbegriffe eine ganz konkrete Entstehungsgeschichte, sondern ebenso kleine, auf den ersten Blick ganz unscheinbare Wörter wie »gleich«, »quer«, »sehr« oder »zwecks«. Auch unser Alphabet und die Namen der Buchstaben sind nicht vom Himmel gefallen. Sie entwickelten sich vielmehr aus sehr konkreten Anschauungen. So stellte der Buchstabe »A« ursprünglich einen Rinderkopf dar und der Buchstabe »B« symbolisierte ein Haus. »M«, ein uraltes Symbol für die Wellenlinie an der Oberfläche des Wassers, bedeutete schon als Hieroglyphe bei den alten Ägyptern »Meer«. Nicht nur diese Beispiele zeigen, dass Sprache und Wörter Wissensspeicher und lebendiges kulturelles Gedächtnis sind. Die Kapitel »Stadt, Land & Fluss« und »Himmel & Erde« verdeutlichen, woher Begriffe, mit denen wir den Raum unserer Welt beschreiben, ihre Namen haben. Oft haben sie einen mythologischen oder historischen Ursprung. Und auch die Antike ist in unserer heutigen modernen Sprache noch sehr lebendig. Unendlich viele Wörter, die wir tagtäglich verwenden, stammen direkt aus dem Lateinischen oder Griechischen. Ein eigenes Kapitel zeigt von »a cappella« bis »Zäsur«, wie nahe die antiken Sprachen uns im Grunde noch sind.

Dieses Buch lehnt sich in seinem thematischen Aufbau und in seiner erzählerischen Art an mein erstes Buch ›Woher kommt das schwarze Schaf?‹ an. Auch in diesem neuen Band werden überwiegend Alltagsbegriffe, Wörter aus der Umgangssprache behandelt. Dazu zählen natürlich auch die »Schimpfwörter«. Jedes Kapitel lädt die Leser zu einer Entdeckungsreise in die wundersame Welt der Wortgeschichte ein, die viel Spannendes, Kurioses und Überraschendes bereithält.

Ganz herzlich danken möchte ich meinen Erstlesern Markus Bennemann und meinem Bruder Thomas Seidel. Sie haben mir schon in einem frühen Stadium des Manuskripts mit anregenden Hinweisen und konstruktiver Kritik sehr geholfen.

WS

Die Namen der Buchstaben

Das Alphabet

Unsere Buchstabennamen »A, B, C, D« sind mehr oder weniger »Abkürzungen« der griechischen Buchstabenbezeichnungen »Alpha, Beta, Gamma, Delta« etc. Mit dem Alphabet übernahmen die Griechen um das Jahr 1000 v. Chr. auch die »Buchstabennamen« aus dem phönizischen Kulturraum des Nahen Ostens.

Das alte Phönizien war durch Handel und Wandel ein Kreuzungspunkt bronzezeitlicher Hochkulturen (Babylonier, Ägypter), die alle bereits – teilweise jahrtausendealte – komplizierte Schriftsysteme besaßen. Bei den Phöniziern vermischten sich diese und sie wurden radikal vereinfacht. Das ging natürlich nicht von heute auf morgen. Die Phönizier setzten auch keine »Rechtschreibkommission« ein, sondern es war wiederum ein Prozess über mehrere Jahrhunderte. Am Ende stand etwas revolutionär Neues: Es gab nur noch 17 einfache Zeichen, denen jeweils ein bestimmter Laut zugeordnet war.

Am Anfang der Alphabet-Entwicklung bildeten all diese phönizischen Laut-Zeichen konkrete Dinge ab. Das beste Beispiel ist das »M«. Urspr. sah das Zeichen so aus: ∽∽ . Diese Zickzacklinie symbolisiert Wellen an der Wasseroberfläche. In der phönizisch-hebräischen Sprache heißt »Wasser« *mem*. Die Zickzacklinie (später der Buchstabe) stand für den Laut »m« und der Name dieses Buchstabens war *mem* oder, wie wir heute sagen, »em«. So ist der Name dieses Buchstabens entstanden.

Die Phönizier verwendeten zur Buchstabenbezeichnung weitverbreitete, leicht verständliche und klar auszusprechende Wörter, die zudem gut mit sinnfälligen Zeichen darzustellen waren. Zur Erklärung der Buchstabennamen lässt sich gut das Hebräische heranziehen, da Phönizisch und Hebräisch eng verwandte semitische Sprachen sind.

Die Griechen konnten mit einigen phönizischen Lautzeichen nichts anfangen, weil die Laute in ihrer Sprache nicht vorkamen. Sie veränderten das phönizische Alphabet ein wenig, indem sie frei gewordene Zeichen für die Vokale nutzten. Das fing schon bei »A« an. Die ältesten, fast unverändert aus dem Phönizischen übernommenen Buchstaben sind A, B, C, D, E, H, I, K, L, M, N, O, P, Q, R, S, T, Y. Die anderen Buchstaben F, G, J, U, V, W, X, Z sind spätere Abwandlungen und Ergänzungen.

Mit etwas Fantasie kann man gut erkennen, aus welchen anschaulichen Zeichen sich unsere Buchstaben entwickelt haben:

A

Der Name des Buchstabens »A« lautet im Griech. *Alpha,* im Heb. *'alef*. Dem entspricht das phönizische Wort *'alp* = Rind. Auch das Zeichen selbst stellt nichts anderes als einen Rinderkopf mit zwei Hörnern dar: ⌂. Man erkennt unschwer die Darstellung eines Rinderkopfs auch im bereits schematischen Zeichen: ⊀. Heute »steht« das Zeichen auf den beiden Hörnern, weil es im Lauf der Schriftentwicklung immer weiter gedreht wurde. Auch im kleinen griech. α ist der Rinderkopf mit den beiden Hörnern deutlich sichtbar.

B

Der Name des Buchstabens »B« lautet im Griech. *Beta*. Das entspricht dem semitischen Wort *beth* = Haus. Wir kennen das Wort gut aus der biblischen Ortsbezeichnung Bethlehem (= Haus bzw. Tempel der Göttin Lahama). *Beth* wurde urspr. dargestellt wie eine einfache Kinderzeichnung eines orientalischen Hauses mit Flachdach und einer Eingangstür: ⌂. Um es in einem Zug flüssig schreiben zu können, vereinfachte man dieses Bild zu einem Zeichen und drehte es: ⌂ ⌐.

C

Unser »C« hat sich im lat. Alphabet aus dem griech. *Gamma*-Zeichen Γ entwickelt. Die Griechen in Süditalien schrieben das Zeichen so: ⟨. Daraus wurde bei den Etruskern das rundere »C«.

D

Diesen Buchstaben nennen die Griechen *Delta* (*Δ*). Dem entspricht die Bezeichnung *dalet* im Heb. Man hält *dalet* für ein Wort mit der Bedeutung »Tür, Tor«. Schon bei den Etruskern wurde dieses *Δ* nach rechts gekippt ▷ und daraus entstand das lat. »D«.

E

Einen phönizischen Buchstabennamen gibt es hier nicht, weil die semitischen Alphabete nur Konsonanten darstellen. Die Griechen entnahmen das Zeichen gleichwohl dem phönizischen Alphabet, wo es für einen »h-Laut« stand, der im Griech. nicht vorkommt. Das Zeichen – es stellte ursprünglich einen Zaun dar – war also »frei« geworden. Die Griechen benutzten es für den kurzen »e-Laut« und nannten es *Epsilon*. *Psilos* = nackt, kahl, bloß, *Epsilon* bedeutet also »nur e« bzw. »e ohne weiteren Laut« und somit in heutiger Ausdrucksweise »Vokal e«. Aus dem Zaun wurden zwei Varianten entwickelt. Die eine war an der rechten Seite offen, für griech. Epsilon Ϝ, die zweite ähnelte unserem »H« und stellte das lange griech. »e« (Eta) dar.

F

Das »F« haben erst die Römer ins Alphabet eingeführt, indem sie auf das altgriech. Zeichen Ϝ zurückgriffen, um den etwas schärferen »f-Laut« (wie z. B. in *filius, fabula, femina*) darzustellen.

»F« gibt es im klassischen griech. Alphabet nicht. Es gab aber in altgriech. Alphabeten das folgende Zeichen: Ϝ. Dieses hatte sich aus dem phönizisch-hebräischen Zeichen *waw* = Keule entwickelt, das urspr. so aussah: ϙ Υ. Die Aussprache von *waw* muss man sich eher wie *vav* denken; damit ist man sehr nahe bei unserem Buchstaben »V«. Und in der Tat sind aus dem *waw* Υ auch U, V, W, Y hervorgegangen (s. a. dort).

G

»G« ist wie »C« aus dem Lautzeichen für *gamma* (Γ) entstanden. Die Etrusker sprachen »C« wie »K« und auch die Römer sprachen es so aus (Cato). Im Gegensatz zu den Etruskern hatten die Römer einen

»g-Laut« (*genus, gladiator, gloria*). Um ihn darzustellen, ergänzten sie das »C« durch einen kleinen waagrechten Strich Ϲ und fertig war das »G«. (Angeblich war der Erfinder dieses Buchstabens der freigelassene, ehemalige Sklave Spurius Carvilius, um 250 v. Chr.)

Die Buchstabenbezeichnung *Gamma* entspricht dem phönizischhebräischen Wort *gimel* = »Kamel«. Die Bildsymbolik von Γ ist einfach der Kamelhals mit dem Kopf oben drauf.

Im Übrigen trat das »G« im lat. Alphabet an die Stelle des griech. *Zeta*, einem Laut, den es im klassischen lat. Alphabet nicht gab und der erst später wieder hinzukam (s. a. »Z«).

H

Das Zeichen stellt einen Zaun dar. Zunächst wurde es waagrecht �III, später dann senkrecht geschrieben, so wie wir es kennen H. Die Griechen kannten keinen »h-Laut« und machten daraus das Zeichen »*H*« (*Eta*) für ihr langes »e«. Im lat. Alphabet wurde das »H« wieder ein konsonantisches Zeichen für den »h-Laut«.

I

Der Name dieses Buchstabens lautete *yod*. Mit diesem kurzen Wort bezeichneten die Phönizier die ausgestreckte, flache Hand am Unterarm ⌒. Dieses sehr bildhafte Zeichen wurde im Lauf der Zeit immer flüssiger geschrieben. So entstand zunächst ein Strich mit Haken (angewinkelter Unterarm) und einer angedeuteten Hand am anderen Ende ⌄. Das Zeichen wurde dann in die Senkrechte gedreht und ähnelte eher unserem »Z«: 2. Danach entfiel die »Armbeuge« und es blieb nur noch der runde Haken (Hand). Nun ähnelte es unserem »J«. Der Lautwert von *yod* = Unterarm mit Hand war und ist im Phönizischen und Hebräischen ein konsonantisches »ij«.

Bei den Griechen entfiel schließlich auch der runde Haken und es blieb nur noch der Strich übrig. Im griech. Alphabet war der Buchstabe mit dem Namen *Iota* ein rein vokalisches »i«.

J

Weder das griechische noch das lateinische Alphabet enthielten den Buchstaben »J«. Er wurde erst im Mittelalter ins lat. Alphabet eingeführt, um den konsonantischen »ij-Laut« darzustellen. Als Buchstabenname blieb »I« einfach als Vokal »i« erhalten. Der alte Buchstabenname *yod* wurde wieder derjenige für »ij«.

K

Griechisch *Kappa* kommt von heb. *kaf* und von phönizisch *keph* und bedeutet »Hand«.

Das Zeichen für die Hand sah urspr. ein wenig aus wie unser »Ü«: mit zwei Längsstrichen statt der Punkte, um die vier Finger – ohne den Daumen – anzudeuten ⋓. Dann wurden die Finger der Hand gespreizt: ⋎. Ab ca. 900 v. Chr. wurde das Zeichen mit einem längeren Unterstrich geschrieben ⋏. Wegen der damaligen Schreibrichtung wurde es nach links gedreht. Damit sah es spiegelbildlich fast so aus wie unser »K«. Die vier gespreizten Finger der Hand sind im »K-Bild« also bis heute erhalten. Der Lautwert war immer ein sehr hartes, aspiriertes »kh«.

L

Das griech. Wort *Lambda* kommt vom phönizisch-hebräischen Wort *lamed* = Ochsenziemer. Das Zeichen sah urspr. wie ein Spazierstock mit gebogenem Griff aus ⋎. Das Gerät diente zum Antreiben der Ochsen. Im Lauf der Zeit wurde das gebogene kurze Ende eckiger angesetzt ⊤ und gedreht: L. Das lat. »L« ist noch näher am urspr. Bild des Ochsenziemers als das griech. *Lambda* Λ, das sich aus einer anderen Vorform ⋏ entwickelt hat.

M

Unser »M« entspricht dem griech. *My* und dies wiederum dem phönizisch-hebräischen *mem* = Wasser. Das Zeichen ist nichts anderes als eine waagrechte Zickzacklinie als Symbol für die Wellen der Wasseroberfläche ⋏⋏. Beim »M« handelt es sich um eines der ältesten Lautsymbole. Schon die alten Ägypter verwendeten in ihrer später auch schon ansatzweise zur Laut- und Silbenschrift entwickelten Hieroglyphenschrift die Zickzacklinie zur Darstellung des »m-Lautes«.

N

Das Zeichen war urspr. etwas länglicher nach unten ausgeprägt und stellt den Körper einer Schlange dar ↘. Mittlerweile ist es eckiger und stärker zusammengedrückt. Das phönizische Wort für Schlange war *nahas*; hebräisch: *nun*.

O

Das Zeichen für das »O« war der bekannten ägyptischen Hieroglyphe für das Auge sehr ähnlich ⌒ und die phönizisch-hebräische Bezeichnung *ojin/ajin* bedeutet genau das: »Auge«. Die Form wurde zum Kreis gerundet und beim griech. Buchstaben *Omikron* = O fiel der Punkt in der Mitte (die Pupille) weg. Im Heb. ist *ojin* ein konsonantischer Kehlpresslaut, den es in den europ. Sprachen nicht gibt. Die Griechen verwendeten das Zeichen für den kurzen »o-Laut«, bei dem sich auch die Lippen zu einer »O-Form« runden.

P

Heb. *pe* bedeutet »Mund«. Das Zeichen wurde in der Frühzeit quer geschrieben ⌒ und symbolisierte damit die geschlossenen Lippen des Mundes. Aus der Waagrechten wurde es später in die Senkrechte gedreht ◊ ⌐. Auch im griech. *Pi* (Π) sind die beiden Lippen (in der Senkrechten) gut zu erkennen.

Q

Der Buchstabenname lautet im Phönizischen *qof*, im Heb. *kaf*. Er wurde wie ein weiches »k« ausgesprochen. Das Zeichen für diesen Buchstaben stellte einen Kopf ohne Gesicht bzw. einen Hinterkopf auf dem Hals dar ⚲. Anhand des urspr. phönizischen Zeichens wird dies sofort deutlich ⚲. Das merkwürdige Anhängsel des Q symbolisierte früher also den Hals.

R

Der phönizische Buchstabe hieß *rosh* oder *resh*, das bedeutet: »Kopf im Profil gesehen«. Genau dies wird durch das Zeichen dargestellt: ᛰ. Dieses wird abstrahiert zu: ᛄ. Auch heute lässt der entsprechende heb. Buchstabe *resch* dies erkennen ᛄ. Der griech. Buchstabe *rho* sieht zwar aus wie unser »P«, aber man erkennt nun sofort, dass es sich um das Symbol für den Laut »r« handeln muss. Die lat. Variante beruht auf einem altgriech. Vorläufer.

Das jiddische Wort *rosch* ist übrigens die Grundlage unseres Neujahrswunsches »Guten Rutsch!«. »Rutsch« ist verballhornt aus *rosch* = Kopf, Anfang des Jahres.

S

Die geschwungene Linie kommt von einer urspr. doppelt geschwungenen Linie in der Waagrechten ﬋. In die Senkrechte gedreht ﬌ erkennt man sogleich, dass es sich um einen Bogen handelt, der als Waffe diente. So lautet auch der phönizisch-hebräische Name *shin/sin* = Bogen. Im griech. Zeichen *Sigma* Σ ist diese Form trotz der kantigen Ecken gut erkennbar.

T

Das griech. *Tau* leitet sich her vom phönizisch-hebräischen *tav* = Zeichen. Im phönizischen Alphabet wurde es als ✝ dargestellt. Dieses »Kreuz-Zeichen« ist eines der elementarsten, ältesten und einfachsten Symbole und eben auch eines der elementarsten Buchstabensymbole. Das phönizische sowie das heb. Alphabet endeten beim Buchstaben »T«. Die restlichen Buchstaben unseres Alphabets sind später entstanden – teils bei den Römern, teils erst im Mittelalter.

U

Auf jedem Euro-Schein kann man es nachlesen: Die griech. Schreibweise unserer Währung ist »*EYPΩ*«. Unser »U« entstand erst im Mittelalter aus dem »V«, um diesen Konsonanten von dem Vokal »U« zu unterscheiden. So war die Schreibweise *urbs* (= die Stadt) oder *unus* (= einer) bei den Römern noch »VRBS« bzw. VNVS.

V

Das »V« wurde von den Römern aus dem griech. Buchstabenzeichen »Y« entwickelt – der senkrechte Unterstrich entfiel. Das Symbol Y entwickelte sich aus dem phönizischen *waw* (= Keule ⚑ Υ), das oben bei »F« schon erwähnt wurde. Der Lautwert des lat. »V« umfasste sowohl den Konsonanten »v« wie den Vokal »u«.

W

Das »W« ist der jüngste Buchstabe des Alphabets. Er wurde erst im 11. Jh. als »Doppel-V« eingeführt. Heute noch lautet die entsprechende Buchstabenbezeichnung im Engl. *double u*. »W« ist eine weitere Variante des phönizischen *waw/vav/vau*.

Bis heute führt die unklare Unterscheidung der Laute und Buchstaben zu Abweichungen bei der Schreibweise fremdsprachiger Wörter v. a. aus slaw. Sprachen, z. B. bei Dostojewski/Dostoevskij, Vandalen/Wandalen.

X

Das »X« ist eine Erfindung der Römer aus dem 1. Jh. n. Chr. Damals hatte die lat. Sprache schon sehr viele Begriffe aus dem Griech. aufgenommen. Das Lat. kannte aber keinen »ks-Laut«. Um Wörter wie »Xenophon« oder »Xanthippe« schreiben zu können, griffen die Römer auf das entsprechende Zeichen im griech. Alphabet zurück (Ξ), das die Westgriechen auch als »X« schrieben. Das griech. *Chi* Ξ hatte sich aus einem phönizischen Zeichen mit einem ähnlichen Lautwert (= »scharfes s«) entwickelt, das dort *samdeh* hieß.

Y

Das *Ypsilon* ist im griech. Alphabet der erste Buchstabe nach *Tau*. Um den »iü-Laut« darzustellen, verwendeten die alten Griechen das phönizische *waw*-Zeichen, weil sie für den Laut »u,v« keine Verwendung hatten. Für die Darstellung des »iü« zogen die Griechen also dasselbe »freie« Zeichen heran wie später die Römer für die Darstellung des »f«. Deswegen ist das phönizische *waw* zwar »die Mutter« von »Y, V, U, W« und »F«, aber als Namensgeber für diese Buchstaben kommt es nicht in Betracht, da sowohl Griechen wie Römer nur noch grafische Abwandlungen des Symbols herstellten. Das griech. Wort *Ypsilon* bedeutet »nur Y« bzw. »Vokal iü«, ähnlich wie beim *Epsilon*.

Z

Weder das phönizische noch das heb. noch das griech. Alphabet enden mit Z. Auch die Römer kannten urspr. keinen »z-Laut«. Ähnlich wie beim »X« ergab sich aber durch den zunehmenden Einfluss des Griech. die Notwendigkeit für ein Zeichen, mit dem sich Wörter wie *zona* schreiben ließen. Die Römer übernahmen daher aus dem griech. Alphabet das »Z« *(Zeta)*, das dort an sechster Stelle steht und den Lautwert eines weichen, stimmhaften »s« hat, und hängten es an den Schluss des Alphabets an.

Das Zeichen »Z« und sein Name gehen auf eine phönizische Form zurück. Der Buchstabenname war *zaijin* = Waffe und das Zeichen sah so aus ⊐ 𐤆. Schon sehr früh sind also die beiden Querstriche oben mit dem senkrechten (später schrägen) Verbindungsstrich erkennbar. Nur im Deutschen hat das »Z« übrigens seinen harten »ts-Laut« angenommen. In allen anderen europ. Sprachen ist es ein weicher »s-Laut« (z. B. engl. *zero*; franz. *zéro*).

Zur Entstehung der Schrift

Bereits die Ägypter mit ihren Hieroglyphen, die Sumerer und Babylonier mit ihrer Keilschrift, die Hethiter mit ihrer eigenen Hieroglyphenschrift und das mykenische Griechenland mit der sogenannten Linear B verfügten über hoch entwickelte, aber komplizierte Schriftsysteme. Es handelte sich dabei im Großen und Ganzen immer um Silbenschriften mit überwiegend umständlich darzustellenden Zeichen, die man eher malen als schreiben musste. Das Schreiben war somit eine anspruchsvolle Zivilisationstechnik hoch qualifizierter Spezialisten, die eine lange Ausbildung brauchten.

Dementsprechend kolossal ist der Entwicklungssprung zu einer vereinfachten Lautschrift mit lediglich 17 Zeichen von einfacher äußerer Gestalt. Das phönizische Alphabet lautet in seiner entwickelten Endform: A B Γ D H J K L M N O P Q R S/Z Y T.

Die Zeichen lassen sich in mehrere Gruppen einteilen. A = Rind,

B = Haus, Γ = Kamel, D = Tor, Tür, H = Zaun gehören zum Bereich der elementaren Lebensgrundlagen auf einem Bauernhof. J = ausgestreckte Hand, K = gespreizte Hand, L = Ochsenziemer, also ein Handwerkszeug, sind um den wichtigen Körperteil Hand gebildet. Nach M = Wasser und N = Schlange (einem Sumpftier) folgen weitere elementare Körperteile rund um den Kopf: O = Auge, P = Mund, Q = Kopf, R = Kopf im Profil. S/Z = Bogen, Y = Keule, beides sind Waffen. Schließlich T = Zeichen, das einfachste, elementarste aller Zeichen am Schluss.

Die Entwicklung vom komplizierten System zur vereinfachten Schrift vollzog sich zwischen 2000 und 1500 v. Chr. im Nahen Osten zwischen Syrien und dem Sinai. Im Vergleich zu den vorhergehenden Jahrtausenden, in denen die alten Hochkulturen des Orients mit ihren umständlichen Schriftsystemen laborierten, war es ein bemerkenswerter Durchbruch. Die Forschung unterscheidet in der Anfangsphase dieses Prozesses viele nordsemitische, südsemitische (im Sinaigebiet) und lokale Schriftvarianten. Die für die Weltkultur entscheidende Entwicklung fand ab etwa 1750 v. Chr. im nordpalästinensisch-syrischen Raum bei den Phöniziern statt.

Nordpalästina (das heutige Nord-Israel), Syrien und Libanon, waren in jener Zeit aufgrund ihrer Handelsverbindungen und des fruchtbaren Ackerbaus ein kultureller Schmelztiegel. Andere Schriftsysteme (Keilschrift, Hieroglyphen, Linear) waren daher bekannt.

Viele Zeichen lehnten sich nun bei den Phöniziern in ihrer äußeren Gestalt an ägyptische und kretische an, sie wurden jetzt allerdings nur noch als Symbol für einen bestimmten Laut verwendet. Die Zeichen wurden im Lauf der Jahrhunderte immer weiter vereinfacht, damit man flüssiger schreiben konnte. Auch die Schreibrichtung spielte eine große Rolle. Damals wurde von rechts nach links geschrieben, wie heute noch im Hebräischen und Arabischen. Anfangs verfuhren auch die Griechen so. Erst im 7. Jh. v. Chr. kehrte sich die Schreibrichtung um. Damit »drehten« sich auch viele Zeichen.

Die Übernahme des praktischen phönizischen Alphabets durch die dorischen Griechen wird auf eine Zeit ab 800 v. Chr. datiert, also auf die Zeit Homers, weil bislang keine älteren Inschriften gefunden wurden. Es dauerte etwa 400 Jahre, bis sich das griechische Alphabet aus den phönizischen Vorläufern zu seiner klassischen »ionischen« Form entwickelt hatte. Der größte Beitrag der Griechen zum Alphabet war die Entwicklung von Zeichen für die Vokale. Den Griechen war immer bewusst, dass ihr Alphabet aus dem Phönizischen stammte. Ein alter kretischer Ausdruck für »schreiben« lautete *phoinikázein*: nach Art der Phönizier schreiben.

Die Etrusker vermittelten dann dieses griechische Schriftsystem an die Römer. Die lateinische Schrift wurde durch die Expansion des römischen Weltreiches, durch die Übernahme der lateinischen Kultur im Schoße der Kirche ins abendländische Europa und durch die globale Expansion der Europäer in der Kolonialzeit zum meistverbreiteten Schriftsystem der Welt. Es ist die lateinische Schrift, durch die das »phönizische Alphabet« letztendlich seine Weltgeltung erlangte, heute – im Zeitalter der von den westlichen Kulturen dominierten Globalisierung – mehr denn je.

Stadt, Land & Fluss

Traumorte

Atlantis   Atlas, Sohn eines der Titanen, hatte sich gegen Zeus empört und musste zur Strafe die Säulen stützen, die das Himmelsgewölbe tragen. Diese Säulen wähnten die alten Griechen am Rande der Welt, am Ausgang des Mittelmeers in den Ozean bei Gibraltar. Dort stand also nun Atlas, stützte die Säulen, und das jenseits gelegene, unermessliche Meer wurde nach ihm benannt. Dorthin, in den Atlantik, verlegte Platon (427–347 v. Chr.) jene sagenhafte Insel, von der er in seinem Buch ›Kritias‹ spricht, das nach einer der darin auftretenden Personen benannt ist. Kritias berichtet, der athenische Gesetzgeber Solon (ca. 640–560 v. Chr.) habe einst eine Reise nach Ägypten unternommen und sei dort von Priestern in das Atlantis-Mysterium eingeweiht worden: Demnach war Atlantis ein machtvoller, reicher, hochzivilisierter Inselstaat, der 9000 Jahre zuvor bei einer Sintflut untergegangen war. Dem Mythos zufolge beherrschte Atlantis mit seiner mächtigen Flotte Westeuropa und fast das ganze Mittelmeer. Mit drei Land- und drei Wasserringen war es kreisförmig angelegt, im Zentrum befanden sich ein Tempel und eine Königsburg. Es geht Platon allerdings nicht um eine rückwärtsgewandte Science-Fiction und sein Bericht ist auch kein Zitat alter Mythen. Vielmehr entwirft er mit Atlantis eine Idealstadt und damit einen idealen Staat, dessen Bewohner sich mit dem Vorhandenen nicht zufriedengaben und dafür von Zeus mit der Sintflut bestraft wurden. Somit wird Atlantis zu einer negativen Utopie, zu einem abschreckenden Bild, mit dem Platon die politischen Probleme in Athen kritisiert und vor einer (erneuten) Expansion Athens als Seemacht warnt.

Avalon wird im keltisch-britischen Sagenkreis um König Artus als der Ort genannt, an den Artus sich nach einer schweren Verwundung zurückgezogen haben soll, die er sich im Kampf gegen seinen usurpatorischen Neffen Mordred zuzog. Avalon wird als ein »hinter Nebeln verborgener Ort« bezeichnet, den nur Auserwählte erreichen können. Die keltische Ortsbezeichnung soll von indogermanisch *abello* = Apfel herrühren und »Apfelinsel« bedeuten. Wortgeschichtlich ist das plausibel. Es klingt aber auch *Albion* an, der antike Name für Britannien, der als *Alouion* bei dem Kosmografen Ptolemäus vorkommt. Falls Albion ein kelt. Name ist, so stecken darin *alb* = hoch und *in* = Insel, also »Berginsel«, womit die schottischen Highlands gemeint sein dürften.

Elfenbeinturm   In seinem Gedicht »Pensées d'août« (1837) beschreibt der franz. Literaturprofessor und Literaturkritiker Charles Augustin Sainte-Beuve das unglückselige und isolierte Leben des romantischen Dichters Alfred de Vigny (1797–1863) und bezeichnet dessen einsames Dasein als ein Leben »im Elfenbeinturm« *(tour d'ivoire)*. Der poetische Ausdruck wird heute vor allem für den Aufenthaltsort akademischer Gelehrter verwendet, die als Beamte recht komfortabel ihren oft sehr speziellen Studien nachgehen und den Bezug zu den schlichteren Bedürfnissen des »normalen« Lebens verloren haben. Da Sainte-Beuve ein sehr religiöser, christlich geprägter Mensch war, könnte er das Wort »Elfenbeinturm« in der Bibel gefunden haben, wo es in den Psalmen, im »Hohelied« (7, 5) heißt: »Dein Hals ist wie ein Elfenbeinturm.«

Entenhausen   Der Wohnort der Duck-Familie sowie weiterer – und in der letzten Ausbauphase sämtlicher – Figuren des Disney-Universums heißt auf Engl. *Duckburg*. Dieser Name stammt von dem genialen Donald-Duck-Erfinder und Zeichner Carl Barks (1901–2000), der fast sein ganzes Berufsleben lang für den Disney-Konzern arbeitete. Den dt. Namen prägte die bedeutende Übersetzerin Erika Fuchs (1906–2005), die die amerikanischen Comic-Texte auf ein unerreichtes literarisches Niveau hob. Entenhausen liegt in Calisota (aus *California* und *Minnesota*; dieser Name stammt ebenfalls von Carl Barks) und ist ein idealisiertes amerikanisches Kleinstadtidyll.

Das Himmlische Jerusalem

Jerusalem (»Haus des Friedens«; heb. *jeru* = Haus, *schalom* = Frieden; die arab. Bezeichnung lautet *Al Quds* = Heilige Stadt) ist, zusammen mit Jericho, eine der ältesten Städte der Erde. Sie beherbergt Heiligtümer dreier Religionen: Den Stein, auf dem Abraham seinen Sohn Isaak opfern sollte, den Tempel Salomos (die Klagemauer gilt als Rest des Nachfolgetempels des Herodes), Golgatha, wo Kaiserin Helena das Kreuz Christi fand und den Hufabdruck des Pferdes, mit dem Mohammed gen Himmel ritt (darüber steht heute die al-Aqsa-Moschee). Im Mittelalter galt Jerusalem als Zentrum der Welt, daher setzte man es in die Mitte der damaligen Weltkarten. Bereits dadurch war es fast kein realer Ort mehr. Vollends Inbegriff einer Heilsvorstellung war das »Himmlische Jerusalem« in der Offenbarung (21, 9 ff.) des Neuen Testaments. Der Autor dieser Vision stellt es sich folgendermaßen vor: Die Stadt hat eine Mauer mit zwölf Toren. »Der Baustoff ihrer Mauer ist Jaspis, die Stadt ist reines Gold wie reines Glas ... Die zwölf Tore sind zwölf Perlen, ein jedes der Tore war aus einer einzigen Perle.« Alles ist mit Edelsteinen bedeckt, ein Strom aus Lebenswasser fließt durch die Stadt, sie ist in der damaligen Vorstellung ein Ort des Lichts, des Heils, des Friedens und der Freude. Mit anderen Worten: das genaue Gegenteil der Wirklichkeit.

Schlaraffenland

Spätmittelalterliche Vorstellung von einem Märchenland, wo den Trägen gebratene Tauben in den Mund fliegen, Faulheit angesagt und Arbeitsfleiß streng verpönt ist. Somit ist das Schlaraffenland eine Art verkehrte Welt im Kontrast zur mühseligen Plackerei des wirklichen Lebens. Erwähnt wird es im ›Narrenschiff‹ von Sebastian Brant (1494). Der Name leitet sich von *slur-affe* her, wobei *slur* »Faulenzer« bedeutet und *affe* ein Synonym für einen törichten Menschen ist.

Shangri-La

Von dem engl.-amer. Autor James Hilton in seinem Roman ›Der verlorene Horizont‹ (1933) geprägter Begriff für ein nach westlichen Vorstellungen idealisiertes buddhistisches Paradies. Im Grunde ist es bei Hilton eine Idealisierung Tibets selbst, wo sich durch die relative Abgeschlossenheit des Landes und unter der Priesterherrschaft der Lamas jahrhundertelang fromme, heilige Lebensweisen erhalten haben und das ganze alltägliche Leben in einer Weise vom Religiösen durchdrungen ist, wie man es sich »im Westen« überhaupt nicht mehr vorstellen kann. Hilton hat seinen Begriff aus dem Wort *Shambala* geformt. Tantrische Texte berichten von einem mythischen Reich namens Shambala, das in den Himalajabergen im Norden von Indien verborgen sein und von einem gerechten buddhistischen König regiert werden soll.

Wolkenkuckucksheim In der Komödie ›Die Vögel‹ des antiken griechischen Dichters Aristophanes (ca. 450–385 v. Chr.) verlassen zwei ältere Athener, angewidert von den politischen Zuständen, ihre Heimatstadt und befragen einen Wiedehopf, wo man in Ruhe leben könne. Der Wiedehopf, ein verwandelter attischer König und als Vogel weit gereist, weiß zunächst auch keinen Rat. Einer der Athener kommt auf die Idee, in den Wolken einen Vogelstaat zu gründen. Das wird nach einigen Umständen in die Tat umgesetzt. Die Athener bekommen Flügel. Der Vogelstaat erhält den griech. Namen *Nephelokokkygía*. Den kongenialen, fast wortwörtlichen Begriff »Wolkenkuckucksheim« prägte der Übersetzer Ludwig Seeger im 19. Jh. Wolkenkuckucksheim liegt zwischen Menschenwelt und Götterwelt, so dass kein Opferrauch mehr aufsteigen kann. Die »Kommunikation« ist also unterbrochen, was zu köstlichen Verwicklungen führt. Aristophanes' Komödie ist, wie Platons Atlantis-Erfindung, eine bittere Satire auf dieselben unerfreulichen Zustände im zeitgenössischen Athen und eine mit vielen Anspielungen gewürzte Parodie auf die ernsten Tragödiendichter der Zeit.

Xanadu Legendärer Ort in Indien oder in China, der für weltlichen Prunk und Wohlstand steht. Ausgangspunkt dieses Vorstellungsbildes ist die Sommerresidenz von Khubilai, von der Marco Polo berichtet. Khubilai war der Mongolenherrscher, der sich zum Kaiser von China aufgeschwungen hatte. Bei seinem Tod war das Mongolenreich das territorial größte Staatengebilde, das jemals existiert hat. 70 Prozent der damaligen Weltbevölkerung lebten unter Khubilais Herrschaft. Da konnte er sich schon mal einen sagenumwobenen Sommerpalast leisten. »Xanadu« ist v. a. in der englischsprachigen Welt ein Synonym für »Paradies« und üppiges Wohlleben.

Städtenamen

Städte, die nach Personen benannt wurden

Alexandria am Nildelta in Ägypten ist zwar nur eine der vielen gleichnamigen Städtegründungen Alexanders des Großen, aber bis heute die bedeutendste (331 v. Chr.). Alexander hat die Stadt, die er im Alter von 27 Jahren gründete, nie gesehen, da er nach der Gründung gleich wieder weiterzog, um Babylonien und Persien zu erobern und bis zum Indus zu marschieren. Nach diesem Kraftakt starb er im Alter von 33 Jahren. Einer seiner Nachfolger, der makedonische General Ptolemäus, ließ Alexanders Leichnam nach Alexandria überführen. Ptolemäus war auch der Begründer der griechisch-makedonischen Dynastie, die nun die Herrschaft in Ägypten übernahm, damit die Nachfolge der Pharaonen antrat und bis zur Eroberung Ägyptens durch die Römer in Alexandria als Hauptstadt residierte. Kleopatra war die letzte ptolemäische Herrscherin und die letzte Pharaonin. Unter den Ptolemäern erlebte Alexandria sogleich seine erste Glanzzeit und wurde zu einer der bedeutendsten Weltstädte der Spätantike. Sie beherbergte eines der sieben Weltwunder (den Leuchtturm von Pharos) sowie die größte Bibliothek der alten Welt. Alexandria war ein Zentrum der Gelehrsamkeit bis weit in die Zeit des frühen Christentums hinein. Nach der Eroberung durch die Araber (642 n. Chr.) verlor Alexandria allmählich an Bedeutung. Heute ist die Stadt neben Kairo die zweitgrößte Nordafrikas.

Konstantinopel   Die vormals *Byzanz* bzw. *Byzantion* genannte thrakische Siedlung und spätere Handelsstadt wurde durch den römischen Kaiser Konstantin, den ersten christlichen Kaiser, Hauptstadt des römischen Weltreiches. Konstantin selbst nannte seine neue Hauptstadt *Nova Roma* (»Neu-Rom«). Sie wurde aber bald nach ihrem Neubegründer Konstantinopel genannt und trug diesen Namen bis zur Eroberung durch den türkischen Sultan Mehmet II. im Jahre 1453. Mehmet benannte die Stadt in Istanbul um und sie war fortan Hauptstadt des Osmanischen Weltreichs. Der Name Istanbul ist abgeleitet von griech. *eis tén pólin* = in die Stadt. Der ursprüngliche Siedlungsname lebt in der Bezeichnung des oströmischen Reiches als »Byzantinisches Reich« weiter.

New York   Der englische König Jakob II. führte vor seiner Thronbesteigung den Titel »Herzog von York«. (König von England war zu dieser Zeit sein Bruder Karl II.) Als Admiral nahm Jakob an Seeschlachten gegen die holländische Flotte teil, durch die England in den Besitz der Kolonie Neu-Niederland an der Ostküste Nordamerikas gelangte. Zu diesem Gebiet gehörte auch der Hafen des von Peter Stuyvesant gegründeten Neu-Amsterdam. Dieses musste er 1664 an die Engländer abtreten. Der Hafen wurde dem Herzog von York geschenkt und nach ihm benannt.

Petersburg   (St. Petersburg) Zar Peter der Große (1672–1725) hatte als junger Mann inkognito u. a. England und die Niederlande bereist, um das fortschrittlichere Westeuropa kennenzulernen. Schon zu Anfang des Großen Nordischen Krieges gegen die damalige Ostseegroßmacht Schweden gründete Peter 1703 an der Newamündung eine neue Stadt, die wie Amsterdam von Kanälen durchzogen ist. Zar Peter versuchte, Russland zum Westen hin zu öffnen, erhob deswegen seine Neugründung zur Hauptstadt und benannte sie – natürlich nicht nach sich selbst, sondern nach dem heiligen Petrus.

Rom   Die Zwillingsbrüder Romulus und Remus, Söhne des Mars und der Vestalin Rhea Silvia, waren im Fluss Tiber ausgesetzt worden, wurden jedoch ans Ufer gespült und zunächst von einer Wölfin gesäugt, dann von einem Hirten großgezogen. Als junge Männer fanden sie ihre Mutter wieder, rächten ihren von der Herrschaft in Alba Longa verdrängten Großvater und gründeten eine eigene Stadt. Im Streit um die Oberhoheit über diese neue Stadt erschlug Romulus seinen Bruder Remus und wurde Roms erster Alleinherrscher. Die Zeitrechnung der Römer begann mit dieser legendären Stadtgründung im Jahre 753 v. Chr.

Soweit die Legende. Historisch belegt ist dagegen Folgendes: Dorische Einwanderer ließen sich auf den sieben Hügeln am Fluss nieder, gaben ihm den weitverbreiteten ie. Gewässernamen *rhum/rhom* = Fluss. Dieses Wort findet sich auch im Griech. *rhéo* bzw. *rheuma* = Fließendes wieder und in einer anderen Variante auch im dt. Namen »Rhein«. Der spätere Flussname Tiber geht auf das kelt. Wort *dubr* = Wasser zurück; davon leitet sich in Dtl. auch »Tauber« ab.

Sydney

Kapitän James Cook entdeckte 1770 die buchtenreiche Gegend der heute größten Stadt Australiens. Eine Bucht wurde Botany Bay, eine andere Port Jackson genannt. Port Jackson war dann der Name einer Strafgefangenenkolonie, der ersten europäischen Siedlung in dieser Gegend. Eine zweite Expedition unter Kapitän Arthur Philipp entdeckte 1788 weitere Buchten. Eine davon wurde nach dem damaligen britischen Innenminister Thomas Townshend Sydney »Sydney Cove« benannt. So kann man auch verewigt werden.

Washington

George Washington (1732–99) stammte, wie fast alle Väter der amer. Bundesverfassung, aus einer der aristokratischen Pflanzerfamilien des amer. Südens. Im Unabhängigkeitskrieg gegen die englische Kolonialmacht war er einer der führenden politischen und militärischen Köpfe und errang 1781 den entscheidenden Sieg gegen die Engländer bei Yorktown. 1787 wurde er Präsident des Verfassungskonvents und 1789 der erste Präsident der USA. Washington suchte den Ort für die Bundeshauptstadt, die nach ihm benannt wurde, am Fluss Potomac selbst aus. Baubeginn war im Jahre 1792.

Städte, die nach Flüssen benannt sind

In Deutschland

Aschaffenburg (Aschaff), **Düsseldorf** (Düssel), **Fulda** (Fulda), **Paderborn** (Pader), **Regensburg** (Regen), **Schleswig** (= dänisch »Bucht der Schlei«), **Wuppertal** (Wupper)

In Europa

Amsterdam (Amstel), **Cambridge** (Cam), **Dublin** (altengl. *Dubh Linn* = Schwarzer Sumpf; der irisch-keltische Name der Stadt lautet *Baile Átha* = Ort der Furt an der Schilfhürde), **Helsinki** (schwedisch *Heslingfors* = Stromschnelle des Helsinge-Flusses; heute heißt der Fluss *Vantaanjoki*), **Innsbruck** (Inn), **Memel** (heute Klaipeda, Litauen; als Deutschordensgründung nach 1250 an der Mündung der Dange in die Memel errichtet), **Moskau** (Moskwa), **Rotterdam** (Rotte), **Salzburg** (Salzach), **Wien** (Wien).

Besonders poetische Ortsnamen

Algarve	arab. *garb* = Westen; Gegend der untergehenden Sonne
Bagdad	altpers. *bag* = Gott; *data* = geschaffen, gegeben; »von Gott gegeben«, also »Gottesgeschenk«
Bangkok	in der Thai-Sprache *Krung Thep Mahanakhon* = Dorf im Pflaumenhain
Buenos Aires	sp. = gute Lüfte, bzw. gute Winde
Damaskus	lat. Form von arab. *Dimiŝkaŝ-Ŝam* = Blut aus der Wunde des Unglücklichen; gemeint ist damit der Adonis-Kult (Adonis/Tammuz war ein Geliebter Aphrodites und wurde vom eifersüchtigen Ares getötet.)
Daressalam	arab. *Dar es-Salaam* = Haus des Friedens
Hongkong	chin. *Xianggang* = Duftender Hafen
Japan	europäisierte Form von Nippon = Land der aufgehenden Sonne; *ni* = Feuer, Sonne; *pon* = Land

Jericho	heb. *j'richo* = duftender Ort. Jericho gilt als die älteste ununterbrochen besiedelte Stadt der Welt und war in der Antike berühmt für ihre Palmen- und Balsamstauden
Lissabon	phönizisch-karthagisch *Alis Ubbo* = liebliche Bucht. Zwischenformen in der Entwicklung des Städtenamens sind: lat. *Olisippo*, gotisch *Ulixippona*
München	mittelhdt. *bi den munichen* = bei den Mönchen
Nairobi	Suaheli *Enkare nairobi* = Ort des kalten Wassers
Reykjavík	isländisch: »rauchende Bucht« wegen der dampfenden Geysire
Valparaíso	(Chile) = Paradiestal

Ländernamen

Länder, die nach Personen benannt wurden

Amerika   Der Florentiner Amerigo Vespucci, der in der damals üblichen Gelehrtensprache Latein als *Americus* bezeichnet wurde, nahm von 1499–1502 an mehreren Erkundungsreisen in das von Kolumbus entdeckte Seegebiet teil, u. a. mit dem Kolumbus-Begleiter Alonso de Hojeda. Americus erkannte als Erster, dass es sich bei den Karibischen Inseln und dem umgebenden Festland am Golf von Mexiko um einen ganzen Kontinent handelt. Deshalb trugen die beiden Kosmografen Matthias Ringmann und Martin Waldseemüller 1507 in Lothringen Americus' Namen auf der berühmten »Waldseemüllerkarte« ein. Diese Karte zeigt erstmals die damals bekannten Umrisse des amer. Kontinents.

Bolivien   Simón de Bolívar (1783–1830) stammte aus Caracas und spielte eine führende Rolle beim Kampf seines Heimatlandes Venezuela um die Unabhängigkeit von Spanien. Der charismatische General und Staatsmann beeinflusste außerdem maßgeblich die

Unabhängigkeitsbewegungen in anderen Teilen des nördlichen Südamerika, die alle zum Erfolg führten. In jener Zeit entstanden die Staaten Venezuela, Kolumbien, Ecuador, Peru und Bolivien. Bolivien wurde 1824 als Republik ausgerufen und nach Simón de Bolívar benannt. Bolívar war der erste Präsident des Landes.

China Die chinesische Geschichte und Kultur sind zirka 5000 Jahre alt. Das in aller Welt gebräuchliche Wort für das Land ist dagegen vergleichsweise jung. Es stammt von dem eigentlichen Begründer des Kaiserreichs, Shao Sheng, der sich als Kaiser Ch'in Shi Huang ti nannte – nach seinem Herkunftsland Chin. Shao Sheng (= Chin) vereinigte 221 v. Chr. das in sieben Teilreiche zerfallene Land und begründete das chin. Kaisertum, das in dieser Form 2133 Jahre bis zur Abdankung des letzten chin. Kaisers Pu Yi im Jahre 1912 Bestand hatte. Die berühmte Terrakotta-Armee zählt zu den Grabbeigaben des Kaisers Chin. Die Chinesen nennen ihr Land allerdings bis heute *Dschung-guo* = Reich der Mitte.

Europa Der Name geht auf die mythische phönizische Königstochter Europa zurück, die von Zeus – in Gestalt eines Stiers – von der phönizischen Küste übers Meer nach Kreta entführt wurde. Man deutet diese Sage als Metapher für die Aneignung kultureller Errungenschaften des alten Orients durch die Griechen. Der Name »Europa« stammt möglicherweise von semitisch *ereb* = dunkel.

Israel ist der Name, den Gott dem Abraham-Enkel Jakob gegeben hat. Jakob war der Sohn von Isaak. Isaak war derjenige, den sein gottesfürchtiger Vater Abraham auf Jahwes Befehl opfern sollte. Ein Engel verhinderte das im letzten Moment. Alle drei gehören in der Bibel zu den sog. Patriarchen, stehen also am Beginn der jüdischen Geschichte: Großvater Abraham ist der Stammesvater schlechthin. Der Name »Abraham« (*Abba* = Vater) bedeutet nichts anderes als »Vater der Menge«, also »Vater der Völker«. Sein einziger Sohn Isaak hatte zwei Söhne: Esau und Jakob. Jakob war der Zweite, wollte aber als der Erstgeborene gelten. Deshalb brachte er seinen Bruder Esau dazu, ihm das Erstgeborenenrecht für ein Linsengericht zu verkaufen. Dann erschlich sich Jakob mit tatkräftiger Hilfe seiner Mutter Rebekka von seinem Vater kurz vor dessen Tod den väterlichen Segen der Erstgeburt, die mit umfangreichen Herrschaftsrechten verbunden war. Jahwe selbst war es nun, der Jakob einen neuen Namen gab und ihn Israel nannte (heb. *israel* = Gott herrscht; 1 Mose 32, 29). Israel hatte zwölf Söhne und aus ihnen gingen die zwölf Stämme Israels hervor. So erzählt die Bibel die Entstehung der israelischen Nation als Familiengeschichte, indem die verschiedenen Sippen, die sich im Glauben an Jahwe vereinten, auf eine einheitliche Abstammung zurückgeführt werden.

Kolumbien   nach dem Entdecker Christoph Kolumbus, der zeit seines Lebens glaubte, in Indien gelandet zu sein, weswegen die Ureinwohner des amer. Kontinents bis heute »Indianer« bzw. »Indios« genannt werden. Kolumbien war durch Simón de Bolívar 1819/20 zusammen mit Venezuela zunächst als »Groß-Kolumbien« entstanden.

Philippinen   Der erste Weltumsegler Magellan entdeckte die Inselgruppe im Jahre 1521 und nahm sie für die Krone in Besitz. 1543 wurde sie nach dem spanischen Kronprinzen und späteren König Philipp II. (1527–1598) benannt. Magellan selbst überlebte seine Entdeckung nicht lange. Er wurde während seines viermonatigen Aufenthaltes auf den Philippinen von Eingeborenen erschlagen.

Tasmanien   Abel Janszoon Tasman (1603–1659) war ein nl. Seefahrer, der die südöstlich von Australien und heute zu dem Kontinent-Staat gehörende Insel im Jahre 1642 entdeckte. Sie wurde 1853 nach ihm benannt. Vorher hieß sie »Van-Diemens-Land«. (Australien hieß zu Tasmans Zeit übrigens noch »Neuholland«.) Abel Tasman entdeckte außerdem die Südinsel von Neuseeland, die Tonga- und die Fidschi-Inseln (1643). Er war also der erste Europäer in dem »Südsee-Paradies«.

Virginia   wurde von Sir Walter Raleigh (1554–1618) nach der engl. Königin Elisabeth I. benannt, die nie heiratete und deshalb als »königliche Jungfrau« (engl. *virgin queen*) bezeichnet wurde. Raleigh war ein enger Berater und persönlicher Freund der Königin und einer der Gentleman-Freibeuter, die mit Protektion der Königin versuchten, der bereits etablierten Seemacht Spanien auf den Weltmeeren Paroli zu bieten. Seine Gründung Roanoke (im heutigen North Carolina) war die erste engl. Siedlung in Amerika (1584). Sie musste aber nach einem Jahr zunächst wieder aufgegeben werden. Die Gründung der ersten dauerhaften engl. Siedlung gelang erst 1607 in Jamestown.

Europäische Ländernamen

Belgien Cäsar eroberte das Gebiet des heutigen Belgien in den Jahren 57–51 v. Chr. und bezeichnet die Gegend in seinem berühmten Bericht ›De bello gallico‹ als *Belgica*. Dieses Wort ist bei ihm ein Sammelbegriff für mehrere keltische und germanische Stämme, die dort siedelten, unter ihnen die Bellovaker. Unter Caesars Nachfolger Augustus wurde »Belgien« dann Teil der Provinz *Gallia Belgica*, die vom Ärmelkanal über das heutige Luxemburg, Lothringen und Teile der Schweiz bis an den Nordrand der Alpen reichte. Hauptstadt der *Belgica* war *Augusta Treverorum*: Trier. Erst seit 1831 ist »Belgien« der Name eines selbstständigen Staates, nachdem es 1830 vom Königreich der Vereinigten Niederlande abgetrennt wurde.

Bulgarien Die »Urbulgaren« waren ein türksprachiges Reitervolk, das im 7. Jh. seine Heimat westlich des Ural aufgab, sich südlich der Donau am Schwarzen Meer auf thrakischem Gebiet niederließ und sich mit der dortigen Bevölkerung vermischte. In der Folge nahm es die slawische Sprache, das kyrillische Alphabet und den orthodoxen Glauben an. *Bulgar* ist ein türkisches Wort und bedeutet »Mischvolk«.

Dänemark *Tanar* bedeutet im Althdt. »Sandbank, Tiefland«, ebenso wie im Sanskrit *dhaun*.

Deutschland »Deutsch« althdt. *thiutisk* ist ein Eigenschaftswort, das »zum eigenen Volk gehörig« bedeutet. Das Wort *thiud* = Volk, Stamm ist zurückzuführen auf die Wortwurzel *teu, tu* = große Menge, Volksmenge. Wortverwandt sind auch lat. *vulgus* = (Volks)Menge und griech. *éthnos* = Volk. »Deutsch« ist also ein Sachbegriff, kein Stammesname. (Viele andere europ. Ländernamen sind Stammesnamen!)

Der in anderen europ. Sprachen häufig gebrauchte Ländername *Germany* (engl.), *Germania* (ital.), *Germanija* (russ.) ist auch kein echter Stammesname, sondern ein Oberbegriff für eine Gruppe von germ. Volksstämmen, der durch die Römer (Tacitus, Cäsar) allgemeine Verbreitung fand. Die Römer bezeichneten damit sowohl die kelt. Stämme an Rhein und Donau als auch die weiter östlich und nördlich siedelnden germ. Stämme. Durch die Völkerwanderung kam dieses Stammesgefüge gründlich in Bewegung. Offensichtlich haben sich die Länderbezeichnungen in den romanischen Sprachen (franz. *Allemagne*, sp. *Alemaña*, ital. *Allemagna*) erst nach der Völkerwanderung eingebürgert, als die Alemannen, die aus dem Elbe-Saale-Gebiet nach Südwestdt. zuwanderten, die unmittelbaren Nachbarn der romanisierten Gallier geworden waren.

»Deutschland« in anderen Sprachen:

Auch im Baltikum wurde der Name des nächstgelegenen Nachbarstammes der Begriff für »Deutschland«. So heißt »Deutschland« auf Livisch und Estnisch *Saksamo* (= Sachsen) und auf Finnisch *Sakso*. In den slaw. Sprachen Polnisch und Tschechisch heißt »Deutschland« *Niemcy*, im Serbokroatischen *Nemačka* oder *Germanija*. Wie russ. *nemeckij* (= die Deutschen) bedeutet der slaw. Ausdruck wortwörtlich »die Stummen, die nicht sprechen«. Aus den slaw. Sprachen ins Ungarische übernommen ist *Nemetorszag*. Aus dem Ital. oder Franz. ins Türkische übernommen wurde *Almanya*. In drei skandinavischen Sprachen heißt Deutschland *Tyskland*.

England hat seinen Namen von dem germ. Stamm der Angeln, daher »Angelland«. Die Angeln siedelten im heutigen Dänemark und an der norddt. Küste. Als das Weltreich der Römer zusammenbrach und sie sich nach 400 von der britischen Insel zurückzogen, entstand dort ein Machtvakuum, in das von Norden her die Picten und Scoten vorstießen. Um sich gegen sie zur Wehr zu setzen, suchte der britisch-kelt. König Vortigern bei Angeln, Sachsen und Dänen um Hilfe nach. So wanderten abenteuerlustige Männer und Frauen aus diesen Stämmen auf der britischen Hauptinsel ein. Die Angeln besiedelten hauptsächlich »Mittelengland«. Die Sachsen kamen die Themse herauf. Grafschaftsnamen wie *Sussex* (= Südsachsen), *Essex* (= Ostsachsen), *Wessex* (= Westsachsen) gehen auf sie zurück.

Finnland bedeutet »Sumpfland«, denn das schwedische Wort, das die Grundlage für den Ländernamen in den meisten Sprachen bildete, ist *fenn* = Sumpf. In der Landessprache, die einer völlig anderen Sprachfamilie angehört als der indoeuropäischen, lautet der Landesname *Suomi*. Das bedeutet »Seenland«.

Frankreich ist nach den Franken benannt, die auch in Dt. gut bekannt sind. Das Wort ist gleichbedeutend mit »die Freien«, genau wie in der Redewendung »frank und frei«. Die Franken waren ein germ. Stamm. Sie siedelten urspr. im Gebiet des heutigen Rheinlandes und der Niederlande als Nachbarn der Friesen. Damals war die Rheingrenze noch fest in römischer Hand. Später rückten die Franken als Verbündete der Römer über die Rhein-Maas-Schelde-Mündung weiter nach Süden vor. Im Gebiet von Belgien und Nordfrankreich gründete die Sippe Merovechs ein erstes »Reich« mit einer Art Häuptlingskönig. Der bedeutendste Spross dieser Sippe, Chlodwig I., ließ sich nach einem Sieg über die Alemannen 498 mit seinem gesamten Adel in Reims römisch-katholisch taufen. Dieser Akt ist die entscheidende Wende in der Geschichte des nordalpinen Europa und markiert den Beginn des Mittelalters. Chlodwig dehnte seinen Machtbereich schließlich bis zur Loire aus. Die Franzosen sehen in ihm den Begründer ihrer Nation.

Griechenland *Graecia* ist ein römisches Wort, vermutlich etruskischen Ursprungs. Der römische Name hat sich im Laufe der Zeit weltweit verbreitet. Sich selbst bezeichnen die Griechen allerdings seit der Zeit Homers als »Hellenen« bzw. Griechenland als »Hellas«, nach einer Landschaft Thessaliens.

Holland/Niederlande
Toleranz ist die vornehmste nl. Haupt- und Staatstugend und die Holländer sind tolerant genug, es zu ertragen, dass ihr Land und Volk von aller Welt nach einer nl. Provinz benannt wird und nicht nach dem offiziellen Staatsnamen. Die mittelalterliche Grafschaft Holland hatte ihre Schwerpunkte um Amsterdam, Rotterdam, Delft, Leiden, Alkmaar und gehörte bis zur Unabhängigkeit der Niederlande (1648) staatsrechtlich zum Heiligen Römischen Reich. »Holland« heißt *Holtland* = Baumland.

Irland
heißt auf gälisch *Eire*. Von diesem kelt. Namen ist die erste Silbe abgeleitet.

Italien
Die Sikuler, jener erste indogerm. Stamm auf der Apenninenhalbinsel, von dem Sizilien seinen Namen hat, waren diejenigen, die der gesamten Halbinsel ihren Namen gaben. Dieser beschränkte sich zunächst auf das Gebiet im äußersten Südwesten, das heutige Kalabrien. Die Sikuler müssen dort auf große Rinderherden gestoßen sein. *Italia* kommt nämlich von *italos* = Rind, Kalb; Italien ist also das »Rinderland«.

Kroatien
ist nach dem südslaw. Volk der Kroaten benannt.

Norwegen
kommt von altnordisch *Norvegr* = Nordweg.

Österreich
bedeutet »Ostreich«. Zum ersten Mal wurde es im Jahre 996 unter Otto III. so genannt, damals noch *Ostarichi*. Damit bezeichnete man ein Gebiet zwischen den Flüssen Enns und Traisen, hauptsächlich das heutige Niederösterreich. Die Republik Österreich in den heutigen Grenzen entstand erst 1918–1920 nach dem Ersten Weltkrieg aus dem ehemaligen Habsburgerreich.

Polen
Die *Polanen* waren ein westslaw. Stamm, der in der Völkerwanderungszeit an Warthe und Weichsel ansässig geworden war

und um das 9./10. Jh. eine führende Rolle bei der Bildung eines ersten polnischen Reiches übernahm. Andere westslaw. Stämme waren die Goplanen, Opolanen, Lendizi und Wislanen, die in der Gegend um Krakau siedelten und schon früh ein eigenes Staatswesen bildeten (*Polonia Minor*), das später an Großpolen (*Polonia Maior*) angegliedert wurde.

Portugal   Der Landesname setzt sich aus einem lat. und einem phönizischen oder griech. Wortteil zusammen. Lat. *portus* = Hafen; *Cale* war der Name einer alten Siedlung im Mündungsgebiet des Rio Douro im Norden Portugals. Heute ist dies die zweitwichtigste Stadt des Landes: Porto.

Russland   hat seinen Namen vom ersten Staatsgebilde in Südrussland, dem Kiewer Reich = »Kiewer Rus«. Die Kiewer Rus (um 900) war ein loser Zusammenschluss ostslaw. Stämme unter den Warägerfürsten Oleg und Igor. Die Waräger waren Normannen und es ist umstritten, ob das Wort *Rus* oder *Rhos* sich urspr. auf sie bezog, bevor es auf die Slawen überging. Die Normannen (= Wikinger, slaw.: *Waräger*) waren im 9. Jh. von der Ostsee her als Krieger und Kaufleute v. a. in Richtung Schwarzes Meer vorgedrungen. In der Kiewer Rus knüpften sie enge wirtschaftliche und kulturelle Kontakte zu Byzanz, die durch die orthodoxe Christianisierung für Russlands Geschichte entscheidend wurden.

Schweden   Der Name kommt von dem germ. Stammesnamen *Svear*; Schweden schreibt sich in der Landessprache *Sverige* (sprich: *svaerje*).

Schweiz   Nach dem Ende des hochmittelalterlichen staufischen Kaisertums (nach 1250) kam es zum Streit zwischen den Bewohnern der nahe am Gotthardpass gelegenen Täler Uri und Schwyz und den nördlich davon residierenden Habsburgern, da diese das Hoheitsrecht über Uri und Schwyz beanspruchten. Anfang August 1291 schlossen sich die drei »Urkantone« Uri, Schwyz und Unterwalden im »Rütli-Schwur« zum »Ewigen Bund« der »Schweizer Eidgenossenschaft« zusammen (so der offizielle Staatsname). Schon ab dem 14. Jh. wurde der Name des Kantons Schwyz auf diese Eidgenossenschaft übertragen, und zwar vor allem durch kaiserliche deutsche Söldner, die im Toggenburger Erbschaftskrieg von 1436–50 auf der Seite von Zürich gegen die Schwyzer und alle übrigen Eidgenossen kämpften, die sie »Schwizer« oder »Schweitzer« nannten.

Serbien *Srbi* (serbokroatisch) ist der Name des südslaw. Volkes, das im 7. Jh. in das von illyrischen, keltischen und thrakischen Stämmen bewohnte Land einwanderte.

Spanien *Hispania* ist ein römischer Sammelbegriff für den größten Teil der iberischen Halbinsel und ihre Völker, die im 2. Jh. v. Chr. nach dem Fall Karthagos unter römische Herrschaft kamen. Zunächst bezog sich *Hispania* nur auf den Küstenstreifen am Mittelmeer, also ungefähr auf das historische Katalonien, das bis zur Rhônemündung reichte. Mit der Erweiterung des Herrschaftsbereichs dehnte sich auch der Begriff aufs Landesinnere aus, aber nicht auf Portugal, das als römische Provinz *Lusitania* hieß (da dort die Lusitanier lebten). Der Sammelbegriff *iberisch* für die gesamte Halbinsel kommt von den Iberern, einem Volk kaukasischen Ursprungs, das schon längst dort war, bevor ab ca. 600 v. Chr. die ersten Kelten auf die Halbinsel einwanderten. Iberer und Kelten vermischten sich zur historisch einigermaßen fassbaren hispanischen »Urbevölkerung«, lange bevor die Phönizier, die Karthager, die Römer, die Wandalen, die Goten und schließlich die Araber kamen.

Tschechien/Böhmen Man muss »Böhmen« in zwei Wortbestandteile zerlegen, dann hat man die Bedeutung entschlüsselt: Der erste Wortteil »Bö« geht zurück auf den keltischen Stamm der Bojer. Der zweite Wortteil »h(e)m« ist eine verstümmelnde Zusammenziehung von »Heim«. Also heißt das Wort »Heim der Bojer«. Dieser keltische Stamm blieb allerdings nicht in Böhmen, sondern wich schon um die Zeitenwende unter dem Druck der germanischen Markomannen nach Bayern aus und wurde auch für dieses Land namengebend. Auch die Markomannen konnten sich nicht lange in Böhmen halten.

In der Völkerwanderungszeit mussten sie wiederum slawischen Stämmen Platz machen und verschwanden ziemlich sang- und klanglos von der Landkarte. Das Einzige, was blieb, war das slawische Wort *čech* = böhmisch (*Čechy* = Böhmen), das die Slawen für sich adaptierten.

Ukraine Das westslaw. Wort *u-krainjia* bedeutet »am Rande gelegen, Grenzland«. Aus demselben Wort ist auch »Ucker(mark)« hervorgegangen. Seit 1991 ist die Ukraine ein selbstständiger Staat.

Ungarn Als Volk sind die Ungarn ein Spätankömmling unter den europäischen Völkern. Sie kamen wohl urspr. aus dem Uralgebiet und wurden um 900 in der unter den Römern »Pannonien« genannten Donauebene sesshaft. Da sie vielfach mit indogermanischen und türkischen Völkern in Berührung gekommen waren, übernahmen sie aus diesen Sprachen Lehnwörter. Aus dem Türkischen stammt auch die Bezeichnung *Onogur*, aus der später »Ungar« wurde. Die Ungarn nennen sich selbst »Magyaren«. Dieses Wort ist vom Namen des ungarischen Fürstenstammes *Megyer* abgeleitet.

Andere Ländernamen

Ägypten Griech. *aigyptos* = dunkel. Dies bezieht sich auf die »schwarze Erde« des Nilschlamms, der alljährlich den Boden überschwemmte und damit die Lebensgrundlage dieser antiken Hochkultur schuf. Die pharaonischen Ägypter selbst nannten ihr Land *Chem* oder *Keme*, was ebenfalls »schwarzes Land« bedeutet. Auf dieses ägyptische Wort ist »Chemie« zurückzuführen, allerdings über den Umweg über das arab. *Alchimie*.

Arabien stammt vom heb. Wort *arabah* = trockene Gegend.

Irak Der Name stammt von einem uralten sumerischen Wort und bedeutet »Aufgang der Sonne«. Im Zweistromland (Mesopotamien) lösten sich die frühen altorientalischen Hochkulturen der Sumerer, Akkader, Assyrer, Mitanni, Babylonier ab. Es gilt deshalb als eine »Wiege der Menschheit«. Im Mittelalter war Bagdad *das* Zentrum der Blütezeit des Islam.

Kanada   Der franz. Seefahrer und Entdecker Jacques Cartier befuhr 1535–36 als erster Europäer den St.-Lorenz-Strom. Dabei wurde er einmal von Irokesen in ihr *canada* geführt. *Canada* ist in der Irokesen-Sprache das Wort für »Dorf, Siedlung«. Bei diesem *canada* handelte es sich um das spätere Québec. Cartier übertrug das Wort auf das gesamte Gebiet nördlich des St.-Lorenz-Stroms, und die Bezeichnung tauchte schon bald großflächig auf den Landkarten jener Zeit auf.

Mexiko   ist ein Wort der Azteken-Sprache. Das heutige Mexiko-City war schon unter den Azteken Hauptstadt mit dem Namen Mexico-Tenochtitlan. Die Stadt war vermutlich nach dem Kriegsgott Mexitli benannt, wobei in der Aztekensprache *metzli* = Mond, *xictli* = Nabel, das Wort also sinngemäß »Mondkind« bedeutet.

Syrien   ist die griech. Form von *Assur*, dem großen altorientalischen Reich, das von ca. 1700–600 v. Chr. bestand und sich von Mesopotamien aus zeitweilig bis zur Mittelmeerküste ausdehnte. Assur war der höchste Gott. Hauptstadt und Land waren nach ihm benannt. Das Assyrische ist eine semitische Sprache.

Venezuela   Kolumbus sichtete auf seiner dritten Reise 1498 als Erster die weit verzweigte Orinoco-Mündung südlich von Trinidad. Der Orinoco ist nach dem Amazonas und dem Paraña der dritte bedeutende Strom Südamerikas. Kolumbus' Begleiter Alonso de Hojeda erkundete 1499 zusammen mit dem Amerika-Namensgeber Amerigo Vespucci die südamerikanische Küste am Golf von Mexiko vom Golf von Maracaibo bis zum Orinoco-Delta. Hier siedelten die Einwohner häufig in Pfahlbaudörfern, was Hojeda an Venedig erinnerte. Deshalb bezeichnete er das Land als »Klein-Venedig«, auf Spanisch *Venezuela*.

Nicht besonders poetische Orts- und Ländernamen

Brüssel	Nl. *broek* = Sumpf; daraus: *Bruchsella*; die Unterstadt liegt im Tal der Senne
Ecuador	= Äquator
Jemen	Arab. = das (von der Ka'aba in Mekka aus gesehen) zur Rechten gelegene Land
Kalifornien	= Heißer Ofen
Kalkutta	(Kalikut) = (heiliger) Ort der (Göttin) Kali
Kyoto	= Hauptstadt
Madeira	= Holz
Mailand	= Stadt inmitten der stehenden Gewässer (lat. *mediolanum* ist ein halb kelt. Name; die *lahnen* sind »stehende Gewässer«; »Interlaken« bedeutet dasselbe)
Nanking	= Südliche Hauptstadt
Peking/Beijing	= Nördliche Hauptstadt
Sansibar	Arab. = »Land der Schwarzen«
Sevilla	Phönizisch *sephala* = niedrig gelegen
Shanghai	= Aufwärts vom Meer, chin. *hai* = Meer
Stockholm	= Baumstamminsel, *stock* = Strunk, Baumstamm; *holm* = Insel
Teheran	= Warmer Ort
Texas	Als der Graf von Calve als Abgesandter des sp. Vizekönigs Ende des 17. Jhs. von Mexiko aus in die Gegend kam, fragte er die dort ansässigen Asinais-Indianer, welcher Nation sie angehörten. Die Indianer antworteten in ihrer Sprache: »Texia!« (= Gut Freund). Die Spanier dachten daher, dies sei der Landesname
Tokio	= Osthauptstadt
Zürich	= Wasserort, kelt. *thur* = Wasser; *iacum* ist ein häufiges lat.-kelt. Anhängsel an Siedlungsnamen

Flussnamen

Flussnamen sind meistens sehr alt und in ihrer Grundbedeutung sehr einfach, geradezu archaisch. Sie bedeuten nicht mehr als »Wasser, Flusslauf, feucht« in verschiedenen Abwandlungen.

In den Gebieten nördlich der Alpen spiegeln Gewässernamen die älteste, überhaupt noch erreichbare Sprachschicht wider, oftmals eine vor-indogermanische. Manche Flussnamen lassen sich etwas gruppieren und spezifischer deuten.

Aller, Iller, Elz, Elbe, Ilm Bei allen liegt die Grundform *al/el* vor = Strömung, Fluss, Bach. Sie findet sich auch im altnordischen Wort *elfr* = Fluss, das ebenfalls in den modernen skandinavischen Sprachen ausgeprägt ist: *älv* (schwed.), *elv* (norweg.).

Eine kleine Abwandlung davon sind Flussnamen auf *er/or* wie **Aar, Ahr, Erft**. Außerhalb Deutschlands in **Arve**, dem Gletscherfluss, der in Genf in die Rhône mündet, und **Arno**, dem Fluss, der durch Florenz fließt. Hierzu gehörten auch **Saale** und **Saar** (*al/ar* mit »s-Anlaut«). Flussnamen mit *sal-* sind weit verbreitet in Europa, wie z. B. die **Sarthe** in Frankreich und die **Save** in Kroatien.

Donau heißt nichts anderes als »Wasser, Fluss« und dürfte vorkelt. Ursprungs sein. Dieselbe Wortwurzel findet sich in **Don, Dnjepr, Dnjestr**.

Drau, Traun, Drawe Das Grundwort für diese Flussnamen ist *drouos* – darin stecken, *uos* = Wasser und *dr(o)* = schnell. Es findet sich auch in den franz. Flussnamen **Drôme** und **Durance**.

Isar, Isel, Isen, Eisack (ital. Isarco) verbinden *uer* bzw. *uas* = Wasser mit kelt. *ys* = schnell, reißend. Genauso: **Isère** (in Frankreich), **Isonzo** (Norditalien) und **Ijssel** (Niederlande).

March Der Name dieses Flusses in Österreich stammt von *mor* = stehendes Wasser, Sumpf. Daraus sind auch »Moor« und lat. *mare* entstanden sowie der Name der **Marne** in Frankreich. Das dem **Main** zugrunde liegende Wort *moin* bedeutet ebenfalls »Sumpf«. **Nidda** kommt von *ned* oder *neid* = fließen.

Oder   Stammt von *oudh* = reichlich. Gemeint ist »reichlich Wasser«. Hierzu gehören auch die franz. Flussnamen **Aude** (in Südfrankreich) und **Eure** (ein Nebenfluss der Loire).

Rhein   Der Name ist wortgeschichtlich eng verwandt mit »rinnen, rennen« (auch im Engl. *to run*), was auf die Grundbedeutung »fließen« deutet und sich in Wörtern wie lat. *rivus* und eben »Rhein« zu »Fluss« weiterentwickelt hat.

Weser, Werra, Wern, Wörnitz   Sie sind als Wörter praktisch identisch mit »Wasser« (*uer/uor* bzw. *uas*) und »Whisky«.

Weitere keltische Flussnamen

Ammer, Amper, Emmer, Emscher   kommen alle von kelt. *ambra* = feucht. Die Flussnamen **Dreisam** (Südschwarzwald) und **Traisen** (Niederösterreich) sind so gut wie identisch. *Trei(g)* = bedeutet »schnell« und *sam/sen* ist eine Steigerungsform – die Gesamtbedeutung ist also: »sehr schnell«. In **Fulda** stecken *fuld* = Land, Erde und *aha* = Wasser. **Lahn** und **Leine** sind aus *lugna* oder *lugana* = sich windend hervorgegangen. **Neckar** geht auf kelt. *nikros* = böse, heftige Welle zurück. **Regen** (bei Regensburg) und **Reuss** (Schweiz) ist *reg* = bewässern. **Ruhr** stammt von *reu* = reißen, graben, **Sieg** von *segh* = fest in der Gewalt haben. **Tauber** kommt von *dubro* = Wasser. Aus dem gleichen Wort ging auch der Name des **Tibers** in Rom hervor.

Länder, die nach Flüssen benannt sind

In Europa und Asien sind – abgesehen von Indien – keine Staaten oder größeren Länder nach Flüssen benannt. Länder- und Staatsnamen nach Flüssen sind offenbar ein Erbe der Kolonialzeit auf dem afrikanischen und amerikanischen Kontinent. Sie entsprechen nicht den historischen und ethnischen Gegebenheiten. (Jordanien – von Jordan – ist insofern keine Ausnahme, weil der Staat erst 1920 von den Briten als »Transjordanien« künstlich geschaffen und 1946 unabhängig wurde.)

Indien   Bereits 1700 v. Chr. bezeichnen die Assyrer das Land als »Sinda«, die Perser nennen es später »Abisind« und die Araber »Sind«. *Sindhu* ist ein vedisches Wort, also ein Sanskrit-Wort, und bedeutet »Meer, Ozean, Strom«.

Alle weiter westlich wohnenden Völker übernehmen den Namen »Sind« und meinen damit diejenigen, die »am oder jenseits des Indus« leben.

Die offizielle Staatsbezeichnung Indiens lautet allerdings nicht »Indien«, sondern »Bharat«. Dieses Wort stammt von dem mythischen König Bharata, von dem das ›Mahabharata‹, das klassische indische Nationalepos erzählt. Es schildert die Geschichte zweier rivalisierender Königshäuser, die von Bharata abstammen sollen. Das ›Mahabharata‹ hat für die Inder eine ebenso große Bedeutung wie die Bibel für die europäischen Völker bzw. die Juden.

In Südamerika sind zwei Staaten nach Flüssen benannt: **Argentinien** ist das »Silberland« – nach seinem Hauptstrom, Rio de la Plata, dem »Silberstrom«. Für den Landesnamen wählte man das lat. Wort für Silber: *argentum*. **Paraguay**: Der Name des Flusses wie des Landes stammt aus dem Guarani, einer Eingeborenensprache Südamerikas. *Para* (= Ozean), *gua* (= zu), *y* (= Wasser). Sinngemäß bedeutet dies »Wasser, das zum Wasser geht«.

In Afrika sind eine ganze Reihe von Ländern nach Flüssen benannt: **Benin, Gambia** (in der Mandika-Sprache: *ba dimma* = Fluss), **Kongo** (zwei Staaten: Demokratische Republik Kongo und Republik Kongo), **Niger, Nigeria** (das Wort kommt wahrscheinlich sowohl von dem lat./port. Wort *niger* = schwarz, wie von dem ähnlich klingenden Tuareg-Begriff *girh n igheren* = Fluss der Flüsse, das die Portugiesen aufgeschnappt und falsch verstanden haben könnten).

Einige amerikanische Bundesstaaten sind nach den großen Flüssen benannt, die durch sie hindurchfließen. **Alabama**: Der Alabama River hat seinen Namen von dem Indianerstamm der *Alibamu*. **Arkansas**: Der Flussname »Arkansas« ist das franz. ausgesprochene Wort *Akansea*, mit dem der Indianerstamm der Illinois einen Nachbarstamm an diesem Fluss bezeichnete. **Colorado**: Der Flussname kommt von sp. *colorado* = bunt gefärbt, rot. **Connecticut**: Die Bezeichnung des Connecticut River beruht auf mohikanisch *quonaktakat* = langer Fluss. In **Kentucky** gibt es auch einen Kentucky River, aber dieser ist nach dem Land benannt, nicht umgekehrt. *Ken-tah-ten* bedeutet in der Irokesen-Sprache »Land der Zukunft«. **Mississippi**: Der Name des größten nordamer. Stromes stammt aus der Sprache der Algonkin-Indianer – *messe* = groß, *sepe* = Wasser. **Missouri**: Der Fluss ist nach dem Sioux-Indianervolk *Missouri* benannt. Der Name bedeutet »Stadt der großen Kanus«. **Ohio**: In der Irokesen-Sprache bedeutet *Ohio* »Guter Fluss«.

Himmel & Erde

Der Sternenhimmel

Asteroid Ein sternartiges Gebilde; griech. *aster* = Stern, wie in Astronaut (= Sternfahrer), Astronom (= Sternenvermesser), Astrologe (= Sterndeuter).

Galaxis Die Milchstraße hat ihren Namen von der Milch der griechischen Göttermutter Hera (griech. *gála* = Milch). Als sie den Herkulesknaben säugte, biss er etwas zu fest zu, sie riss ihn sich von der Brust und die Milch spritzte hervor. So entstand nach antiker Vorstellung die Milchstraße.

Gliese 581c Im April 2007 entdeckten Astronomen in Genf einen angeblich erdähnlichen Planeten in relativ naher Distanz zur Erde – nur 20,4 Lichtjahre entfernt. Er soll eineinhalbmal so groß sein wie die Erde, eine feste begehbare Oberfläche haben und auf seiner Tagseite Temperaturen zwischen 0 und 40 Grad Celsius, was die Existenz von Wasser ermöglicht.

Der Planet Gliese 581c hat seinen Namen von seinem Zentralgestirn, dem Zwergstern Gliese 581. Gliese 581c ist einer von drei bisher bekannten Begleitern von Gliese 581, daher die Bezeichnung »c«. Gliese 581 ist nach dem dt. Astronomen Wilhelm Gliese (1915–1993) benannt. Er forschte zunächst in Breslau und Berlin und stellte seit 1951 am Astronomischen Recheninstitut Heidelberg einen ›Katalog erdnaher Sterne‹ zusammen, der 1969 erstmals erschien und ca. 3800 Objekte enthält. Ob Gliese 581c tatsächlich der Erde ähnelt, ist allerdings noch keineswegs sicher.

Himmel Der Begriff ist verwandt mit germ., kelt. und altind. Wörtern, die eine Hülle bezeichnen, etwas Bedeckendes oder Einhüllendes. Dazu gehören auch das dt. »Hemd«, das gleichbedeutende franz. *chemise* oder das altsächsische *fedharhamo* = Federkleid der Vögel und Engel.

»Himmel« ist auch ein wichtiger kulturgeschichtlicher Begriff, weil grundlegende religiöse Anschauungen damit verbunden sind. In der Bibel schuf Gott Himmel und Erde durch sein Wort, seine Vorstellungskraft, seinen Schöpferwillen. Die Griechen stellten sich die Entstehung von Himmel und Erde nicht ganz so einfach vor. Bei ihnen brauchte es mehrere Göttergenerationen, bis das *Chaos* (= leerer Raum) überwunden war und Zeus den Himmel regierte.

Religions- und sprachgeschichtlich ist Zeus, der Herr der Blitze und des Donners, ein Himmels-, Wind- und Wettergott. Das Wort »Zeus« entspricht dem griech. Begriff für »Gott« (= *theós*; lat. *deus*). Der Begriff ist verwandt mit altindisch *dyaus* = lichter Himmel, Tag sowie mit den griech. und lat. Wörtern *dios* bzw. *dies* = Tag. Für die Indogermanen waren die Hochgötter Himmelsbewohner, ähnlich wie der israelitische Jahwe, der für Jesus von Nazareth der »Vater unser im Himmel« war. Für viele altorientalische und altmediterrane Kulte und Religionen war die Ur- und Hochgottheit hingegen die fruchtbare »Mutter« Erde.

Komet Die Schweifsterne haben ihren Namen vom griech. Wort *kométes* = langhaarig.

Meteorit Meteoriten fallen tatsächlich vom Himmel. So hatte man sich das aber früher wohl nicht vorgestellt, denn von einem »Fixsternhimmel« konnte schon per definitionem nichts herunterfallen. Dementsprechend musste das, was da in der Höhe durch die Luft zischte, »emporgehoben« sein und genau das bedeutet griech. *metéoros*. Dieses Wort lieferte übrigens auch im 18. Jh. die Wortgrundlage für die Bezeichnung jener Wissenschaft, die sich mit den weiteren Vorgängen zwischen Himmel und Erde beschäftigt, der Wetterkunde »Meteorologie«. Das Wort »Wetter« bezieht sich nach älterem Verständnis hauptsächlich auf den Sturm (»So ein Wetter!«) und kommt wie »Wind« von »wehen«.

Mond Unübersehbar ist das periodisch regelmäßige Erscheinen des Mondes am Nachthimmel. Seit uralter Zeit ist der Mond ein Zeitmesser, die Grundlage für Kalendersysteme. (Auch die germ. Völker richteten sich nach einem Mondkalender und zählten die Nächte. Daher noch: »Weihnacht« und »Fastnacht«). Die Zeitmesserfunktion ist auch die Vorstellung, von der sich das Wort ableitet. »Mond« und das davon abgeleitete Wort »Monat« gehen auf die ie. Wortwurzel *me(t)* zurück, aus der auch Wörter wie griech. *métron* »Maß« (daraus auch »Meter«), lat. *mens* (= Monat) und »Mal« hervorgegangen sind.

Dass selbst bei solch »elementaren Dingen« auch ganz andere Wortgeschichten entstehen können, zeigt das entsprechende lat. *luna*, das manchmal auch im Dt. gebraucht wird (»Frau Luna«). *Luna* kommt von lat. *lux, lucere*, also »Licht« bzw. »leuchten, scheinen«. Dort war die begriffsbildende Vorstellung vom Erdtrabanten also einfach »Leuchtkörper« und nicht »Zeitmesser«.

Planet *Astéres planétai*, wandelnde Sterne, nannten die Griechen diejenigen Himmelskörper, die nicht »fixiert« waren, sondern auf Bahnen über den Himmel zogen. Im Altertum und im Mittelalter zählte man auch die Sonne und den Mond zu den Planeten.

Sonne Das Wort stammt aus der ie. Urform *suel*, aus der auch »schwelen« hervorgegangen ist. »Sonne« bedeutet also »die Brennende«. Zu dieser Wortgruppe gehört auch »Süden«. Der Süden ist also einfach die »Sonnenrichtung«.

In der Antike wurde die Sonne mit dem strahlenden, immer jugendlichen griech. Sonnengott Apollon gleichgesetzt. Dem Mond war Diana, bzw. die griech. Artemis zugeordnet, die jungfräuliche nächtliche Jägerin. Uns Deutschen ist das auf den ersten Blick nicht leicht verständlich, weil wir »die Sonne« und »der Mond« sagen. In allen anderen Sprachen, auch im Lat. und Griech., hat die Sonne Genus masculinum (bspw. franz. *le soleil*) und der Mond Genus femininum (z. B. franz. *la lune*).

Supernova Am 8. Oktober 1604 ereignete sich im südlichen Teil des Sternbilds Schlangenträger eine Supernova, die von Johannes

Kepler (1571 – 1630) in Prag beobachtet wurde. Kepler erkannte, dass es sich bei diesen Phänomenen um Fixsterne handelte, und veröffentlichte 1606 das Buch ›De stella nova‹ (»Über den neuen Stern«). Er dachte, er hätte das Aufleuchten eines neuen Sterns beobachtet, weil er natürlich nicht wissen konnte, dass diese gewaltigen Explosionen einen Sternentod einleiten. Das erkannte man erst in den 30er-Jahren des 20. Jhs. Von Keplers Begriffsprägung *stella nova* blieb immerhin der Teil *nova* bestehen. Und da man in unserer Zeit erkannte, dass es sich dabei um »Überriesen« handelt, fügte man das Steigerungswort *super* hinzu.

Urknall (Big Bang) Die gängige moderne Vorstellung von der Entstehung des Universums ist die Theorie vom »Urknall«. Sie geht davon aus, dass die auseinanderstrebenden Galaxien im sich ausdehnenden Universum auf einen gemeinsamen Ausgangspunkt zurückzuführen sind. Dort war die gesamte Materie demnach einmal hoch verdichtet und explodierte in einem Urknall. Diese Theorie verdankt die Welt dem amer. Astronomen Edwin Hubble (1889–1953). Sie wird sowohl durch Einsteins Relativitätstheorie bestätigt als auch durch die spätere Entdeckung des kosmischen Hintergrundrauschens mit Hilfe von Radioteleskopen (1965 durch Arno Penzias und Robert Wilson; 1978 erhielten sie dafür den Nobelpreis). Den Begriff »Big Bang« prägte ausgerechnet ein Gegner der Urknall-Theorie, der engl. Astronom Fred Hoyle (1915–2001). Hoyle und andere erkennen zwar die Expansionsbewegung des Universums an, akzeptieren aber nicht den Rückschluss auf einen gemeinsamen Ausgangspunkt, da sie das Universum für ein konstantes System halten.

Die Namen der Planeten

Das ptolemäische Weltbild stammt von dem griech. »Naturforscher« Claudius Ptolemäus, der es um 150 n. Chr. in Alexandria formulierte. Er beschrieb eine völlig in sich ruhende, geschlossene, hierarchisch geordnete Welt, in der alles mit allem in einer »sinnvollen« Beziehung stand. Es bot den in ihrer Existenz durch Krankheit, Seuchen,

Missernten und Krieg fortwährend bedrohten Menschen die Vorstellung einer großen kosmischen Sicherheit und war daher in einer für uns heute kaum mehr nachvollziehbaren Weise sinnstiftend.

Obwohl unser Naturverständnis heute das genaue Gegenteil des »stabilen« und »harmonischen« ptolemäischen Weltbildes ist, zählen dessen Begriffe zum tradierten Kulturgut und prägen nach wie vor unsere Alltagssprache, denn die Anschaulichkeit und erzählerische Lebendigkeit dieser Begriffe ist unübertroffen.

Merkur   Der innerste Planet hat seinen Namen vom römischen Gott des Handels, der gleichzeitig auch der Schutzgott der Kaufleute war (lat. *merx* = Ware; *mercator* = Kaufmann). Er wurde im römischen Pantheon mit dem griechischen Hermes gleichgesetzt, dem Götterboten mit den geflügelten Schuhen, der bei den Griechen ebenfalls Schutzgott der Kaufleute, der Reisenden und der Diebe war, denn Hermes hatte schon als Kind einige Rinder aus der Herde des Apollon gestohlen.

Venus   Die römische Göttin der Liebe. Sie wurde immer jung und schön dargestellt. Das Funkeln des Planeten Venus, v. a. als Morgen- und Abendstern, hat zahllose Dichter betört. Das Wort »Venus« stammt aus der ie. Wortwurzel *wennan*, aus der nur Wörter für angenehme Dinge hervorgegangen sind: Wonne, Wunsch, Wahn, Gewinn und wohnen (s. a. »Glückwunsch«, S. 108). Das griechische Pendant zur Venus ist Aphrodite, die »Schaumgeborene« (griech. *aphros* = Schaum). Urspr. war sie keine indoeuropäische, sondern eine sehr alte orientalische Fruchtbarkeitsgöttin. Mit dieser, der babylonischen Ischtar/Astarte ist die Morgenstern-/Abendsterngöttin sozusagen kulturgeschichtlich verwandt, denn wie die schön funkelnde Venus wurde auch Ischtar mit diesem Stern verbunden. Ischtar ist eine Art Urbild des Weiblichen. Im alten Babylonien war sie eine sehr ambivalente Figur, von der treusorgenden Mutter und Gattin über die unberührbare Jungfrau bis zur Götter- und Königsverführerin sowie entfesselten Nymphomanin. Sie wandelte durch die Unterwelt und konnte auch eine Kriegsfurie sein. Über Kreta nach Europa importiert, wurden die verschiedenen Persönlichkeitsanteile der Ischtar unterschiedlichen Göttinnen zugeordnet: der jungfräulichen Kriegerin Athene, ferner der »Herrin der Tiere«, der jungfräulichen nächtlichen Jägerin Artemis und schließlich der eher sanft wollüstigen Aphrodite, eben der »schaumgeborenen« Venus.

Erde ist kein »Göttername«, sondern geht auf das indoeuropäische Wort *er(th)* zurück, mit dem der trockene Erdboden als Substanz bezeichnet wird. Die »Erde« ist v. a. der Gegensatz zum »Himmel«, wie es im ersten Satz der Bibel deutlich zum Ausdruck kommt. »Im Anfang schuf Gott den Himmel und die Erde.« Damals hatte man noch keine Vorstellung von der Erde als Globus, als Planet im Weltraum. Als sich diese Vorstellung nach der Entdeckung von Kopernikus ab 1500 allmählich durchsetzte, wurde das Wort auch als Planetenname verwendet.

Mars ist ein römischer Vegetations- und Kriegsgott. Nach ihm ist sowohl der Monat März benannt als auch in den romanischen Sprachen der Dienstag, z. B. franz. *mardi*, sp. *martes*, ital. *martedì* (s. dazu auch »Gott« im Kapitel »Religion«, S. 68 f.).

Jupiter Der gasförmige Riesenplanet trägt den ehrwürdigen römischen Namen des Göttervaters. Jupiter = *Iovis pater* = Göttervater. Das lat. *Iovis* ist sprachlich aufs Engste verwandt mit dem griech. Zeus, vgl. griech. *theós* und sp. *dios* = Gott. Dazu mehr im Kapitel »Religion« (s. S. 68 f.).

Saturn Römischer Ackergott, zuständig für Saat und Ernte. Sein Fest, die ausgelassenen »Saturnalien«, wurden nach dem 17. Dezember, nach der letzten Aussaat, mehrere Tage lang gefeiert und ähnelten in vielem unserem Karnevalstreiben. Die Römer sahen Saturn urspr. als sehr wohltätigen Gott. Durch die Verschmelzung mit dem griechischen Kronos verdüsterten sich seine Züge. In Antike und Mittelalter wurde dem Saturn die Melancholie als Temperament zugeordnet.

Uranus Dieser Planet ist nach dem »Himmel« (= *Uranos*) benannt, den Gaia, die »Mutter Erde«, der griechischen Mythologie zufolge aus sich selbst schuf.

Neptun Der römische Name entspricht dem griechischen Meeresgott Poseidon. Dieser war ein Bruder des Zeus und eines von den Geschwistern, die ihr gemeinsamer Vater Kronos wieder ausspuckte, nachdem er sie erst verschlungen hatte. Kronos war von Zeus nämlich ein Brechmittel eingeflößt worden. Zu den anderen verschluckten Zeus-Geschwistern gehörten Hera, seine Schwester und Göttergemahlin und:

Pluto, der Gott der Unterwelt (im Griech. »Hades«). Nachdem Kronos entthront und nach zehnjährigem Kampf auch die übrigen Titanen besiegt und in den hintersten Winkel der Unterwelt, den *Tartarus* (römisch: *Orcus*), verbannt worden waren, teilten sich die drei Götterbrüder die Welt auf: Zeus wurde Herrscher des Himmels, Poseidon Herrscher der Meere und Hades (bzw. Pluto) Herrscher der Unterwelt.

Pluto wurde der Planetenstatus vor Kurzem allerdings aberkannt. Seit dem 24.8.2006 gibt es nur noch acht Planeten im Sonnensystem. Auf der Tagung der Internationalen Astronomischen Union in Prag wurde Pluto zusammen mit Xena und Ceres offiziell zum Zwergplaneten heruntergestuft. Mit diesem Beschluss verbindet sich das neueste »Wort des Jahres« (2006) in den USA: *to be plutoed* = abgewertet, degradiert werden.

Sternbilder

Großer Bär/Großer Wagen, Kleiner Bär/Kleiner Wagen Der große Bär ist eigentlich eine Bärin: Die Nymphe Kallisto, eine der Damen aus dem Gefolge der jungfräulichen Artemis, wurde von Zeus geschwängert und daraufhin von Artemis verstoßen. Außerdem wurde sie von der Zeusgattin Hera mit Eifersucht verfolgt und in eine Bärin verwandelt. Dafür schämte sich Kallisto und versteckte sich im

Wald. Zum Manne herangewachsen, wurde Arkos, der Sohn von Zeus und Kallisto, ein Jäger. Als er eines Tages auf der Jagd war, hörte Kallisto seine Stimme und eilte herbei, um ihn zu begrüßen, doch Arkos wollte die vermeintliche Bärin töten. Zeus verhinderte dies, indem er beide an den Himmel versetzte. Vom Bären (griech. *árktos*) hat auch die *Arktis* ihren Namen. Die Verlängerung der Linie zweier Sterne aus dem »Großen Bären« zeigt auf den Polarstern, der wiederum am Schwanzende des »Kleinen Bären« steht.

Der »Große Wagen« ist ein Teil des »Großen Bären«. Die Babylonier haben schon vor 3000 Jahren in den sieben Sternen einen Wagenkasten und die Deichsel gesehen.

Orion   Die Geschichte zu diesem Sternbild spiegelt den uralten Mythos von Tod und Wiedergeburt: Geht der »Skorpion« im Osten auf, so geht »Orion« im Westen unter. Die Erdgöttin Gaia sandte den Skorpion aus, um den großen Jäger Orion zu töten, denn dieser hatte damit geprahlt, alle Tiere auf der Erde töten zu können. Nachdem Orion vom Skorpion gestochen wurde, zertritt Äskulap – der göttliche Arzt und »Schlangenträger«, der als Sternbild über dem Skorpion erscheint – das Tier und heilt Orion. So kann dieser im Osten erneut aufgehen, und der Kreislauf beginnt von Neuem. Die Ägypter sahen im Sternbild »Orion« den Osiris, den mythischen ersten Pharao und Herrscher des Totenreichs, der als Horus wiedergeboren wird.

Das Sternbild »Orion« enthält zwei sehr helle Sterne, »Rigel« und »Beteigeuze«. Beide Sternnamen stammen aus dem Arabischen. *Rigel* bedeutet »Fuß« und *Beteigeuze* »Schulter des Riesen«. »Beteigeuze« ist 450 Lichtjahre entfernt, an der Oberfläche 3200 Grad heiß und strahlt 10 000-mal heller als die Sonne. »Rigel« ist 800 Lichtjahre entfernt, 12 000 Grad heiß und strahlt 60 000-mal heller als die Sonne.

Andromeda, Perseus, Pegasus, Kassiopeia, Kepheus, Walfisch

Wegen eines Götterfrevels ihrer Eltern wurde die bildschöne Königstochter Andromeda bei Joppe (Palästina) an einen Felsen gekettet, damit sich ein Meeresungeheuer (der »Walfisch«) ihrer bemächtigen konnte. So liegt sie am Sternenhimmel – mit den Beinen nach oben, die Arme hilflos ausgestreckt. In diesem Moment reitet Perseus auf seinem Ross Pegasus vorbei und bietet an, sie zu befreien, wenn er sie heiraten darf.

Um Andromeda herum sind alle Beteiligten dieser Geschichte als Sternbilder versammelt: Perseus und Pegasus sowie die leichtsinnigen Andromeda-Eltern König Kepheus und Königin Kassiopeia und der Walfisch. Andromedas Mutter Kassiopeia hatte die unglückselige Geschichte ausgelöst, als sie eines Tages ihr Haar bürstete und damit prahlte, schöner zu sein als die Nereiden, die Meerjungfrauen. Amphitrite, eine der Nereiden, erfuhr von dieser frevlerischen Äußerung und tratschte sie ihrem Gatten Poseidon, dem Meeresgott, weiter. Der erzürnte Poseidon schickte daraufhin den Walfisch Ketus los, der das Meer aufpeitschte und so die Küsten überschwemmte. Ein Orakel wies König Kepheus an, seine Tochter Andromeda zu opfern, um das Land zu retten. Als sich das Meeresungeheuer Ketus der Andromeda näherte, wurde es gerade noch rechtzeitig von Perseus erstochen.

Der griech. Name Andromeda bedeutet wört. »Männerbezwingerin«. In babylonischer Zeit setzte man die junge Frau mit den nach oben geöffneten Beinen mit der Liebesgöttin Ischtar/Astarte gleich, die in frühantiker Zeit an der Küste Palästinas ebenfalls verehrt wurde. Dieses Bild ergibt sich v. a., wenn man das heutige Andromeda-Sternbild mit dem heutigen Pegasus-Bild zusammen betrachtet. Bei den Babyloniern dürften die umgebenden Sternbilder der Andromeda-Gruppe dann eher Herren gewesen sein, die ihr Liebesopfer darbrachten. Die griech. Version ist also bereits eine spätere, etwas züchtigere Fassung des Sternenmythos.

Im Sternbild der Andromeda liegt der mit bloßem Auge sichtbare »Andromeda-Nebel«, die mit circa 3 Millionen Lichtjahren Entfernung unserer Milchstraße nächstgelegene Galaxie mit einer Billion Sternen (die Milchstraße enthält etwa 100–200 Milliarden Sterne).

Zwar nicht der hellste, aber der auffälligste Stern im »Perseus« trägt den Namen »Algol«. Er wechselt regelmäßig seine Lichtstärke. Das scheint schon arabischen Astronomen nicht geheuer gewesen zu sein, die ihn *ras al ghul* (= Kopf des Dämonen) nannten.

Die vier Elemente

Die klassischen Philosophen Griechenlands, wie etwa Platon und Aristoteles, haben nicht nur philosophische Begriffe wie Wahrheit, Gerechtigkeit und Erkenntnis entwickelt. Sie prägten auch die Naturanschauung in einer Weise, die in unserem Kulturkreis rund 2000 Jahre lang Gültigkeit hatte. Grundlegend war dafür die sogenannte Elementenlehre, wonach die gesamte Natur aus den vier Grundelementen Erde, Feuer, Wasser und Luft aufgebaut ist und sich alle Dinge aus deren Vermischung oder Entmischung ergeben. Der Begründer dieser Lehre war der Heilkundige und »Naturphilosoph« Empedokles (ca. 490–430 v. Chr.). Die Idee von der ständigen Durchmischung der Elemente ist v. a. eine Absage an die Vorstellung vom Werden und Vergehen. Ein Schöpfergott oder Schöpfungsmythos wird hier ebenso wenig benötigt wie Jenseitsvorstellungen. Antriebskräfte für die Vermischungen sind dieser Elementenlehre zufolge Liebe und Hass.

Aristoteles hat diese Vorstellungen übernommen. Er galt auch im Mittelalter als absolute Autorität, und damit wurde die »naturwissenschaftliche« Seite dieser Lehre ebenfalls im christlichen Kulturkreis übernommen und bis weit über das Mittelalter und die Renaissance hinaus beibehalten. Vor allem die Alchimisten hielten an dieser Vorstellung fest. Erst die wissenschaftliche Naturforschung seit dem Beginn der Neuzeit hat zu gänzlich anderen Erkenntnissen geführt, die für uns bis heute Gültigkeit haben und die Elementenlehre widerlegen.

Wasser Dieses Wort kommt in allen ie. Sprachen vor. Am Beispiel dieses elementaren Begriffs lässt sich schön zeigen, wie sich ein solches »Urwort« in den ie. Sprachen entwickelt hat. Die Urform lautet *au(d)*. Wir finden sie in verschiedenen Sprachen wieder, z. B.: Altind. *udán*, griech. *hýdor*, altirisch *u(i)sce* (davon leitet sich das Wort Whisky ab), russ. *vodá* (davon leitet sich das Wort Wodka ab). Im Dt. tritt die Urform *au(d)* noch deutlicher zutage z. B. in »Auerochse« und »Otter« sowie in dem Wort »Aue«, der Bezeichnung für eine feuchte Flussniederung. Dadurch werden auch die Formen in den romanischen Sprachen leichter verständlich: lat. *aqua*, franz. *eau*. Im Dt. findet sich das »Wasserwort« auch in vielen Flussnamen, bspw. Weser (s. »Stadt, Land & Fluss«, S. 41).

Feuer   Wenn man weiß, was ein Pyromane oder Pyrotechnik ist, kennt man schon das dem Wort »Feuer« eng verwandte griech. *pyr*. In den germ. und selbst in einigen romanischen Sprachen sind die Begriffe für »Feuer« sehr ähnlich: Engl. *fire*, franz. *feux*. Es gibt aber in den ie. Sprachen noch ein anderes »Feuerwort«, das bspw. im lat. *ignis* enthalten ist. Es steht in enger Beziehung mit dem Namen des ind. Feuergottes *Agni*.

Erde   von indoeuropäisch *er(th)*. Das Wort kommt in allen germ. Sprachen vor und ist daher mit Sicherheit sehr alt. Es gibt aber keine Entsprechung etwa im Griech. Das lat. Wort für Erde (*terra*) wiederum ist verwandt mit einem griech. Ausdruck für »trocken«. Man unterschied also sehr früh das trockene Element vom nassen Element Wasser.

Luft   Dieser Begriff ist eigentlich eine Kurzfassung von »Luftzug, Lüftchen«, weil man die Luft früher nur auf diese Weise wahrnahm. Man hatte ja keine Vorstellung von Gasen oder der Atmosphäre. Wind und Sturm waren Kategorien für sich, Naturkräfte, die man nicht mit »Luft« in Verbindung brachte, wie wir das heute tun. Die Griechen unterteilten den Luftraum über der Erde in zwei Zonen, eine untere *aer* (davon stammt das engl. Wort *air*) und eine obere, reine Zone, den

Äther   Über die Beschaffenheit der Luft als Gemisch aus verschiedenen Gasen weiß man erst seit zirka 200 Jahren Bescheid. Seit der Antike spricht man auch noch von einem fünften Element, dem »Äther«. V. a. die griech. Naturphilosophen Anaximander und Anaximenes (5. Jh. v. Chr.) formulierten die sog. Ätherlehre von einem unsichtbaren, feinsten Urstoff, der alles durchdringt und aus dem alles aufgebaut ist. Das Wort stammt vom griech. *áithein* = anzünden, brennen, leuchten, weil man in Griechenland oft einen außerordentlich klaren, leuchtenden Himmel sieht. Der Äther befand sich in der oberen Himmelsschicht. Aristoteles erklärte ihn zum fünften Element und verband ihn mit der »unveränderlichen« Fixstern- und Planetensphäre. Auch die bedeutenden Naturwissenschaftler des frühen 17. Jhs. wie etwa Descartes und Huygens sahen im Äther eine hauchfeine, zarte Substanz, die als Medium für Fernwirkungen wie Gravitation, Licht, Wärme oder Magnetismus diente. Noch heute schickt man umgangssprachlich manchmal Radiowellen »in den Äther«.

Land & Meer

Kontinent ist eine Abkürzung von lat. *terra continens*, »zusammenhängendes Land«. Alle alten Völker sahen in der Erde die fruchttragende »Mutter Erde« und verehrten sie als die »Große Göttin«.

Land Dieses Wort kommt in vielen indogermanischen Sprachen vor und bezeichnet ein baumloses Heide- oder Steppengelände bzw. Brachland, das niemandem gehört und nicht landwirtschaftlich genutzt wird (engl. *land*, schwed. *lund*). Im Franz. bedeutet *lande* »Heidegebiet«). Auch als Sammelbegriff für ein Gebiet mit einer auf charakteristische Weise homogenen Bevölkerung (Holland, England, Irland) tritt das Wort schon in der Karolingerzeit in Erscheinung.

Meer ist verwandt mit »Moor«, »Morast« und »Marsch«. Viele ältere und mundartliche Wörter in anderen germ. Sprachen deuten überdies darauf hin, dass man damit urspr. ein stehendes, sumpfiges Binnengewässer oder eine sumpfige Küstenlandschaft bezeichnete. Das altslaw. Wort *pomorije* (= Küstengebiet, Strand), von dem sich der Landschaftsname »Pommern« direkt ableitet, hat genau diese Bedeutung. Der Begriff »Meer« dehnte sich also sozusagen vom Küstengewässer auf die gesamte Meeresfläche aus. Auch die romanischen Sprachen (lat. *mare*, franz. *mer*) verwenden dieses Wort.

Orient, Okzident   stammen von lat. *sol oriens* = aufgehende Sonne und *sol occidens* = untergehende Sonne. Die Römer, wie fast alle anderen Völker, sahen in der Sonne und ihrer Personifikation, dem Sonnengott Sol (griech. Apollo oder Helios), eine männliche Gestalt voller Strahlkraft. Deshalb hat *sol* im Lat. ein männliches Geschlecht. Und auch im Dt. heißt es daher »der« Orient und »der« Okzident.

Ozean   »Okeanós« ist in der griechischen Mythologie einer der Titanen, also ein Bruder des Kronos. Er ist die Personifikation des kreisförmigen Flusses, der die gesamte Erde umgibt. Okeanos gilt in diesem Weltbild als Quelle aller Meere und Flüsse.

Pangäa   ist ein Kunstwort, das Alfred Wegener, der Begründer der Kontinentalverschiebungstheorie, geprägt hat. Damit bezeichnete er den riesigen »Urkontinent«, der zur Zeit von Karbon und Jura bestand. In diesem Zeitalter der Dinosaurier gehörten in der Tat alle heutigen Kontinente zu einer einzigen Landmasse und es gab nur einen Ozean. Griech. *pan* = all, überall; *gaia* = Erde, auch »Mutter Erde«.

See   Die Herkunft dieses Wortes ist nicht eindeutig geklärt. Es könnte sich um ein sehr altes, vorindoeuropäisches Wort handeln. Aber man nimmt an, dass immer nur eine sehr überschaubare Wassermenge damit bezeichnet wurde, möglicherweise nicht mehr, als man in einen Kübel gießen (»seihen«) konnte. Auch das lat. Wort *lacus* (= See; davon ital. *lago*) deutet auf ein solches urspr. Wortverständnis hin.

Vulkan   Wer jemals am Rande eines Vulkankraters stand und das – mit keinem anderen Geräusch vergleichbare – metallische Rumpeln gehört hat, hält die antike Vorstellung vom Götterschmied (römisch *Vulcanus*, griech. *Hephaistos*), der dort seinem Handwerk nachgeht, sofort für äußerst plausibel.

Berge & Gebirge

Alb und Alpen sind nur unterschiedliche Ausformungen des gleichen Wortes. Es bedeutet wahrscheinlich »hoch« und kommt auch als Siedlungsname in allerlei italischen Ortsnamen vor (bspw. im antiken Alba Longa). Feststellen lässt sich die Wortbedeutung nicht mehr eindeutig, denn die Bezeichnung entstammt einer nicht näher bekannten vorindoeuropäischen Sprache.

Der Name der **Ardennen** leitet sich ab von dem kelt. Wort *ard* = hoch und steil. Die **Anden** haben ihren Namen angeblich vom Indiostamm der »Anti« aus der Inkazeit. Im **Apennin** steckt das kelt. Wort *pen* = Gebirge. Der Name des Vulkans **Ätna** kommt von griech. *áithein* = brennen, also »der brennende Berg«.
Gibraltar, der berühmte Felsen an der Südspitze Spaniens, erhielt seinen Namen von dem arab. Eroberer Spaniens, dem Feldherrn Tarik, der dort 711 von Afrika aus übersetzte. *Djebel al-Tarik* = Felsen des Tarik. Der Name **Himalaja** setzt sich aus zwei Sanskritwörtern zusammen: *hima* = Schnee, *alaya* = Wohnsitz, also »Schneewohnstätte«. **Kilimandscharo** ist ein Suaheli-Begriff: *Kilima Njaro* = Weißer Berg, also »Schneeberg«. Das **Matterhorn** hat seinen Namen von Zermatt, dem Ort am Fuß des Berges. Der franz. Name des Berges Mont Cervin bedeutet »Hirschhornberg«. In der Antike glaubte man, dass in den **Pyrenäen** die Geliebte des Herakles, Pyrene, begraben und das Gebirge nach ihr benannt worden sei. Das ist natürlich eine Legende. Der Gebirgsname stammt vom kelt. Wort *byrin* = Gebirge. **Schwarzwald**: Der urspr. (kelt.) Name ist verloren gegangen. Man kann aber davon ausgehen, dass es sich bei *Swarzwalt*, von dem erstmals seit der Zeit um 1000 die Rede ist, um eine direkte Übersetzung eines entsprechenden kelt. Begriffes handelt. Bei Tacitus und Plinius ist vom »Abnoba-Wald« die Rede. Darin steckt das kelt. Wort *dub(n)o* = dunkel, schwarz. **Spessart** = *Spechtes hart* (*hart* = Wald). Der **Taunus** hat seinen urspr. kelt. Namen fast unverändert beibehalten: *Dunum* = Berg, Höhe. **Ural** = russisch »Gürtel«. Der Name des **Vesuvs** leitet sich von dem oskischen Wort *fesf* = Dampfberg ab. Die Osker waren ein altitalischer Volksstamm in Kampanien.

Wüsten

Gobi ist mongolisch und bedeutet »Wüste«. Die Herkunft von **Kalahari** ist umstritten; wahrscheinlich stammt das Wort aus einer Khoi-Khoi-Sprache (das sind die mit den Schnalzlauten); das Wort kann allenfalls als »wasserlos, trocken« gedeutet werden. **Sahara** ist das arab. Wort für »Sand«. Es wird aber von den Arabern selbst nicht als geografische Bezeichnung für die Sahara verwendet. Sie nennen die Wüste *bar bil mem* = Meer ohne Wasser.

Religion

Grundbegriffe

Altar   Seit sehr früher Zeit – und in manchen Religionen bis heute – sind die Opfer für Gott oder die Götter Brandopfer. Dies kommt auch in den Wörtern *altaria* (lat. »Opferherd«), *ara* (lat. »Brandstätte für Opfer, Scheiterhaufen«) und dem damit verwandten altind. Wort *alatam* = Feuerbrand zum Ausdruck. In der christlichen Tradition ist man daran gewöhnt, den Altar an einer durch Stufen erhöhten Stelle stehen zu sehen; dem entspricht die Herleitung des Wortes von lat. *alta ara* = hohe bzw. erhöhte Opferstätte. Im Christentum dient der Altar dazu, das Opfer Christi im Abendmahl nachzuvollziehen. Judentum und Islam führen bei ihren Gebetszusammenkünften keine Opferrituale an Altären durch.

Asyl   Ein uralter religiöser Begriff. Immer schon herrschte die Auffassung, dass Verfolgten und Bedrängten, ja selbst Verbrechern zunächst einmal Schutz gewährt werden soll, wenn sie sich in Tempel oder Kirchen flüchten. Diese Einstellung beruht auf der prinzipiellen Unverletzlichkeit des Heiligtums. Im Griech. bedeutet *sýlon* »Raub« und *ásylos* demzufolge das Gegenteil davon: »unberaubt, sicher«.

Dämon   Der Dämonenglaube ist vermutlich das weltweit verbreitetste religiöse Phänomen. In Altertum und Mittelalter, bei allen Kultur- und Naturvölkern war und ist der Dämonenglaube allgegenwärtig. Dämonen kommen in vielerlei Gestalt vor und sind mit allen Natur-, Geister- und Hochreligionen verbunden. Hauptquelle des Dämonenglaubens ist die Vorstellung, dass Verstorbene als Geister, häufig auch in Tiergestalt, weiterwirken oder dass es sich um personifizierte Naturkräfte handelt. Auch ehemalige, »abgesunkene« Göttergestalten untergegangener Religionen leben oftmals als Dämonen weiter. Typischerweise werden Dämonen für Krankheiten, Unglücksfälle oder Naturkatastrophen verantwortlich gemacht; manchmal auch – als »gute Geister« – für Glücksfälle oder Heilungen. Hier hat auch der Begriff seinen Ursprung, der sich von griech. *dáiesthai* = teilen, verteilen, zuteilen herleitet. Dämonen sind also wörtlich gesehen die »Zuteiler« von Gutem oder Bösem. Da im Christentum Gott für das Gute schlechthin steht, entwickelten sich hier dämonische Vorstellungen um seinen Widersacher, den Teufel, die Verkörperung des Bösen, der Hölle und der Finsternis.

Ekstase ist ein Begriff, der lange Zeit dem religiösen Bereich zugeordnet war. Griech. *exhístasthai* ist das »Aus-sich-heraus-gehen«, ein rauschhafter Zustand, der oft durch Tanz, Musik, mystische Versenkung oder eine tiefgehende seelische Erschütterung hervorgerufen wird. Der Ekstatiker verlässt den normalen Bewusstseinszustand, was bei Schamanen und in archaischen Religionen eine große Rolle spielt, aber auch in der christlichen oder islamischen Mystik (Sufismus) vorkommt. Ziel einer absichtlichen Ekstase ist die Vereinigung mit Gott oder einer Gottheit. Heute wird der Begriff auch allgemein für rauschhafte Zustände einer besonderen Verzückung gebraucht.

Engel Leitet sich ab von griech. *ángelos* = Bote. Dieses Wort stammt wiederum vermutlich von einem persischen Wort mit der Bedeutung »reitender Eilbote«, das auf Griech. *ángaros* lautet. Zur griech. Religion gehören die Engel nicht; im Griech. bezeichnet das Wort wirklich nur den Boten, den Übermittler einer Nachricht. Aus *ángelos* wurde »Engel«, weil die Bibeltexte des ›Neuen Testaments‹ auf Griech. geschrieben wurden. Die Vorstellung von Geistwesen, die sich in der Umgebung Gottes aufhalten und göttliche Botschaften überbringen, stammt aus dem Orient und ist sehr alt. Vielleicht hat sie sich aus den geflügelten Drachen- und Schlangenwesen entwickelt, die in den Religionen des Orients Wächterfunktionen hatten. Aus Assyrien kennt man Mischwesen aus Tier- und Menschengestalt. Eine der berühmtesten Engeldarstellungen im Judentum sind die

Cherubim auf der Bundeslade. Die Engelsidee der Antike bezieht sich auf eine kurzfristige Erscheinung, eine spürbare, aber nicht sichtbare Präsenz des Göttlichen – deshalb die Schwingen, die ätherische Gestalt. Im Hebr. gibt es dafür auch den Ausdruck *schechina*. Jahwes Präsenz kann aber ebenfalls in Form einer Wolke oder eines Feuers spürbar sein. Auch der Islam kennt Engel. Kein Geringerer als der Engel Gabriel diktierte Mohammed den Koran als Offenbarung Gottes. In der Spätantike werden Engel als Männer in weißen Gewändern und/oder als geflügelte Wesen dargestellt. Kindliche Figuren als Engel (Putti) sind eine Erfindung der Renaissance nach dem Vorbild der antiken Eroten (Darstellungen geflügelter Liebesgötter).

Enthusiasmus Bezeichnet einen ähnlichen Vorgang und Zustand wie bei der Ekstase (s. o.) Vom genauen Begriffsverständnis her verläuft die »Be-Geisterung« allerdings in umgekehrter Richtung, denn griech. *éntheos* bedeutet, dass Gott (*theós*) in (*en*) den Menschen hineingefahren ist. Der enthusiastische Mensch ist also »von Gott erfüllt« oder, wie man heute einfach als Synonym sagt, »begeistert«.

fanatisch Ein weiterer Begriff, der für außergewöhnliche Bewusstseinszustände urspr. im Bereich des Religiösen steht, ist »fanatisch«. Er leitet sich von lat. *fanum* = Heiligtum, der Gottheit geweihter Ort ab. Unter einem *fanaticus* verstand man also einen von der Gottheit ergriffenen, rasenden Menschen oder zumindest einen religiösen Schwärmer. Im 18. Jh. geriet der urspr. Zusammenhang dieses Wortes mit dem Religiösen in Vergessenheit und es wurde zu einem politischen Begriff im Sinne eines unduldsamen Eiferers.

Fest Jede Religion manifestiert sich insbesondere an (heiligen) Festtagen. Das Wort Fest kommt vom gleichbedeutenden lat. *festum* und dieses ist wiederum mit *feriae* verwandt, wovon sich »Ferien« und »Feier« ableiten, als spätere Abwandlungen außerdem »Festival«, »Festivität« und »Fete«. Der herausgehobene Charakter einer Festzeit kam im Mittelalter in dem damals gebräuchlichen Wort *hoch-(ge)zit* zum Ausdruck, das sich als »Hochzeit« in bedeutungsmäßig eingeschränkter Form bis in die Gegenwart erhalten hat.

Gebet leitet sich ab von *bitten* und nicht von *beten*. In anderen europ. Sprachen ist *beten* identisch mit *bitten*: engl. *to pray,* franz. *prier,* ital. *pregare.*

Die Wortwurzel beinhaltet zwei Vorstellungen: zum einen das Beugen (der Knie), das im altind. *jnubadh* zum Ausdruck kommt. Zum anderen umfasst sie etwas Krümmendes, Beugendes (ie. *bhedh, bheidh*) in dem weiteren Sinn, dass man etwas erzwingen will und sei es durch überzeugen, bzw. überreden. Auch das Wort »betteln« gehört in diesen Zusammenhang. »Betteln« ist wiederholtes Bitten.

heilig »Heiligkeit« ist der Zentralbegriff jedes kultischen und religiösen Phänomens. Gott ist das höchste Heilige, das Heilige schlechthin. Im innersten Kern aller Wörter für »heilig« steckt die Vorstellung der Unantastbarkeit. Das, was einem (frommen) Menschen wirklich heilig ist, ist unantastbar und darf nicht befleckt werden. Es ist gleich dem aus dem Polynesischen eingebürgerten Wort »tabu«.

Im Dt. kommt dies deutlich zum Ausdruck: Das Wort »heilig« ist eng verwandt mit »heil« = gesund, ganz, vollkommen, unversehrt (auch im Engl. zu finden: *whole*). Im religiösen Sinn trägt das Wort »heil« auch die Bedeutung »errettet, erlöst«. Die griech. Wörter *hagios* und *hieros* hängen zusammen mit *hagos* = Scheu. Das lat. Wort *sacer,* von dem sich unsere Wörter sakral, Sakrament, Sakristei und sakrosankt herleiten, bedeutet ebenfalls »heilig« und bezeichnet darüber hinaus dasjenige, was befleckt wird, wenn man es berührt. Daher stammt die im religiösen Kult so häufig anzutreffende Verhüllung, Verschließung und Geheimhaltung des Heiligen. Im lat. *sacrare* = weihen kommt der Vorgang der rituellen Heraushebung, des Heiligen bspw. des heiligen Gegenstandes oder der heiligen Person (Sankt ...) zum Ausdruck. Im Althdt. waren die Wörter *wihen* = weihen und *wih* = geweiht als Synonym für »heilig« gebräuchlich. »Weihnacht« bedeutet also »heilige Nacht«.

Als heilig galten in der Religionsgeschichte u. a. Bäume, Berge, Höhlen, Quellen, Tempel, Altäre, Priester, Propheten, Zauberer, Kultgeräte, Bücher, kultische Handlungen und Fest- und Feiertage.

Alles, was nicht heilig ist, ist »profan« (von lat. *fanum* = Heiligtum;

pro-fanum bezieht sich also auf alles, was »vor« – *pro* – bzw. außerhalb des Heiligtums ist).

Hölle   Die altnordische Todesgöttin und der Ort der Toten hießen *Hel*. Das in allen germ. Sprachen vorkommende Wort ist verwandt mit »hehlen, verhehlen« sowie mit »Hülle« und bezeichnet etwas Verborgenes. Damit ist im religiösen Zusammenhang zunächst der Aufenthaltsort der Toten gemeint und erst unter christlichen Vorzeichen dann der Aufenthaltsort der verdammten Seelen; dem christlichen Glauben zufolge gelangen Erlöste ja bekanntlich ins »Paradies«, bzw. in den »Himmel«. Unterwelt-, Jenseits- und Höllenvorstellungen gibt es in allen Religionen, oft verbunden mit den Attributen Feuer, Finsternis, Strafe und Qualen.

Hymne   Schon in der Antike war ein griech. *hýmnos* ein feierlicher Lobgesang auf die Götter. In der Kirchensprache wurde daraus der »Lobpreis Gottes«. *Hýmnos* bedeutet wörtlich »Lied, Gesang« und im Ursinn so viel wie »gebundene Rede«.

In ie. Sprachen sind »loben«, »lieben«, »glauben« und »erlauben« eng verwandte Wörter aus der gemeinsamen Wortwurzel *leubh*. Unter diesem Aspekt kann man sich kaum eine intensivere Kommunikation mit Gott vorstellen als »Lobgesänge«.

Kult   *Cultus* kommt wie »Kultur« von lat. *colere* = hegen und pflegen und bezog sich urspr. auf den Ackerbau, also auf eine elementare landwirtschaftliche Tätigkeit. So wie junge Pflanzen gehegt und gepflegt werden müssen, damit sie gedeihen, müssen auch die Götter verehrt und gepflegt werden, damit sie den Menschen gewogen bleiben und Freveltaten notfalls gesühnt werden. Meist geschieht dies nach kaum veränderbaren Riten und Vorschriften, deren Herkunft und urspr. Bedeutung häufig gar nicht mehr bekannt sind. Gleichwohl halten Kulte das Religiöse bzw. religiöse Vorstellungen unmittelbar lebendig. Kulte vermitteln das Erlebnis von etwas Außergewöhnlichem, Übernatürlichem, unter Umständen sogar Unheimlichem (Einweihungsriten). In der Antike fanden selbst Veranstaltungen wie die Olympischen Spiele oder Theaterfestspiele wie die Dionysien in einem kultisch-religiösen Rahmen statt. Nach dem Verlust des Absolutheitsanspruchs des Religiösen – zumindest in der westlichen Welt – hat die Bedeutung religiöser Kulte abgenommen. Gleichzeitig besteht weiterhin ein großes Bedürfnis nach Kulten als dem Erleben von etwas Besonderem, auch im Profanen. Das äußert sich nicht zuletzt anhand der zahlreichen Starkulte um bestimmte Persönlichkeiten.

Magie Magie ist jede Art von »Zauber«praktik, mit deren Hilfe man sich übernatürlicher Kräfte bedienen will: Abwehr oder Heilung von Krankheiten, Liebeszauber, Amulette, Talismane. Rituelle Zaubersprüche und Bannflüche waren ein wesentlicher Bestandteil magischer Praktiken. Der Begriff stammt von den *Magoi*, der Priesterschaft der Meder, einem altiranischen Volk im nachmaligen Persien. Sie boten im ganzen Osten ihre rituellen Künste feil.

Mysterium Der *Myste* war in antiken Religionen der »Eingeweihte«, derjenige, der das göttliche Geheimnis erfahren hatte, aber für sich behielt. Das bekannteste Beispiel ist der Mysterienkult von Eleusis (= Initiations- und Weiheriten des Demeter- und Persephone-Kultes). Das Wort kommt von griech. *mýstes* = wer die Augen schließt. Im christlichen Zusammenhang bezeichnet das Wort den innersten Bereich des Glaubens – das, was durch Vernunft nicht erklärbar ist.

Opfer »Opfern«, »operieren« und »offerieren« sind eng verwandte Wörter. *Operari* bezeichnet im Kirchenlatein die Darbringung eines Opfers an Gott (bzw. eine Gottheit) oder die Gabe eines Almosens. Das Opfer impliziert immer den Verzicht auf etwas Eigenes für jemand anderen. Ein religiöses Opfer ist stets an einen festgelegten Ritus gebunden und dieser wird eben »durchgeführt« = *operari*. Das Wort ist übrigens auch verwandt mit »Arbeit«.

Paradies Das Wort kommt vom persischen *pardez* = Garten (daraus auch heb. *pardes* = Garten). Das awestische Grundwort *pairidaeza* bezeichnet eigentlich eine Ummauerung. Die urspr. Paradiesvorstellung war demnach die eines ummauerten Gartens. Diese Vorstellung ist in der mittelalterlichen Malerei als Bildtypus des

»hortus conclusus«, in dem meistens Maria sitzt, sehr geläufig. Die Parks und Gärten pers. Könige werden von antiken Schriftstellern ebenfalls mitunter »Paradies« genannt. Das Alte Testament verwendet, v. a. bei der Schilderung der Erschaffung des Menschen, noch nicht das Wort *pardes*, sondern das heb. *gan*, was aber auch »beschützter Bezirk« bedeutet. Fast alle Religionen haben paradieshafte Jenseitsvorstellungen von einem Ort, wo sich die Guten und Gerechten in der Gegenwart Gottes oder der Götter aufhalten.

Paradieshafte Traumländer und Traumzeiten

Eden   wird häufig synonym mit »Paradies« verwendet. »Eden« stammt von dem ugaritischen Wort *'dn* = gut bewässerter Ort. Ugarit war ein Stadtstaat an der kanaäischen Mittelmeerküste vor 2000 v. Chr., also lange bevor Moses mit seinen Leuten in Kanaan eintraf.

Elysium   = Insel der Seligen. Der griech. Mythologie zufolge ist dies ein besonders angenehmer Teil der Unterwelt, am äußersten Rand des Schattenreichs des Hades, der nur für einige Auserwählte reserviert ist. Griech. *elysion* bedeutet »ohne Sorge, sorgenfrei«.

Goldenes Zeitalter   Die Vorstellung von einem »Goldenen Zeitalter« des Friedens, des Wohlstands und der Glückseligkeit am Beginn der Geschichte findet sich in den Mythen vieler Völker. In unserem Kulturkreis wurde diese Vorstellung besonders von dem griech. Dichter Hesiod, einem Zeitgenossen Homers, geprägt, der auch die Herkunftsgeschichte der griech. Götter maßgeblich formuliert hat.

Nirwana   s. »Buddhismus« (S. 81).

Olymp   Der höchste Berg Griechenlands, dessen Gipfel meist in Wolken gehüllt ist, galt als Wohnsitz der Götter.

Pilger   Das Wort stammt vom spätlat. *pelegrinus* und dieses wiederum vom lat. *peregrinus*. Es bezeichnet denjenigen, der von woanders herkommt und durch römisches Siedlungsgebiet hindurchgeht; das römische Siedlungsgebiet ist der *ager Romanus*, wörtl. der »römische Acker«. *Ager* steckt im Wortteil »egr«: *per-egr* = durch den Acker. Ein *peregrinus* ist also ein Fremder aus einer Gegend jenseits des römischen Territoriums. Im mittelalterlichen Latein war damit der Mönch oder der Wallfahrer gemeint, der als Gast in ein Kloster kommt. Das Wort hat sich von spätlat. *pelegrinus* über ältere Formen wie althd. *piligrim* und mittelnl. *pelgrim* zu »Pilger« entwickelt.

Pomp, Prozession   Die *pompa* war im alten Rom der feierliche Aufzug, man denke an die Triumphzüge siegreicher Feldherrn. Wir haben das Wort aus dem Lat. übernommen, es stammt aber eigentlich aus dem Griech., wo *pémpein* »senden, begleiten, feierlich geleiten« bedeutet. »Prozession«, vom lat. Synonym *procedere* (= voranschreiten), ist heute ein auf religiöse Umzüge beschränkter Begriff. Prozessionen spielten schon in den altorientalischen Kulturen eine herausragende Rolle im religiösen Leben, so bspw. im alten Ägypten. In der Regel waren sie aufgrund ihrer großen religiösen Bedeutung »pompös«, genau in dem Sinne, in dem wir das Wort heute verwenden.

Priester   kommt vom griech.-lat. Kirchenwort *presbyter* (= Gemeindeältester). Unsere Vorstellung ist zunächst von den klerikalen Ämtern, sei es in der katholischen Kirche, den evangelischen oder orthodoxen Kirchen geprägt. Der Begriff erstreckt sich aber auch auf alle Mantiker, Zauberer, Priesterkönige oder Hohepriester antiker Kulte, deren Bezeichnung wir nicht kennen.

Religion   Die Religion ist der Umgang mit dem Heiligen in der täglichen Praxis, in konkreten Kultformen, Glaubensinhalten, Bekenntnissen und in bestimmten Lebensformen. Bereits in der römischen Antike war die Herkunft des lat. Wortes *religio* und damit die genaue Bedeutung umstritten. Cicero sah den Ursprung des Begriffes in *relegere* = wieder lesen, also in der gewissenhaften und steten Wiederholung des Kultes im Ritus und dem dadurch immer wieder erneuten In-sich-Aufnehmen. Der lat. Kirchenvater Laktanz (um 300), der wegen seines guten Lateins als der christliche Cicero gerühmt wurde, leitete das Wort von *religare* (= an-, zurückbinden) ab; im Sinne von »Rückbindung an Gott«. Im christlichen Zusammenhang: Bindung an die Offenbarung des einen, alle Menschen persönlich ansprechenden Gottes.

Letztlich fließen beide Bedeutungen in das Wort ein. Sie gelten übrigens unabhängig vom konkreten Glaubensinhalt für praktisch alle Religionen: Beachtung des Ritus und Verinnerlichung der Glaubensinhalte in einer persönlichen, inneren Beziehung zu Gott oder einer Gottheit.

Ritus   Das lat. Wort wird unverändert auch im Dt. gebraucht. Es bezeichnet die Ordnung, den feststehenden Ablauf von Kulthandlungen. Die Verwandtschaft mit dem dt. Wort »Reim«, das früher »Reihe, Reihenfolge« bedeutete, sowie mit dem griech. *arithmós* = Zählung, Zahl deutet darauf hin, dass es für die Gültigkeit und Wirksamkeit der kultischen Handlung v. a. auf die richtige Abfolge der einzelnen Teilhandlungen ankommt. Die Wortvarianten »Ritual« und »rituell« beziehen sich auf Handlungen im religiösen wie im nichtreligiösen Bereich. Bekannte Beispiele sind Begrüßungs- und Höflichkeitsrituale oder Familienrituale etwa an Weihnachten.

Tempel   Das lat. Wort *templum* ist ein Fachbegriff aus der Sprache der römischen Auguren-Priester. Er bezeichnete einen durch einen Stab abgegrenzten Bezirk auf der Erde (eventuell auch am Himmel) zur Beobachtung des Vogelflugs, aus dem die Priester dann weissagten.

Das griech. Wort für Tempel lautet *naós*. Im Wortsinne bedeutet der Begriff »Wohnhaus des Gottes«. Griechische und römische Tempel dienten allenfalls der Aufstellung von Götterstatuen. Kultische Handlungen wurden in ihnen nie vollzogen. Dafür gab es einen Altar vor dem Tempel. Ansonsten verehrten die Griechen, ähnlich wie Kelten und Germanen, Gottheiten auch mitten in der Natur, in sog. heiligen Hainen.

Die Namen Gottes

Adonaj   Heb.: »Mein Herr«; dies ist die Anrede Gottes im jüdischen Gebet. *Adonaj* kommt von dem semitischen Wort *adon* = Herr. Es ist auch in dem Namen des Fruchtbarkeitsgottes Adonis enthalten, der im Nahen Osten bereits lange vor den Griechen und auch vor der biblischen Zeit in Mysterienkulten als personifizierte Naturkraft verehrt wurde, die für das Aufblühen der Frühlingsvegetation und ihr Vergehen in der Sommerhitze steht.

Allmächtiger   Dieser Gottesname kommt von heb. *El Schaddai* = der Allmächtige. Es ist ein alter Gottesname der Patriarchenzeit. Der Begriff des »Allmächtigen« ist eng verknüpft mit dem Begriff des Heiligen, weil das Heilige auch große Kraft und Macht hat. Angesichts dieser Begriffsbildung wird klar, dass man sich das Heilige an sich, das höchste Heilige oder eben Gott immer als eine Kraft vorgestellt hat, die etwas bewirkt. Und da Gott nicht nur etwas, sondern alles bewirken kann, ist er der Allmächtige.

El, Elohim   Das heb. Wort *El* oder *Elohim* wird im Alten Testament gleichbedeutend mit Jahwe für den Gott Israels verwendet, vor allem am Anfang, bis Gott seinen Namen dem Moses offenbart. Es kommt in vielen Zusammensetzungen vor: *Isra-el, Gabri-el* etc. *Elohim* war urspr. eine Pluralform von *El*.

Gott   ist ein nur in den germ. Sprachen vorkommendes Wort. Es stammt entweder von ie. *ghau* = rufen; dann wäre Gott »der (durch Zauberwort) Angerufene«. Oder von ie. *gheu* (= gießen, auch im Sinne von opfern); dann wäre Gott das Wesen, »dem (durch Trankopfer) geopfert wird«. Das Wort »Gott« ersetzt in den germ. Sprachen (engl. und nl. *god*, schwed. *gud*) den in allen anderen ie. Sprachen gebrauchten Begriff. Von Indien bis Portugal leitet sich der Name »Gott« von der Grundform *deiwos* ab: Altindisch *deva*, griech. *theós* = Zeus, lat. *deus*. Daher stammen auch die Bezeichnungen in allen romanischen Sprachen: *Dieu* (franz.), *Dio* (ital.) *Dios* (sp.), *Deus* (port.).

Auch im Germ. gab es einen Gott dieses Namens, den Himmel- und Kriegsgott *Tiwaz*, auch *Tiu, Tiv, Tyr* und *Ziv* genannt. Von seinem Namen leitet sich die Bezeichnung des zweiten Wochentages ab: engl. *Tuesday*, Dienstag. *Tiwaz* wurde bei der Berührung der germ. Völker mit dem römisch-antiken Kulturkreis mit Mars gleichgesetzt, deshalb stammt der entsprechende Wochentag in romanischen Sprachen daher. So z. B. franz. *mardi*, ital. *martedi*.

Jahwe, Jehova ist eine im Alten Testament sehr häufige Bezeichnung für »Gott«. Eigentlich handelt es sich um einen Hehlnamen. Die Israeliten scheuen davor zurück, den Namen Gottes auszusprechen, weil er so heilig ist, dass er im Grunde unaussprechlich ist. Deswegen verwenden sie auch das Wort *Adonai* (= Herr), wenn von ihm die Rede ist. Die Zusammensetzung des Konsonanten J mit den Vokalen von Adonai (a/e-o-a) ergab J-e-o-a = Jehova. Der Gottesname Jahwe ist sehr alt. Er stammt aus der Zeit vor Moses und bezeichnete urspr. nur einen Stammesgott am nördlichen Sinai. Seine genaue Bedeutung ist umstritten. Am nächsten kommt vielleicht das berühmte Bibelwort (Exodus 3,14): »Ich bin, der ich bin«.

Jesus Gemäß dem christlichen Glauben ist Jesus der Sohn Gottes und zugleich identisch mit ihm. In Jesus ist Gott Mensch, »Fleisch« geworden. Das Wort »Jesus« ist die latinisierte Form des im Heb. geläufigen Vornamens *Joschua/Josua*, was wörtlich (*yehosua*) »Jahwe ist Retter« und im christlichen Sinne »Retter, Befreier, Erlöser« bedeutet.

Kyrie Griech.: »Herr«. Das Wort hat die Qualität eines Herrschertitels: Herr des Himmels, Herr der Heerscharen, König der Könige.

Vater So wird Gott von Jesus genannt: *Abba*.

RELIGION

Die Namen des Messias

Messias Aus aramäisch *m'siha*, heb. *masi'h* = der Gesalbte. Das Wort wurde mit der Bibel unübersetzt ins Griechische entlehnt. Das eigentlich griech. Wort für »der Gesalbte« ist:

Christos Latinisiert: Christus. Das Wort kommt von *chríein* = einreiben, salben. Die Salbung spielte beim Ritual der Königsweihe eine entscheidende Rolle. So ist z. B. bei der Inthronisation von König David, der um 950 v. Chr. Juda und Israel zu einem Reich vereinte und Jerusalem zur Hauptstadt machte, nur von einer Salbung die Rede (2 Samuel 5, 3). Da Jesus Christus laut der Weihnachtsgeschichte (Lukas 2, 4) von David abstammt und die Juden in ihrer wechselvollen Geschichte immer in der Hoffnung auf einen Erlöser aus dem Hause Davids lebten, ergab sich für die Juden, die an Jesus glaubten, dieser Beiname völlig selbstverständlich.

Heiland ist ein althdt. Wort für »Heilbringer« (der Zusammenhang von »heil« und »heilig« ist auf S. 62 genauer beschrieben). Mit dem »Heiland« ist Jesus Christus gemeint, dessen Name sowie alle seine weiteren Beinamen »Retter« und »Erlöser« bedeuten.

Die Namen des Teufels

Beelzebub Er war schon im Neuen Testament der »oberste Teufel«. Herleiten lässt sich der Begriff von einer der Baal-Gottheiten im Nahen Osten, etwa von *Baal-Zebub*, dem Orakelgott von Ekron bzw. *Baal-Zwuw*, dem »Herr der Fliegen« (so die wört. Übersetzung). Baal-Götter waren phönizisch-semitische Konkurrenzgottheiten zum israelitisch-mosaischen Jahwe und wurden dementsprechend polemisch »verteufelt«. Im Gebiet des alten Palästina lebten viele verschiedene Völker und Stämme wie die Kanaaniter oder die Philister, die ihre eigenen Gottheiten hatten. Dies waren oft lokale Götter und Götter in Tiergestalt. Auch das berühmte »Goldene Kalb« war solch ein archaischer Baal-Gott. Den biblischen Propheten war stets daran gelegen, die Israeliten an ihren exklusiven Bund mit Jahwe zu erinnern (»du sollst keinen anderen Gott neben mir haben«). Daher wurden Jahwes Konkurrenzgottheiten »verteufelt«.

Belial ist ein Teufelsname aus dem Neuem Testament und der spätjüdischen Literatur. Er leitet sich ab von heb. *beli* = ohne und *ja'al* = Nutzen; somit bedeutet er »Nichtsnutz, Nichtswürdiger«. Das Wort wird häufig auch mit »Bosheit« übersetzt.

Luzifer Im Buch Jesaja (Jesaja 14) mokiert sich der Prophet über einen »Tyrannen«, der so hochmütig war, dass er vorhatte, »zum Himmel zu steigen, seinen Thron über Gottes Sterne zu setzen ... und gleich zu sein dem Allerhöchsten«. Doch er stürzte »in die allertiefste Tiefe«, nachdem Jahwe den Stab über ihn gebrochen hatte. Jesaja spottet: »Wie bist du vom Himmel gefallen, Luzifer, Sohn der Morgenröte.« Auf diese Stelle geht die Vorstellung von Luzifer als Teufel zurück, der sich anmaßte, wie Gott zu sein. Im lat. Text bedeutet Morgenröte »Luzifer« (= Lichtbringer).

Moloch ist wie der Beelzebub einer der kanaäischen Konkurrenzgötter Jahwes. In dieser Form ist der Name die griech. Version des heb. Wortes *molek* oder *melek*, was eigentlich »König« bedeutet. In der heb. Konsonantenschrift nur *mlk* geschrieben, wurden aus Gründen der Herabwürdigung von israelitischer Seite die Vokale des Wortes *boschet* (= Schande) eingefügt. Der Moloch war ein Gott, dem u. a. Menschenopfer dargebracht wurden; auch Israeliten huldigten ihm mit einem Ersatzritus an einer Kultstätte südlich von Jerusalem, was von den Propheten aufs Äußerste missbilligt wurde. Auch der Moloch selbst wurde von ihnen natürlich »verteufelt«.

Satan Das heb. Wort *satan* (= Widersacher, Feind, einer, der etwas vereitelt) ist unverändert über die griech. und kirchenlat. Bibeltexte in die europ. Sprachen übernommen worden. Im Alten Testament erscheint Satan als derjenige, der die Menschen vor Gottes Richterstuhl anklagt und gegen sie agiert. Er soll sich auch gegen Gott empört haben und wurde deshalb vom Erzengel Michael aus dem Himmel vertrieben und in einen Abgrund gestürzt. Seit dem Neuen Testament ist er v. a. derjenige, der zur Sünde verführt.

Teufel leitet sich ab von griech. *diabolos*, einer Übersetzung des Wortes *satan*. Gewöhnlich wird *diabolos* mit »Verleumder« oder »Verwirrer« übersetzt. Wört. bedeutet es: »einer, der jemandem etwas in den Weg wirft« und ist somit ein bildhafter Ausdruck für den Widersacher. Im Matthäus-Evangelium ist der Teufel der Versucher (Matt. 4), bei »Johannes« wird er als »Herr der Welt« bezeichnet (Joh. 12, 31) und im Hebräerbrief als Todesmacht (Heb. 2, 14).

Christliche Begriffe

Abt Allen Vorformen liegt das aramäische Wort *abba* = Vater zugrunde. Aramäisch ist die dem Heb. nächstverwandte semitische Sprache. Man nimmt an, dass Jesus in dieser Sprache gesprochen hat. Wenn er von Gott sprach, benutzte er auch das Wort *abba*. Es entspricht dem arab. Wort *abu* und ist in biblischen Namen wie Abraham (= Vater der Völker) oder Absalom (= Vater des Friedens) enthalten.

Barmherzigkeit Das Lat. kennt zwei Begriffe für »arm«: *pauper*, das ist der Besitzlose und Unbemittelte, und *miser*, das ist der beklagenswert Unglückliche. Das Christentum forderte wohlweislich *misericordia*, ein Herz für die Unglückseligen (lat. *cor, cordis* = Herz, auch »Gefühl«). Denn selbst die Beseitigung jeder materiellen Armut bringt noch keine Glückseligkeit.

Bibel Die kanonische Zusammenfassung aller heiligen Schriften des Christentums hat ihren Namen von dem Material, auf dem sie geschrieben ist: *Papyrus* (wovon auch das Wort »Papier« abgeleitet ist). *Papyrus* ist keineswegs eine botanische Bezeichnung. Das Material hat seinen Namen von der phönizischen Hafenstadt Byblos, einem antiken Umschlagplatz für den Papyrusbast. Aus »Byblos« entwickelte sich das griech. Wort *biblíon* = beschriebenes Blatt, Buch, das als Bezeichnung für die Heilige Schrift in alle Sprachen der christlichen Welt übernommen wurde.

Bischof Das Wort ist eine frühe Entlehnung des griech./lat. Wortes *epíscopos/episcopus*, bei dem der Anlaut »e« entfallen ist. Grundlage des Wortes ist griech. *skopein* = sehen (wie in »Mikroskop«). Bischof bedeutet demnach »Aufseher«.

Buße »Büßen« bedeutet im urspr. germanischen Wortverständnis »sich bessern«. Das Wortverständnis wandelte sich dann vom »Nachbessern« (wie beim Handwerker) über die »Wiederherstellung, Wiedergutmachung« (wie im Schadensersatzrecht) zum religiösen Sühne-Begriff der angestrebten »Versöhnung« mit Gott.

Dogma = Verordnung, Beschluss, Grundsatz; griech. Rechtsbegriff, der in die lat. Kirchensprache im Sinne von »gültige Lehrmeinung« übernommen wurde und im 18. Jh. Eingang ins Dt. fand.

Dreifaltigkeit Die Zahl »drei« ist ein uraltes Zahlensymbol für Vollkommenheit.

Evangelium Zusammensetzung aus der in griech. Wörtern häufigen Vorsilbe *eu* = glücklich und *ángelos* = Bote, Botschaft, daher die geläufige Übersetzung »Frohe Botschaft«. Wegen der im Lauf der Alphabet-Entwicklung späten Trennung von U, V, W wird das Wort traditionellerweise als *Evangelium*, also mit »v« transkribiert. Es gab in althochdt. Zeit Versuche, dafür einen dt. Begriff einzuführen (etwa im Sinne von »Gutkunde«), der sich aber nicht durchsetzte. Ein ähnlich früher Versuch in England, *god spell* (= gute Kunde), führte dort zu dem Wort *gospel*.

Gewissen Der Begriff resultiert aus dem im Mittelalter vorgenommenen Versuch, im Dt. eine Entsprechung für das lat. Wort *conscientia* zu finden. Dahinter steht die bereits in der griech. Antike entwickelte Vorstellung einer inneren »Mitwisserschaft« der Götter am Denken und Handeln des Menschen. »Mitwissen« ist die wortwört. Bedeutung von *conscientia*.

Gnade ist ein altes germ. Wort unbekannter Herkunft, das einen Zustand des Friedens und der Ruhe kennzeichnet. Noch in spätmittelalterlicher Zeit konnte man sagen: *diu sonne get ze genaden* = die Sonne geht unter, geht zur Ruhe. Zur Zeit der angelsächsischen Mission in Dt. griff man das Wort auf, weil man eine Entsprechung für den christlichen Begriff (lat.) *gratia dei* bzw. (griech.) *cháriti theú* suchte, und erfüllte das Wort so mit einer christlichen Bedeutung im Sinne von Gottes verzeihender, barmherziger Güte, seiner Zuwendung, deren einzige Voraussetzung der Glaube ist. Die Gnadenlehre ist das Herzstück der christlichen Religion.

Häresie Vor allem in ihrer Frühzeit sah sich die Kirche veranlasst, sich bezüglich ihrer konkreten Glaubensinhalte mit einer Vielzahl von abweichenden Glaubenslehren und -strömungen wie dem Arianismus, Marcionismus, Manichäismus u. v. a. auseinanderzusetzen. Die meisten Fragen wurden auf den frühen Konzilien diskutiert und fanden in dem verbindlichen Nicäischen Glaubensbekenntnis ihren Niederschlag, das bis heute täglich gebetet wird und den wesentlichen Inhalt der orthodoxen (= rechtgläubigen) Lehre zum Ausdruck bringt. Wer diese Auffassung nicht teilen wollte, wählte »einen anderen Weg« (= griech. *hairésein*). Aus Sicht der Kirche wurde er zum Häretiker.

Kapelle Alles, was mit »Kapuze«, »Kappe«, »Cape« und »Cappuccino« (von Kapuziner) zu tun hat, leitet sich von der *capella*, dem Kapuzenmantel her. Wie kommt nun die *capella* in die Kapelle? Der berühmteste und am meisten verehrte Kapuzenmantel der Christenheit war und ist derjenige des heiligen Martin, den er mit einem Bettler teilte. Über dem Aufbewahrungsort dieses Kapuzenmantels im französischen Tours ließen die fränkischen Könige einen kleinen Betraum einrichten. Der Begriff entstand also anders, als man eigentlich erwartet hätte: Die Reliquie, die *capella*, verlieh dem »kleinen Andachtsraum« ihren Namen.

Kathedrale Vor allem im französischen, spanischen und englischen Sprachraum bezeichnet man damit die Bischofskirche, weil dort die *cathedra*, der »erhöhte Sitz« für den Bischof im Altarraum, steht.

Kirche *Kýrios* heißt auf Griech. »Herr, Herrscher«. Die spätgriech. Weiterentwicklung des Wortes zu *kyrikón* bedeutet also »Haus des Herrn, Gotteshaus«. Das Wort wurde schon in der Zeit des spätrömischen, konstantinischen Reiches, als bereits auf späterem dt. Boden in Trier und Köln christliche Basiliken errichtet wurden, in der althdt. Form *kirihha* ins Dt. übernommen. Mit dem Begriff bezeichnete man später auch die dort versammelte Gemeinde, schließlich die Gesamtheit des Christentums und ihre am Vorbild des spätrömischen Kaiserstaates orientierte hierarchische Organisation.

Kloster Alles, was sich in einem abgeschlossenen Bereich befindet (lat. *claudere, clausum* = schließen, geschlossen), ist »Kloster«, »Klause«, »Klausur«. Kirchenlat. *monachus* (von griech. *mónos* = allein) verweist auf den Ursprung des Klosterwesens, denn *monachós* bedeutet »Einsiedler« (daher stammt auch das Wort »Mönch«). Prototyp der frühen Eremitenmönche war der heilige Antonius, der um 300 in einer Einsiedelei in der ägyptischen Wüste lebte. Nach und nach bildete sich in seinem Umkreis eine Art Einsiedler-Kolonie frommer Männer. Zu einer organisierten Form mit einer Regel (*Ora et labora* = Bete und arbeite) formte derartige Gemeinschaften der heilige Benedikt. Er gründete um 530 Montecassino bei Neapel, das Vorbild aller abendländischen Klöster.

Ökumene Im Griech. bedeutet *oikuméne* »die zivilisierte Welt«, wört. »das gemeinsame Haus«. Bei den Griechen war damit das Mutterland und die Kolonien gemeint, im Verständnis der Spätantike war der Begriff identisch mit dem *orbis romanus*, dem Herrschaftsbereich des römischen Imperiums. Im christlichen Sinne ist es ein globaler Begriff für die Gemeinschaft aller Christen.

segnen   Von lat. *signare* = bezeichnen; im christlichen Sinne »mit dem Kreuzzeichen versehen«.

Sünde   Dieses Wort ist vermutlich ein germ. Rechtsbegriff, der das Schuldigsein für eine Straftat bezeichnet. In der Kirchensprache wurde er zur Wiedergabe des lat. Begriffs *peccatum* aufgegriffen, des Verstoßes gegen ein göttliches Gebot.

taufen   bedeutet tauchen. Das germ. Wort entspricht damit in seiner Bedeutung dem griech. *baptízein*, von dem sich die entsprechenden Wörter in den romanischen Sprachen ableiten (bspw. franz. *baptiser*). In der Frühzeit des Christentums wurden v. a. Erwachsene getauft; dies geschah durch das Untertauchen in einem Becken. Die Taufe ist ein Reinigungsritual, durch das der Mensch als Christ »wiedergeboren« wird.

Wörter aus der Bibel

Amen   Die Schlussformel der Gebete bedeutet »So sei es, fürwahr«. Damit wird nochmals der Inhalt des soeben Gesagten bekräftigt. Das heb. Kultwort wurde schon im Altertum verwendet und unverändert in alle christlichen Sprachen übernommen. Wie bei »Halleluja« und »Hosianna« kommen in solchen Übernahmen die Unverletzlichkeit und Unantastbarkeit besonders heiliger Wörter zum Ausdruck, die damit der Veränderung und der Abnützung durch die lebendige Sprache entzogen sind.

Halleluja = Lobet den Herrn, aus heb. *hall(e)lu* = preiset, lobet und *jah* für »Jahwe«. Dieser Lobgesang Gottes bürgerte sich um das Jahr 400 in der christlichen Kirche ein.

Hosianna war bereits im Alten Testament ein Jubelruf nach einem militärischen Sieg und drückte die Bitte aus, dass die Früchte des Sieges Dauer haben mochten: Heb. *hosi a nna* = Hilf doch! wurde auch zu Ehren Gottes oder des Königs ausgerufen. Im Neuen Testament erscheint das Wort als Willkommens- und Jubelruf beim Einzug Jesu in Jerusalem.

Jubel von heb. *jovel* = Widderhorn, Klang des Widderhorns. Bereits in alttestamentarischer Zeit kommt es zu einem Bedeutungsübergang zu »Jubeljahr«. Dieses fand nach mosaischem Gesetz alle 50 Jahre statt – es handelte sich dabei um ein Schuldenerlassfest. Der Beginn dieses »Jubeljahrs« wurde mit Hörnerklang verkündet. Eine schöne Sitte und ein wahrer Anlass zum Feiern.

Psalm Griech. *psállein* ist das Zupfen einer Bogensehne bzw. der Saite eines zither- oder harfenartigen Instruments. Dieses Instrument heißt auf Lat. *psalterium* (griech. *psaltérion*). Es entspricht der »Harfe« oder »Leier« des berühmtesten Psalmensängers des Alten Testaments, König David. Psalmen sind die geistlichen Lieder, die zum Spiel dieses Instruments vorgetragen wurden. Die Bibel versammelt etwa 150 dieser Lieder in einem eigenen Buch. Der Legende nach stammen die meisten von König David, aber das hält einer kritischen literaturhistorischen Nachprüfung nicht stand.

Sintflut ist die »Gesamtflut«, nicht die »Sündflut«! Die erste Silbe des Wortes stammt aus der germ. Wortwurzel *sin* bzw. *sim* = groß und immerwährend; daraus hat sich auch der Wortteil »-sam« in Wörtern wie »insgesamt« und »sammeln« entwickelt. Das Missverständnis, *sin* bedeute »Sünde«, entwickelte sich schon um 1500, weil man das Wort nur noch aus der Bibel kannte, wo Gott die sündigen Menschen mit der Flut straft. Sintflut-Sagen kommen in fast allen alten Mythologien vor, so im sumerisch-babylonischen Gilgamesch-Epos, der ältesten überlieferten mythologischen Erzählung (ca. 2600 v. Chr.) sowie in der griechischen Mythologie, wo Deukalion, der Sohn des Prometheus, die Rolle von Noah einnimmt.

Tohuwabohu Heb. *tohu wa-bohu*; Luther übersetzt diesen Ausdruck mit »wüst und leer«. Gemeint ist das Chaos (griech. *cháos* = leerer Raum, *chásma* = Abgrund) vor der Weltschöpfung (Gen. 1, 2).

Wörter aus anderen Religionen

Judentum

Bar-Mizwa/Bab-Mizwa *Bar-Mizwa* heißt »Sohn der Pflicht«, *Bab-Mizwa*: »Tochter der Pflicht«, weil für Juden vom 13. Lebensjahr plus einem Tag die Verpflichtung besteht, die religiösen Gebote einzuhalten. *Bar-Mizwa* ist auch der Name der Zeremonie, bei der die Dreizehnjährigen zum ersten Mal aufgefordert werden, vor der versammelten Gemeinde aus der Thora zu lesen. Damit wird ihre formelle Aufnahme »als Erwachsene« in die Gemeinde vollzogen. Die Zeremonie stammt aus dem Mittelalter.

Kabbala Das Wort bedeutet »Überlieferung«. Die *Kabbala* ist eine komplexe Lehre der jüdischen Mystik, die im Mittelalter aus der Begegnung mit der Gnosis der Katharer und Waldenser hervorgegangen ist. Von großer Wirkung war jener Teil der Kabbala, wonach der prinzipiell unerkennbare Gott sich in zehn sog. Sephirot (= Abstufungen) entfaltet haben soll. Die Welt soll danach aus einer Verbindung der zehn Sephirot mit den 22 Buchstaben des heb. Alphabets entstanden sein.

Rabbi Das heb. Wort bedeutet »Lehrer, Meister«. Es ist ein Ehrentitel für die jüdischen Schriftgelehrten, die gegebenenfalls als Rabbiner auch der Gemeinde vorstehen.

Synagoge ist das griech. Wort für »Versammlung« (der Gemeinde). Die entsprechende heb. Bezeichnung lautet *knesset*. Die »Synagoge« wurde zum Begriff für das jüdische Gemeinde- und Bethaus.

Talmud = lernen, Lehre. Der Talmud ist ein Sammelwerk, an dessen Entstehung seit der Eroberung Jerusalems durch die Römer (im Jahre 70 n. Chr.) bis zu 2500 Autoren beteiligt waren. Er enthält Aufzeichnungen und Überlieferungen zu allen möglichen Fragen der Religion und des religiösen Gesetzes (Schriftauslegung, Ethik, Fasten- und Reinheitsvorschriften, Zivil- und Strafrecht und vieles andere). Der Talmud ist neben dem Alten Testament das zweite Hauptwerk des Judentums, das um 500 n. Chr. abgeschlossen war.

Thora Auch dieses heb. Wort bedeutet »Lehre«. Im Judentum werden damit die »Fünf Bücher Mose« bezeichnet, die am Anfang der Bibel stehen: *Genesis, Exodus, Leviticus, Numeri* und *Deuteronomium*. Der Legende nach wurden sie von Moses selbst verfasst. In der Zeit Jesu galt diese Auffassung als unantastbar.

Islam

Allah beruht auf dem arab. Wort *al-ilah*, die bei uns gebräuchliche Wortform auf der aramäischen Variante *allaha*. Es bedeutet einfach »der Gott«, der eine Gott, wie ihn Mohammed verkündet hat und der alles erschuf, alles erhält und alles bestimmt.

Dschihad ist eigentlich ein sehr viel weiterer und differenzierterer Begriff, als die geläufige Übersetzung »heiliger Krieg« suggeriert. Arab. *ğihad* bedeutet wörtlich: »Anstrengung, Kampf«. Gemeint ist das Ringen um den Weg Gottes oder den Weg zu Gott, also das Bemühen, eine vollkommene Ordnung im Sinne Gottes zu erreichen. Somit ist es eher ein Kampf um das Heilige. Gleichwohl kam der Begriff im Umfeld der arabischen Eroberungen auf, die sehr schnell auf die Begründung des Islam durch Mohammed folgten.

Islam = Unterwerfung; »Ergebung in Gottes Willen«. Wenn Gott alles erschaffen hat, alles erhält und alles bestimmt, kann der Gläubige nichts anderes tun, als sich in seinen Willen zu ergeben.

Moschee Das arab. Wort für das Gebetshaus des Islam lautet *masğid*. Dem Besucher Cordobas ist es in der sp. Form *mezquita* vertraut. Im Arab. leitet sich das Wort ab von *sağada* = sich niederwerfen. *Masğid* ist also der Ort, wo man sich (zum Gebet) niederwirft.

Scharia Im Islam ist der Koran die wichtigste Quelle der Ethik und des Rechts. Viele Gesetze und Rechtsgrundsätze werden daraus abgeleitet. Sie werden zusammen mit juristischen Überlieferungen von Rechtsgelehrten, den *ulama*, formuliert. Diese Rechtslehren nennt man »islamischer Weg« = *scharia*.

Schia, Schiiten Arab. *ši'a* bedeutet »Partei, Anhängerschaft«. Bei den Schiiten handelt es sich um die »Anhängerschaft Alis«. Ali war ein Vetter Mohammeds und mit Fatima, der Tochter des Propheten, verheiratet. Er war der vierte Kalif. Die Schiiten erkennen nur die Nachkommen Alis und Fatimas als berechtigte Leiter der Gesamtgemeinde an. Die Ermordung von Alis und Fatimas Sohn Hussein gab der Glaubensrichtung ihre eigene politische Dimension. Die schiitische Ausrichtung des Islam ist Staatsreligion v. a. in Iran.

Hinduismus

Brahma, Brahmane *Brahma* ist ein facettenreicher, aber zentraler Begriff der indischen Religion. Die heiligen Texte der Upanischaden bezeichnen *Brahma* als das höchste Sein, die höchste göttliche Wirkkraft, wie sie in magischen Zaubersprüchen zum Ausdruck kommt. Urspr. bezeichnete der Begriff nur solche Zaubersprüche. Jedenfalls werden die Kulthandlungen der Brahmanen, der gelehrten Priester des Hinduismus, durch *Brahma* wirksam. Die Brahmanen bilden in Indien die oberste Kaste. Es sind traditionell Gelehrte, Politiker, manchmal auch asketische Mönche.

Guru Das altind. Wort bedeutet »Lehrer, geistiger Führer, Meister«. Das Anliegen eines *Gurus* ist es, seinen Anhängern zu vermitteln, wie sie sich aus dem Kreislauf der Wiedergeburten befreien können und somit erlöst werden. Manchmal verlangen *Gurus* von ihren Anhängern strikten Gehorsam. Es gab – und es gibt zunehmend – auch weibliche *Gurus*. Moderne *Gurus* verfügen über eigene Webseiten im Internet. Einer der momentan erfolgreichsten ist Sai Baba mit angeblich 50 Millionen Anhängern weltweit.

Karma = Tat, Handlung. Nach der Vorstellung von Hinduismus und Buddhismus zeitigt jede (gute oder böse) Tat eine Folge im nächsten Leben. Aus diesem Kreislauf, der sich immer und immer wieder fortsetzt, erlöst zu werden, ist das Ziel beider Religionen.

Yoga ist eng verwandt mit dem dt. Wort »Joch« (Sanskrit *yuga*). Der Anhänger des *Yoga* strebt danach, seinen Geist mit dem göttlichen Geist »unter ein gemeinsames Joch« zu spannen. Voraussetzung dafür ist die Erfüllung ethischer Anforderungen (bspw. nicht lügen, keine Gewalt anwenden), Disziplin, Askese, Reinlichkeit, Meditation, Konzentration (keine Ablenkung durch die Sinnesorgane), Kontrolle des Atems, das Einnehmen bestimmter Körperhaltungen (*asanas*), was ebenfalls der Körperkontrolle und der inneren Reinigung dienen soll.

Buddhismus

Buddha ist der Ehrentitel des Begründers dieser Religion, des nordindischen Fürstensohnes Siddharta Gautama (ca. 560–480 v. Chr.). Das Wort leitet sich ab von *bodhi* = Erwachen und bedeutet somit »der Erwachte, der Erweckte«, im Sinne von »derjenige, der versteht«. In dem von vielen Legenden umwobenen Leben des Siddharta sind der Rückzug vom väterlichen Hof, die lange Wanderschaft, die Erkenntnis unter einem Baum und die Lehre gegenüber einer kleinen Schar von Jüngern die zentralen Aspekte. Die Buddhisten glauben, dass Siddharta am Ende seines Lebens ins *Nirwa-*

na (s. u.) einging und nie mehr wiedergeboren wurde. Zentrale Themen im buddhistischen Denken sind das Leiden und die Anhaftung des Menschen am Leben. Einen Gottesbegriff hat der Buddhismus nicht.

Lama Zu besonderer Entfaltung gelangte der Buddhismus in Tibet, wo sich in vielen Klöstern ein regelrechter Mönchsstaat mit einem Priesterkönig an der Spitze entwickelte. Das tibetische Wort *Lama* bedeutet »Weiser, Lehrer, Führer«. Der Priesterkönig trägt den Titel *Dalai-Lama* (= Ozean des Wissens). Der gegenwärtige *Dalai-Lama*, geboren 1935, inthronisiert 1940, lebt seit der Besetzung Tibets durch die Chinesen im Exil in Nordindien.

Mandala = »heiliger Kreis«. Es handelt sich dabei um ein streng symmetrisch aufgebautes Bild mit Figuren, Symbolen, ornamentalen Elementen und einem Kreis in der Mitte. Es repräsentiert das Universum, aber auch das meditierende Individuum. Mandalas sind kultische Hilfsmittel v. a. bei der Meditation im Umfeld des tantrischen Buddhismus.

Nirwana ist eher ein Zustand als ein »Ort«. Das altind. Wort bedeutet »das Erlöschen der Flamme« – ein bildhafter Ausdruck für das Nichts. Im Buddhismus ist das *Nirwana* das Ende des individuellen Bewusstseins und all der Dinge, mit denen die Seele am Leben hängt. Eng verbunden ist damit die Vorstellung, aus dem Karma-Kreislauf der Wiedergeburten erlöst zu werden. Die unmittelbare Vorstufe des *Nirwana* ist das Seligkeitsparadies *Sukhavati*, das »Reine Land«, das all diejenigen erreichen können, die vertrauensvoll an den Buddha Amida glauben. Amida thront in diesem Land und hat aus unendlichem Mitgefühl mit den Menschen darauf verzichtet, selbst ins *Nirwana* einzugehen. Weil das *Nirwana* ein Nichts ist, lässt es sich letztlich auch nicht beschreiben.

Staat & Recht

Staat

Bürger sind, dem urspr. Wortsinn nach, die »Burgwehrer«, also die Verteidiger einer Burg oder einer ummauerten Stadt. »Bürger« ist eine Verkürzung dieses Wortes. (Der Wortteil »-wehrer« findet sich auch in »Bajuwaren«.) Die weitere Entwicklung des Begriffs »Bürger« ist eng an die geschichtlichen Umstände gebunden. Im Gegensatz zu den, vereinfachend gesagt, feudalen Abhängigkeiten auf dem Land verfügten Städte im Mittelalter über unterschiedliche »Freiheitsprivilegien«. Nach dem Motto »Stadtluft macht frei« konnte ein Unfreier nach Jahr und Tag in der Stadt nicht mehr von seinem Dienstherren zurückgefordert werden. Wer ein Bürgerrecht besaß oder erwerben konnte, hatte eine andere Rechtsstellung als ein Untertan einer Feudalherrschaft. Das Bürgerrecht war immer schon gesetzlich geregelt. Auch der heutige Staatsbürgerstatus ist eine Rechtsinstitution.

Charisma Griech. *chrisma* heißt »Salböl«. Natürlich ist damit nicht irgendein Badeöl gemeint, sondern das Salböl, das bei der Königsweihe verwendet wurde. Das Vorbild christlicher Königsweihen ist die Salbung Davids zum König in der Bibel (2. Samuel 5). Auch die Begriffe »Messias« und »Christus« bedeuten »der Gesalbte« (s. »Religion«, S. 70). Die charismatischsten Königsweihen im Abendland waren diejenigen der franz. Könige, da bei der Taufe des ersten fränkischen Königs Chlodwig der Heilige Geist das Gefäß mit dem Salböl persönlich in Gestalt einer Taube in die Kathedrale von Reims eingeflogen haben soll. Angeblich versiegte das Salböl aus dieser Ampulle nie. Zum Zeichen seiner charismatischen, übernatürlichen Fähigkeiten gehörte die Heilung von Kranken durch den gesalbten König dann auch zum Ritual der franz. Königsweihe. In diesem Sinne der besonderen Ausstrahlungskraft einer Persönlichkeit verwendet man das Wort heute.

Demokratie und andere Herrschaftsformen

Alle im Lauf der europ. Geschichte durchdeklinierten Herrschaftsformen sind Begriffe auf »-kratie« (von griech. *kratéin* = herrschen) oder auf »-archie« (von griech. *árchein* = herrschen). Aus der genauen Übersetzung der Wörter ergeben sich auch die jeweiligen Herrschaftsformen:

Aristokratie (*áristos* = die Ersten, die Besten, also der Adel); **Demokratie** (*démos* = das Volk, also alle); **Anarchie** (*a/an* = ohne, also ein Zustand der Herrschafts- und Gesetzlosigkeit); **Monarchie** (*monos* = allein, einer; also ein König); **Oligarchie** (*olígos* = wenig, gering; also die Herrschaft einer kleinen Zahl von Machthabern, die keine Aristokraten sind).

Demoskopie

(von griech. *demos* = Volk, *skopein* = anschauen) ist ein Kunstwort der Moderne aus griech. Wörtern. Die von dem Amerikaner G. H. Gallup erfundene Methode der Meinungsforschung durch Auswertung statistischer Erhebungen war von Anfang an umstritten. Gallup hatte sein Institut 1935 gegründet und 1936 den Ausgang der amer. Präsidentenwahlen richtig prognostiziert, womit er seiner Methode zum Durchbruch verhalf. Gallup selbst argumentierte, durch die Meinungsumfragen könne sich das Volk eher Gehör verschaffen als durch die in festen Interessenstrukturen mit der Macht verstrickten Parteien. Politiker neigen dazu, die Demoskopie für wichtig und richtig zu halten, wenn sie sich durch sie bestätigt sehen. Andernfalls stellen sie die Ergebnisse von Umfragen gerne infrage.

Establishment

Der Begriff bezeichnet urspr. das Recht der anglikanischen Kirche, den engl. König zu krönen und somit auf dem Thron zu etablieren (*to establish*). Heute bezeichnet das Wort die Führungsschicht, die dauerhaften Zugang zu den Schlüsselstellungen des staatlichen und gesellschaftlichen Handelns hat. Mitglieder des »Establishments« müssen nicht unbedingt eine offizielle Funktion innehaben.

Gewaltenteilung

Der Baron de la Brède et de Montesquieu (1689–1755) pflegte nicht wie die meisten seiner adeligen franz. Standesgenossen, seine Zeit am Hof des Sonnenkönigs und seines Nachfolgers zu verbringen. Montesquieu sagte darüber: »Ein Fürst im Kreis von Höflingen wird selbst ein Höfling«. Er bewirtschaftete lieber sein geerbtes Gut in der Nähe von Bordeaux und machte sich Gedanken. In jüngeren Jahren war der Baron de la Brède viel durch Europa gereist und hatte sich drei Jahre in England aufgehalten. Dort konnte er das bereits gut entwickelte parlamentarische Regierungssystem innerhalb der konstitutionellen Monarchie beobachten sowie das dortige »kommerzielle«, also sehr mit dem Handel beschäftigte Wirtschaftssystem. England war zu dieser Zeit die modernste Nation in Europa. Montesquieu erkannte, dass hier die individuelle und die politische Freiheit am weitesten gediehen waren. Er beschäftigte sich auch mit den antiken Republiken Rom und Athen. In seiner staatstheoretischen Schrift ›De l'ésprit des lois‹ (»Über den Geist der Gesetze«) prägte er den Begriff der *séparation des pouvoirs*, der »Teilung der staatlichen Gewalten« (Gesetzgebung, Regierung samt Verwaltung sowie Rechtsprechung), die sich gegenseitig ausbalancieren und kontrollieren sollten, um die größtmögliche Freiheit der Staatsbürger zu gewährleisten. Die Schriften dieses fern vom Hof und vom Staatsgetriebe lebenden Mannes fanden schnell Verbreitung. Noch im Erscheinungsjahr (1748) folgten 22 Auflagen sowie die dt. Übersetzung. Montesquieus Prinzipien wurden zuerst in der amer. Verfassung (1787) und in der franz. Verfassung von 1791 verwirklicht. Sinn der Gewaltenteilung, wie Montesquieu sie postulierte, war und ist es, den Einzelnen vor willkürlichen Übergriffen der Amtsträger zu schützen. Diese Idee der Gewaltenteilung wurde zur Grundlage des freiheitlich parlamentarischen Rechtsstaates.

Gipfelkonferenz

Der Ausdruck wurde von dem sprachmächtigen engl. Premierminister Winston Churchill (1874–1965) geprägt und zwar bezüglich der Konferenzen der Alliierten und späteren Siegermächte während und nach dem Zweiten Weltkrieg.

Staat & Recht

Gleichberechtigung Für den deutschsprachigen Bereich wurde der Begriff durch den Schriftsteller und Dramatiker Friedrich Hebbel (1813–63) geprägt. 1848 formulierte er den folgenden Satz: »Das Prinzip der Gleichberechtigung der Völker hat zwei Seiten.« Zunächst handelte es sich demnach um einen staatsrechtlichen Begriff. Seit ca. 1900 wird das Wort v. a. im Zusammenhang mit der Frauenbewegung, also im Hinblick auf die Gleichberechtigung der Geschlechter gebraucht.

Kandidat Im antiken Rom trugen die Bewerber um ein politisches Amt eine weiße (genau: »weiß schimmernde«) Toga, die *toga candida*.

Kanzler Lat. *cancella* ist urspr. die Gitterschranke vor dem Altar. Die Bedeutung des Begriffs erweiterte sich zunächst auf den Raum hinter der Altarschranke, der den Geistlichen vorbehalten war. Schon im spätkarolingischen Reich wird lat. *cancellarius* (= Vorsteher, Kanzleivorsteher) zu dt. »kanzillari«, und im Mittelalter spricht man von *des riches kanzeler*, dem obersten Verwaltungsbeamten. Erzkanzler des Reiches und Kanzler Deutschlands war der Erzbischof von Mainz. Ihm oblag auch die Veranstaltung der Königswahlen. Etwa seit der Zeit Kaiser Karls V. und seiner habsburgisch-österreichischen Nachfolger etablierte sich in Wien um die dortige Hofkanzlei das Reichsvizekanzleramt. Es wurde auch gelegentlich schon von nicht geistlichen Würdenträgern ausgeübt. Dieses Kanzleramt wurde zunehmend der Kristallisationspunkt der Exekutive. Als Bezeichnung für das Amt des Regierungschefs ist das Wort in Deutschland und in Österreich seitdem fast ohne Unterbrechung in Gebrauch.

Klasse Ein Zentralbegriff des Marxismus. In diesem Zusammenhang hatte das Wort 150 Jahre lang weltweit eine überragende politische Bedeutung. Aber mit der historischen Erledigung des Marxismus am Ende des 20. Jhs. wurde auch dieses Wort zum Traditionsbegriff. Politisch geprägt wurde das Wort durch Friedrich Engels (1820–95) und Karl Marx (1818–83). Sie deuteten die Geschichte in ihrem ›Kommunistischen Manifest‹ (1848) als eine Geschichte von

Klassenkämpfen. Als »Klasse« bezeichneten sie eine nach ökonomischen Kriterien definierte Gruppe von Menschen. Der Begriff war schon seit dem 18. Jh. in Frankreich (*classe*) und England (*class*) in ähnlicher Weise gebraucht worden. Er stammt von lat. *classis* = Flotte, Flotteneinheit und wurde bereits in der Antike auf andere »Einheiten« übertragen. Seit dem 18. Jh. wurde das Wort als Einteilungsbegriff in vielen Bereichen verwendet: »Klasse der Säugetiere«, »akademische Klassen«, »Schulklasse«, »Ordensklassen«, »erste und zweite Klasse in der Eisenbahn« etc.

Kommune, Gemeinde In dem lat. Wort *communis* (= gemeinsam) steckt *munus* = Pflicht, Abgabe, Dienst. Die Teilnahme am öffentlichen Leben beinhaltet demnach gemeinsame Pflichten. Eine ähnliche Bedeutung hat das dt. Wort »Gemeinde«, das auf die gemeinsamen Interessen der Mitglieder verweist.

Krone Kränze (= lat. *corona*) aus Blumen oder Blättern dienten in der Antike der besonderen Auszeichnung oder als religiöse Weihesymbole. So wurden Olympioniken (= Olympiasieger – es gab nur einen!) mit einem Ölbaumkranz geehrt; der Sieger der Delphischen Spiele erhielt den berühmten Lorbeerkranz. Man darf nicht vergessen, dass die Spiele in der Antike in kultischen Zusammenhängen standen, was ihren Rang zusätzlich erhöhte. Griechische Fürsten und römische Imperatoren adaptierten diese höchste Auszeichnung in Form (vergoldeter) Blattkränze. Diese Blattkronen wurden in früher Zeit zum Reif vereinfacht und aus ihnen entwickelten sich die späteren Kronen als bedeutendstes Herrschaftssymbol.

Königstitel

Dschingis Khan = Ozeangleicher Herrscher. Diesen Titel nahm der Gründer des mongolischen Großreiches an. Der erste Großkhan hieß eigentlich Temudjin (auch: Timur-lenk, Tamerlan); er lebte von ca. 1162–1222.

Großmogul   Der *mughul* ist im Persischen der »Mongole«. *Maha Mogul* = Großmogul war der Herrschertitel der von 1526–1858 in Nordindien regierenden mongolisch-türkischen Dynastie. Der Dynastiegründer Babur war ein Enkel Dschingis Khans. Dessen Enkel Akbar (1556–1605) führte das Reich zu seiner größten Macht und höchsten kulturellen Blüte. Dessen Enkel Shah Jahan wiederum war der Erbauer des Taj Mahal. Zum Mogulreich zählten neben Nordindien auch Kaschmir und das heutige Afghanistan.

Kalif   Arab. »Stellvertreter, Nachfolger«. Gemeint ist der Nachfolger des Propheten Mohammed, der ohne eigene Nachkommen starb. Aufgrund des Streits über die Legitimität des Kalifenamtes spalteten sich die Anhänger des Islams schon im 7. Jh. in Sunniten und Schiiten auf.

Maharadscha   = Großkönig; *Radscha* (von Sanskrit *râjan*) bedeutet »König, Fürst«. Das Wort ist verwandt mit dem ie. Wort, das wir als »Reich« kennen.

Mikado   = Erhabene Pforte; die frühe, dichterische Umschreibung des jap. Kaisertitels *Tenno*.

Pharao   = Großes Haus. Damit ist natürlich der Königspalast gemeint. Vermutlich handelt es sich beim Begriff »Pharao« um ein Tabuwort, da man den König sicherlich nicht mit einem banalen Personentitel oder gar einem Namen anredete. Der »Palast« ist hier die Verkörperung des Königs, der gottgleich der Garant für den Bestand des Reiches, ja des Universums war, weil die Sonne nach ägyptischer Vorstellung nur aufgehen konnte, wenn der Pharao jeden Morgen das entsprechende Ritual vollzog.

Schah   Pers. »König«; *Schah-an-Schah* = König der Könige, also »Kaiser«. Von *Schah* leitet sich das Wort »Schach« ab; *Shah mat* = der König ist gestorben.

Sultan Arab. wört. »Stärke«; im übertragenen Sinn als Titel: »Herrscher«. Das Wort ist zwar arab. Ursprungs, historische Bedeutung gewann der Titel aber durch die Türken, deren Herrscher ihn bis zum Ende des Osmanischen Reiches 1922 führten.

Tenno = Himmlischer Herrscher. Japanischer Kaisertitel.

Tien-tsi = Sohn des Himmels; war der chinesische Kaisertitel.

Zar = Kaiser. Das Wort leitet sich genauso wie »Kaiser« von *Caesar* ab. »Zar« war seit 864 ein Herrschertitel in Bulgarien, seit 1478 (Iwan III.) auch in Russland.

Lobby Am Ende eines langen Tages im Weißen Haus pflegte der amerikanische Präsident Ulysses Grant (1869–77) sich ins Willard Hotel zu begeben und es sich dort mit einer Zigarette und einem Brandy behaglich zu machen. Seine Mußestunde in der Hotellobby wurde allerdings oft von unbequemen Bittstellern gestört. Grant soll sie *Lobbyisten* genannt haben. Welcher Methoden sich der moderne Lobbyismus auch immer bedient – Einflussnahme über Medien, systematische Verbandsarbeit, direkte Kontakte zu Mitgliedern der Exekutive und der Legislative (»Networking«) – immer geht es darum, Informationen (frühzeitig) zu erlangen und Entscheidungen im eigenen Interesse zu beeinflussen. All dies findet heutzutage jedoch meist außerhalb der »Lobbys« statt.

Macht kommt nicht von »machen«, sondern von »mögen, vermögen«. Macht ist das, was man vermag, wozu man imstande ist. Zum richtigen Wortverständnis in diesem Zusammenhang gehört die gesamte Bedeutungsspannbreite des Wortes »möglich«: Macht ist vom Wortursprung her gesehen das, was man sich vorstellen und was man verwirklichen oder erreichen kann. Gemäß dem altind. *magha* = Kraft, Reichtum, Gabe handelt es sich um ein »Vermögen« im weiteren Sinne des Wortes.

Nation ist ein altes Wort, aber ein relativ moderner Begriff. Im Lat. bezeichnet *natio* (von *nasci* = geboren werden) einen »Volksstamm«. Bei dieser Bedeutung bleibt es bis zur Frühen Neuzeit. Dann setzt in Europa im 16. Jh. der komplexe Prozess der modernen Staatenbildung ein. Hierbei entsteht allmählich das Bewusstsein einer gewissen Einheitlichkeit von Herrschaft, Sprache und Kultur innerhalb eines Territoriums. Diese wird zunehmend als »Nation« begriffen. Gegen Ende des 18. Jhs. entwickelte sich das Bewusstsein einer gemeinsamen Geschichte und es entsteht der Gedanke, dass ein Volk selbst über sein Schicksal bestimmen kann. Dadurch wird »Nation« nicht nur zu einem mit komplexeren Bedeutungen aufgeladenen Wort, sondern auch zu einem lebendigen politischen Begriff. Die geschichtliche Entwicklung mündet im 19. Jh. in »nationalen Bewegungen«, v. a. in Deutschland und Italien. In diesen beiden Ländern gibt es zu dieser Zeit innerhalb einer »Nation« eine Vielzahl von Staaten. Deshalb spielen die Bemühungen, eine Einheit der Nation herzustellen, eine bedeutende Rolle. Eine krankhafte Übersteigerung des nationalen Denkens wird in der Weiterentwicklung des Wortes Nation als »Nationalismus« bezeichnet.

Parlament *Parlement* (franz. *parler* = sprechen) war im Frankreich des Spätmittelalters ein »Spruchkörper«. So werden bis heute manchmal noch Gerichte genannt. *Parlements* waren in Frankreich obere Gerichtshöfe – Berufungsinstanzen, die es im ganzen Land gab. Das wichtigste war das *Parlement* in Paris. Dieses führte ein Register über die erlassenen Gesetze und leitete daraus mit der Zeit ein Überprüfungsrecht und somit ein gewisses Mitspracherecht ab. In Deutschland wurde der Begriff seit der Renaissancezeit unterschiedlich gebraucht. Manchmal ebenfalls für oberste Gerichtshöfe, aber auch für Ratsversammlungen der Städte oder von Ständevertretungen in den Fürstentümern. Die heutige Bedeutung von Parlament als »Volksvertretung« beruht auf einem jahrhundertelangen historischen Prozess, v. a. in England (»Mutter der Parlamente«). Am engl. Vorbild orientierten sich wiederum die franz. Staatsdenker der Aufklärung, was im Zuge der Französischen Revolution zum »Parlament« im Sinne des Verfassungsstaates führte.

Partei   Von lat. *pars* = Teil. Daher ist »Partei« immer ein Teil von etwas. Ins Dt. fand das Wort Eingang über franz. *partie* und bezeichnete seit der Renaissance zunächst als Rechtsbegriff die beiden Parteien in einem Gerichtsprozess. Dann ging der Begriff auf Gruppen mit gemeinsamen Interessen über, bspw. auf Hausgemeinschaften (die Parteien) und militärische Erkundungstrupps (die »Partien«). Die Redewendung, eine »gute Partie« durch eine finanziell vorteilhafte Heirat zu machen, entwickelte sich ebenfalls schon früh. Von Parteien oder Parteiungen im Sinne einer parlamentarisch-politischen Interessen- und Gesinnungsgemeinschaft kann man seit dem 18. Jh. sprechen, als sich in England die Partei der »Whigs« (Anhänger der konstitutionellen Monarchie) und der »Tories« (Königstreue) gegenüberstanden.

»rechts« – »links«   Die Entscheidung im französischen Nationalkonvent von 1792, die Jakobiner aus der Sicht der Rednertribüne links und die Girondisten rechts zu platzieren, ergab in den Staaten mit parlamentarischen Demokratien eine nachhaltige und wirksame Möglichkeit zur politischen Orientierung. Die Girondisten, die »Rechten«, repräsentierten in der Nationalversammlung die gemäßigten Republikaner, die Jakobiner, die »Linken«, hingegen die Radikaldemokraten, die in der Folgezeit (1793–94) die Schreckensherrschaft in Frankreich errichteten. Diese »Richtungsorientierung« ging im 19. Jh. auf die beiden großen politischen Strömungen »liberal-bürgerlich/konservativ« = »rechts« und (volks-)demokratisch, sozial(istisch) = links über.

Republik   Die Franzosen, teilweise die großen Entwickler, v. a. aber die großen historischen Umsetzer der modernen Staatlichkeit, orientierten sich bei der geistigen Vorbereitungsarbeit, die schließlich in der Französischen Revolution mündete, sowohl an der parlamentarischen Herrschaftsform im zeitgenössischen England und den Republiken in den Niederlanden und der Schweiz als auch an Herrschaftsformen der Antike – v. a. Roms vor der Herrschaft der Cäsaren. Die Römer hatten keinen »Staatsbegriff«, sie sprachen vielmehr von »öffentlichen Angelegenheiten«, der *res publica*. Hervorstechendstes Merkmal in der Art und Weise, wie die Römer diese *res publica* handhabten, war die zeitliche Begrenzung der Herrschaftsämter. So wurden die Konsuln, die die laufenden Geschäfte zu erledigen hatten, wie viele andere römische Amtsträger, nur für ein Jahr gewählt. Außerdem hatten sie den Senat zu konsultieren (daher ihre Amtsbezeichnung). All dies waren praktische Maßnahmen, um die Staatsmacht zu begrenzen. Diese Merkmale sind auch die wichtigsten Charakteristika eines modernen Verständnisses von »Republik«: Begrenzung der Zuständigkeiten von Amtsträgern und v. a. die zeitliche Begrenzung eines Amtes.

Sicherheit ist das, was die Bürger mehr als alles andere vom Staat erwarten. Wenn der Staat einer historischen Entwicklung entsprechend das Gewaltmonopol beansprucht, die Bürger ihre Sicherheit also nicht mehr »auf eigene Faust« verteidigen müssen und dürfen, dann sind Schutz und Unversehrtheit des Lebens, des Eigentums und der persönlichen Freiheit die obersten Pflichten des Staates. »Sicher« wurde vom Spätlateinischen *securus* direkt ins Dt. und auch in andere Sprachen (bspw. engl. *secure*) entlehnt. Es bedeutet nichts anderes als *se-cura* = ohne Sorge. Im Lat. war dies zunächst nur ein Begriff der Rechtssprache mit der Bedeutung »frei von Haftung, frei von Schuld«. Später entwickelte sich das Wort zu einem umfassenden Allgemeinbegriff.

Staat *Status* (von *stare* = stehen, dazu bspw. »Zustand«) war im Latein der Römer ein allgemein gebräuchliches Wort, aber im politischen Bereich spielte es in der Antike und im Mittelalter kaum eine Rolle. Es gab ein Reich (bei den Römern *Imperium* bzw. im Mittelalter *Imperium Romanum* genannt) sowie andere Königreiche, Fürstentümer, geistliche und weltliche Herrschaften und dergleichen, aber keinen »Staat« oder zumindest keinen Begriff dafür. Das Aufkommen des Wortes steht in engem Zusammenhang mit der Konzentration aller herrscherlichen Macht bei einem Fürsten, zuerst in Italien und Spanien, dann im 17. Jh. in Frankreich und England. V. a. in Frankreich und England war dieser historische Prozess ein Ergebnis blutiger Bürgerkriege. Man wollte den Krieg aller gegen alle beenden und alle Staatsgewalt innerhalb einer Nation in einer Hand vereinigen – der des Königs. Das Ziel war ein befriedeter Zustand (ital. *stato*, franz. *état*) des Königreiches. Später ging der Begriff auf das Königreich oder Fürstentum selbst über. Ein wichtiges Vorbild für die Staatsbildung in jener Epoche war der Kirchenstaat, der – damals sehr modern – über einen hierarchischen Beamtenapparat, effiziente Verwaltungsstrukturen und eine geordnete Haushaltsführung verfügte. Diese Entwicklung gipfelte in dem Satz Ludwigs XIV. »*L'état c'est moi*« (»Der Staat bin ich«, 1655) als Ausdruck absoluter Monopolisierung staatlicher Gewalt. Damit war der Wille des Herrschers Gesetz. Die Staatswerdung ist in Europa eng mit der Nationenbildung verknüpft, weil die Herrscher danach strebten, innerhalb ihres Herrschaftsbereichs eine gewisse kulturelle und konfessionelle Einheitlichkeit herzustellen.

Mit der Französischen Revolution ging eine weitere wichtige Entwicklung des Staatsbegriffs einher. Die Legitimation zu herrschen basierte nicht länger auf einer »göttlich-religiösen« und dynastischen Grundlage, sondern auf dem Willen des Volkes. In der republikanischen Verfassung wurden außerdem die staatlichen Gewalten geteilt, ihre Ausübung zeitlich begrenzt und staatliches Handeln schließlich an Recht und Gesetz gebunden.

Moderne politische Begriffe aus dem Russischen

Agitprop   Agitationspropaganda; der Begriff *Agitator* (= Aufwiegler) hatte sich zuerst im 19. Jh. in England und Irland entwickelt. Die leninistische Politik verwendete das Wort im Sinne von »Aufhetzer«. Es gehörte bis zum Ende der DDR auch dort zum festen politischen Vokabular. Angela Merkel war bspw. während ihrer Zeit bei der FDJ zuständig für »Agitation und Propaganda«.

Apparatschik   Angehöriger des Staats- und Verwaltungsapparates, Funktionär, Beamter; der Begriff entstand aus *Apparat* und der russ. klingenden Endung (vgl. *Bolschewik*).

Glasnost Offenheit, Transparenz, Informationsfreiheit; in Russland wurde der Begriff erstmals von dem Reformzar Alexander II. im Zusammenhang mit der Öffentlichkeit von Gerichtsverhandlungen eingeführt. Michail Gorbatschow verwendete ihn seit 1985 als Schlagwort für seine Reformpolitik.

Gulag Kunstwort aus russ. **G**lavnoje **U**pravlenije *Ispravitelno-trudovych* **L**agerej = Hauptverwaltung der Besserungsarbeitslager; Inbegriff des Gefängnis- und Konzentrationslagersystems der Sowjetunion. Im Westen wurde das Wort v. a. durch die Werke des russ. Autors Alexander Solschenizyn bekannt (›Ein Tag im Leben des Iwan Denissowitsch‹, ›Der Archipel Gulag‹).

Nomenklatura Das russ. Wort setzt sich aus urspr. lat. Bestandteilen zusammen: *nomen* (= Name) und *clamare* (= rufen) und wurde schon in der DDR zur Bezeichnung der privilegierten Funktionärselite aus der Sowjetunion übernommen. Zu dieser Elite gehörten nicht nur Parteifunktionäre, sondern bspw. auch die Führungskräfte in den Betrieben und im Kulturbetrieb.

Perestroika Umwandlung, Umgestaltung. Ein ebenfalls von Michael Gorbatschow in die politische Diskussion eingeführter Sammelbegriff für seine Reformpolitik.

Recht

Armutszeugnis Im 19. Jh. handelte es sich dabei um eine behördliche Bescheinigung hinsichtlich der Armut. Damit konnte man das Recht auf einen Armenbeistand geltend machen.

Beweis In dem Wort steckt »weisen« (wie »hinweisen«); darin ist die Bedeutung »weise« enthalten und darin wiederum »wissen, wissend sein«. Diese Begriffe beinhalten sowohl Sachkenntnis und Erfahrungswissen als auch die Einsichtsfähigkeit. Das Wort »Wissen« ist urverwandt mit altind. *védas* = Kenntnis, Einsicht. Daher stammt auch der Name der ältesten heiligen Schriften der Inder, der ›Veden‹.

Denkzettel Bezeichnete in der Renaissancezeit sowohl eine gerichtliche Vorladung wie einen schriftlich erteilten Verweis.

fahrlässig kommt von mittelhdt. *varn lassen* im Sinne von »geschehen lassen«.

Gesetz ist das »gesetzte Recht«, wie es heute nach den in der Verfassung vorgesehenen Regeln in einem förmlichen Verfahren zustande kommt. Dazu bedarf es v. a. der mehrheitlichen Entscheidung des Parlaments. Wie in vielen anderen Ländern durchläuft das parlamentarische Gesetzgebungsverfahren in Dtl. zwei »Kammern« oder »Häuser«, den Bundestag und den Bundesrat. Recht und Gesetz können aber auch anders entstehen, z. B. durch den Gesetzesbefehl eines Machthabers. Das ist aber historisch die Ausnahme. Römisches Recht (*ius*) beruhte auf anerkannter Rechtstradition und -praxis. Genauso ist es im angelsächsischen *Common Law*, wie es heute noch in Großbritannien und den USA vorherrscht. Das römische Recht war ein »Fallrecht«, das heißt, es wurde von Fall zu Fall entschieden. Dabei wurden im Laufe der Jahrhunderte immer subtilere Rechtsgrundsätze und Normen entwickelt. Diese wurden in der Spätantike auf Veranlassung des oströmischen Kaisers Justinian (527– 65) im ›Corpus Iuris Civilis‹ gesammelt und redigiert. Dieses ›CIC‹, das »römische Recht« bildete im Spätmittelalter und in der Neuzeit eine wesentliche Grundlage der Rechtspraxis auf dem gesamten europ. Kontinent und war in Dtl. als »Gemeines Recht« geltendes Recht. Auch die großen Gesetzeskodifikationen der Moderne vom franz. *Code civil* (auch *Code Napoléon* genannt, 1804) bis zum dt. ›Bürgerlichen Gesetzbuch‹ (seit 1.1.1900) beruhen auf dieser Grundlage.

letzte Instanz Lat. *instare* bedeutet so viel wie »hart an einer Sache dran sein«; das entspricht dem Sinn des heute als Verb gebräuchlichen Wortes »insistieren«. »Instanz« wurde früher für jede amtliche Stelle im Rahmen ihrer Zuständigkeit verwendet. Ein Finanzamt wäre also die für Steuern zuständige Instanz. Heute ist die Bedeutung des Begriffs beschränkt auf den in der Regel dreigliedrigen Gerichtsaufbau. Der Instanzenzug dient der Vermeidung von juristischen Fehlern und der Vereinheitlichung der Rechtsprechung. Im außerjuristischen Alltag bedeutet »Instanz« ebenfalls »der nächsthöhere Entscheidungsträger«.

Justiz, Jura, Jurist, Jury Alle diese Begriffe für das Rechtswesen und Personen im Justizwesen gehen zurück auf das lat. Wort *ius* und dieses ist eng verknüpft mit lat. *iurare* = schwören (wört. »eine Formel sprechen«). So gesehen kann man den Schwur, zumindest wortgeschichtlich, als das charakteristische Kernstück aller rechtlich-gerichtlichen Prozesse betrachten, sozusagen als Vater der Justiz. Das Schwören war früher ein elementarer Bestandteil von Gerichtsverhandlungen. Alte Schwurformeln sind bis heute sprichwörtlich lebendig, etwa die Formel »Ich schwöre Stein und Bein« = Hand auf die Altarplatte (= Stein) oder auf den Richterstab, das Zepter des Richters (= Bein, da diese Gegenstände aus Elfenbein oder Knochen bestanden) oder die Schwurformel »Hand aufs Herz«.

Klausel, verklausuliert *Clausula* von lat. *claudere* (= schließen) ist urspr. der »Schlusssatz«, die abschließende Formel eines Gesetzes.

Kronzeuge ist in Analogie zu dem engl. Rechtsbegriff *king's evidence* gebildet.

Meineid Die erste Wortsilbe *Mein-* bedeutet »falsch«. Sie steckt auch in »allgemein« und »gemeinsam« und ist verwandt mit lat. *munus* = Pflicht, Abgabe, Dienst. Die Grundaussage von »gemeinsam« ist also nicht: »Alle machen das Gleiche« (z. B. »Wir fassen uns jetzt alle an den Händen und singen zusammen ein schönes Lied«). »Das Gemeinsame« ist vielmehr der gegenseitige Austausch von Pflichten und Diensten (»Ich tue etwas für dich und dafür tust du etwas für mich«). Von diesem »Wechseln« und »Tauschen« ist sprachlich der Weg nicht weit zum »Täuschen«. So kommt diese Vorsilbe vor das

Wort *Eid*. *Eid* ist eines der wenigen Wörter, die aus dem Kelt. in die germ. Sprachen gewandert sind, und bedeutet so viel wie »feierliche Rede«. Schwüre und Schwurformeln hatten in frühen, rein mündlich abgehaltenen Prozessen eine große Bedeutung. Das beeidete Wort galt als überaus heilig. Meineid war daher ein schrecklicher Frevel, der unmittelbar die gesamte Rechtsordnung infrage stellte.

Paragraf Griech. *parágraphos* (wört. »Danebengeschriebenes«) war auf den Textrollen der antiken Dramen eine Linie, ein Punkt oder ein anderes Zeichen, mit dem der Wechsel des Sprechers angezeigt wurde. Die Griechen benutzten dafür gern das Gamma-Zeichen »Γ«. Isidor von Sevilla (560–636), der erste Enzyklopädist des Abendlandes, verwendete das Zeichen »S« zur Kennzeichnung von Abschnitten und diese Technik wurde auch bei der mittelalterlichen Bearbeitung des ›Corpus Iuris Civilis‹, der großen Rechtssammlung des Kaisers Justinian, zur besseren Unterteilung verwendet. Über diese Dokumente fanden der Begriff »Paragraf« sowie das Paragrafenzeichen Eingang in den Rechtsalltag. Das Zeichen »§« ist entweder eine Weiterentwicklung von Isidors »S« oder des Buchstabens »C«, der für *Capitulum* (= Abschnitt, Kapitel) stand.

Polizei Wenn man im 18. Jh. von einer »guten Policey« sprach, dann meinte man damit eine wirkungsvolle, wohlgeordnete, am Gemeinwohl orientierte Innenpolitik und Staatsverwaltung und war damit sehr nahe am Wortursprung der griech. *politiké téchne*, der »Wissenschaft von der guten Verwaltung des Gemeinwesens«. In den Stadtstaaten oder kleinen Fürstentümern der ital. Renaissance, wo der Begriff *polizia* im Sinne von »Stadtverwaltung, öffentliche Ordnung« aufkam, hatte sich seit der griechischen Antike in dieser Hinsicht nicht viel verändert. Polizeiaufgaben im modernen Sinn (allgemeine Wachsamkeit, Unterdrückung von Aufruhr, Verbrecherjagd) oblagen den Bürgerwehren, Privatgarden und den Häschern der Gerichte. Erst der absolutistische Fürstenstaat, der das Gewalt- und Ordnungsmonopol für sich beanspruchte, organisierte die Polizei in paramilitärischen Einheiten, den *Gendarmerien* (franz. *gens d'armes* = bewaffnete Leute).

Protokoll   Das Anfertigen von Protokollen ist in rechtsstaatlichen Justizverfahren eine unumgängliche Voraussetzung für deren Gültigkeit. Das Wort kommt von griech. *prótos* = der Erste und *kólla* = Leim. Urspr. war ein *Protokoll* ein den amtlichen Papyrusrollen vorgeleimtes Blatt, das Angaben über die Entstehung und den Verfasser des Papyrus enthielt.

Prozess   Das Wort für das förmliche Verfahren, um zu einer Rechtsentscheidung zu gelangen, beschreibt genau das, nämlich ein (lat.) *procedere* = ein Voranschreiten bzw. einen Ablauf.

Recht, richten   Diese Begriffe gehören fast unübersehbar zu der ie. Wortfamilie von »richtig, rechts«, lat. *rectus* (= richtig), griech. *orektós* (= ausgestreckt), engl. *right*. Zur gleichen Wortfamilie gehören auch »rank, recken, rechnen, Reich« und lat. *rex* (= König), deren Bedeutung immer das »Aufrechte« beinhaltet. Der ausgestreckte rechte Arm ist das bildhafte Symbol für »rechts« und »recht« schlechthin. Nach uralter, in allen Kulturen weit verbreiteter Anschauung ist die rechte Seite die »gute« Seite.

Urteil   »Urteilen« bedeutet so viel wie »erteilen«. Dem Kläger (im Zivilprozess) oder dem Angeklagten (im Strafprozess) wird sein Anteil am Recht »zugeteilt« bzw. »zugesprochen«, weil die Mündlichkeit des Verfahrens im Prozessrecht auch heute – trotz der Aktenberge – noch das Prinzip ist. Und das mit gutem Grund: Man stelle sich die Urteilsverkündung als rein schriftlichen Akt vor, der per Post zugestellt wird. Man befände sich sofort in einer kafkaesken Welt.

Zeuge   Er gehört wortgeschichtlich – und erst recht vor Gericht – zum »Zeug«, dem nur noch selten als selbstständiges Wort gebrauchten Begriff für »Material, Ausrüstung«. »Zeug« wurde früher so häufig und allgemein verwendet wie heute »Ding« oder »Sachen«. Vor Gericht gilt eine Person bzw. ihre Aussage, das *geziuge*, später *Gezeug*, genauso als Beweismittel wie jedes andere. *Ziuc*, *geziuge* und *Gezeug* sind die Vorformen, aus denen sich »Zeuge« entwickelt hat.

Redewendungen aus der Rechtssprache

An den Pranger stellen: Für dieses Strafinstrument der schändlichen öffentlichen Zurschaustellung gab es im älteren Dt. noch eine Menge anderer Wörter: Harfe, Kaak, Pfahl, Schandkorb, Staupe. Der Begriff »Pranger« hat sich durch die Verwendung in der ›Carolina‹ durchgesetzt, auch »Peinliche Halsgerichtsordnung« genannt, die durch Kaiser Karl V. als erstes allgemeines dt. Strafgesetzbuch 1532 erlassen wurde. Der Name »Peinliche Halsgerichtsordnung« stammt von der in diesem Strafgesetzbuch geregelten »peinlichen (= schmerzhaften) Befragung« unter Einsatz von Folter. **Jemandem zur Seite springen:** Rechtsbeistände gab es schon im antiken und mittelalterlichen Gerichtswesen; darauf bezieht sich die Redewendung. **Den Stab über jemanden brechen:** Der Stab war das Zepter, das Richter früher zum Zeichen ihrer (vom König verliehenen) richterlichen Gewalt bei Verhandlungen in der Hand hielten. Das Zerbrechen des Stabes über dem Kopf des Angeklagten war v. a. ein Rechtsbrauch bei Todesurteilen. **Das Tischtuch zerschneiden:** Früherer Rechtsbrauch bei einer Ehescheidung. **»Wenn es der Wahrheitsfindung dient«:** Berühmter Satz des Kommunarden Fritz Teufel, nachdem er sich beim Erscheinen der Richter zunächst nicht erhoben hatte.

Krieg & Frieden

Arsenal Das in allen europ. Sprachen verbreitete Wort kommt von dem mit hohen Mauern umgebenen, streng geheimen und für mittelalterliche Verhältnisse riesigen Schiffswerftbezirk in Venedig. Teile davon dienten auch als Zeughaus. Das Wort selbst ist aber nicht ital., sondern arab. Ursprungs: *Dar as-sina'a* = Haus, in dem etwas hergestellt wird, v. a. Werft.

Befehl Das germ. Wort hatte urspr. eine viel mildere Bedeutung, etwa in dem Sinne, wie wir heute »empfehlen« gebrauchen. Sie klingt nur noch in »Gott befohlen!« an, was bedeutet »Ich vertraue dich Gott an«. Das Anvertrauen und Überantworten von Aufträgen und Amtsgeschäften an andere Personen führte dann zu dem »gebieterischen« Verständnis des Wortes.

brisant Das Wort (von franz. *briser* = zerbrechen, zerschlagen) wurde nach der Einführung der mit Schießpulver betriebenen Musketen, Flinten, Gewehre und Kanonen auch im Dt. verwendet. Vom militärischen Bereich ist der Begriff über die Verwendung in politischen Zusammenhängen mittlerweile in die Alltagssprache übergegangen.

Etappe Von franz. *étape*. Darin steckt auch das dt. Wort »Stapel«. Die »Etappe« ist also der Stapel- und Versorgungsplatz, der Rastplatz der Truppe nach einem Tagesmarsch.

Kartell Bei Schlachten im Mittelalter gab es unter den gegnerischen Parteien die Sitte, in Schlachtenpausen Vereinbarungen über die gegenseitige Auslieferung gefangener oder übergelaufener Soldaten zu treffen. Auch bei Turnieren wurden Herausforderungen und Kampfbedingungen schriftlich fixiert. Diese Vereinbarungen wurden auf eine *charte* oder *carte* (= Papier) geschrieben.

patrouillieren Darin steckt franz. *patte* = Pfote, Hand. Die eigentliche Bedeutung ist »im Dreck manschen«. Das Wort wurde verwendet, weil man auch bei der Soldatenwache gegebenenfalls im Matsch herumgehen muss.

Phalanx meint wie die eng verwandten Wörter »Balken« und »Planke« eine Rolle oder eine Walze, im übertragenen Sinne einen Sperrriegel. In der Militärtaktik der Griechen (sehr erfolgreich bei Marathon) bestand die »Phalanx« aus dicht geschlossenen und tief gestaffelten Reihen schwer bewaffneter Fußsoldaten. Solch ein Abwehrblock war nur schwer zu durchbrechen. In diesem Sinn wird das Wort auch heute gebraucht.

Sakrament Im alten Rom bezeichnete man mit *sacramentum* die Übergabe der Waffen an den Soldaten und damit die »Lizenz zum Töten«. Für den Soldaten war damit das feierliche, ja sogar heilige (*sacer* = heilig) Gelöbnis verbunden, die mit dem Kriegsdienst verbundenen Pflichten einzugehen. Urspr. bedeutete »Sakrament« also »Schwurformel zur Weihe der Waffen«.

Scharmützel ist eine Eindeutschung des ital. Wortes *scaramuccio* aus der Landsknechtszeit, das es in ähnlichen Formen in allen romanischen Sprachen gibt. *Scaramuccio* hängt zusammen mit »schirmen« und altfranz. *escremir* (= verteidigen, mit dem Florett abwehren). Der Begriff bezieht sich also sowohl wortgeschichtlich wie militärtechnisch wirklich nur auf »kleine Gefechte«.

Schlachtenbummler Ist ein seit circa 1870 auftauchendes Wort, das Sanitäter, Berichterstatter und Zuschauer bezeichnet, die sich aufs Schlachtfeld begeben, ohne an den Kämpfen teilzunehmen. Es wird heute nur noch für sportbegeisterte Fans gebraucht, die ihre Mannschaft begleiten.

Trophäe früher auch: »Tropäe«; geht zurück auf dasselbe griech. Wort wie »Tropen«, nämlich *trópos* = Wendung, bzw. *trépein* = wenden, in die Flucht schlagen. Was dabei an erbeuteten Waffen und Kriegsgerät zurückblieb, taugte sehr gut als »Siegesmal« und wurde eingesammelt und schon in frühester Zeit eindrucksvoll zur Schau gestellt.

Turnierwesen

Ohne viel Aufhebens Das Waffenaufheben war ein festgelegtes Zeremoniell vor Schaufechtkämpfen.

Ausstechen Den Gegner im Turnier kampfunfähig machen, indem man ihn mit der Lanze »aus dem Sattel hebt«.

Sich etwas auf die Fahne schreiben   Zu Ritterwappen und Fahnen gehörte häufig ein Motto.

Das Heft in der Hand haben; das Heft ergreifen   Gemeint ist der Griff des Schwertes.

Für jemanden eine Lanze brechen   Für eine andere Person einen Zweikampf durchführen; auch das Einspringen der Sekundanten beim Turnierkampf mit der eigenen Lanze.

Etwas im Schilde führen   Bezieht sich auf die Wappenzeichen auf den Schilden.

Das Visier herunterlassen; mit offenem Visier kämpfen   Gemeint ist das Visier am Helm der Ritterrüstung.

Landsknechte, Drill & Schützengraben

Abschnallen   Tragbare militärische Rüstung ablegen, wehrlos sein, sich ergeben.

Alarm   Ital. *all' arme* = zu den Waffen!

Armatur   Lat. *arma* = Waffe; also die (militärische) Ausrüstung.

Aufreiben   Das völlige Zermürben und Vernichten einer militärischen Einheit.

Avantgarde   Franz. = Vorhut, Vortrupp.

Mit etwas hinter dem Berg halten   Geschütze wurden dem Blick des Gegners entzogen.

Blindgänger   Geschoss, das nicht explodiert.

Aus dem Boden stampfen   Ausspruch aus Schillers ›Jungfrau von Orleans‹: »Kann ich Armeen aus dem Boden stampfen?«

Am Boden zerstört   Flugzeuge, die bereits vor dem Einsatz auf dem Flugplatz bombardiert wurden.

Eine Breitseite abfeuern   Alle Schiffsgeschütze einer Bordseite feuern gleichzeitig; deswegen auch »heftiger Angriff mit Worten, schwerwiegende Kritik«.

Brigade   Ital. *brigata* = Schar, Truppe.

Eskorte   Franz./ital. = Geleitschutz.

Die Fahne hochhalten   Bezieht sich auf die Feldstandarte als Sammelpunkt für die Soldaten.

Fehlanzeige   Bei Schießübungen (um 1900).

Das Feld räumen   Gemeint ist natürlich das Schlachtfeld.

Die Flinte ins Korn werfen   Den Kampf aufgeben.

Front machen   In Angriffsstellung gehen.

Unter der Fuchtel stehen   Strafschlag mit breiter Klinge (= Fuchtel) beim Drill.

Gefreiter   Von der Schildwache ausgenommen.

Hurra   Hat eine dt. Wurzel in *hurren*, was wie lat. *correre* »schnell laufen« bedeutet (verwandt damit ist auch »Karren« und engl. *car*. Eine weitere Wurzel ist der engl. Ruf *huzza, hossa*, in der Seemannssprache *hurrah*. Beide laufen im 19. Jh. zu dem Begrüßungs- und Hochruf zusammen.

Kaliber Das Wort für den Durchmesser der Geschützmündung oder des Geschosses kam über das franz. *calibre* ins Dt., stammt aber vom arab. *qualib* = Schusterleisten. Für die Übertragung des Begriffs war das genaue Zusammenpassen zweier Dinge (Leder–Leisten und dementsprechend Rohr–Geschoss) ausschlaggebend.

Unter aller Kanone Mit »Kanone« ist hier nicht das Geschütz gemeint und es besteht auch sonst kein militärischer Zusammenhang. Es handelt sich vielmehr um eine Verballhornung des Wortes »Kanon«. Die Wendung bedeutet also »jenseits aller Beurteilungsmaßstäbe«; ähnlich verhält es sich bei »unter aller Sau« – von jidd. *seo* = Maßstab.

Jemanden über die Klinge springen lassen Gemeint ist »den Kopf über die Klinge springen lassen«, also töten, hinrichten.

Lauffeuer Die Pulverspur für die Fernzündung einer Sprengladung.

Laufpass Diesen erhielten die Soldaten bei der Entlassung aus dem Militärdienst.

Manöver Von lat. *manus* = Hand und *operare* = arbeiten. Bezeichnete im Frühmittelalter den Frondienst, dann das »hantwerc« und schließlich in der Seemannssprache den Umgang mit Ankern und Tauen. Erst im 17. Jh. wurde das Wort auch für militärische Übungen verwendet.

Den Marsch blasen Befehl zum Aufbruch.

Von der Pike auf Als einfacher Soldat mit dem Spieß in der Hand dienen (am Anfang der militärischen Laufbahn); die Pike war eine typische Landsknechtswaffe.

Plänkeln Wiederholt und vergeblich auf Kleinigkeiten schießen; leichtes Vorgefecht führen.

Spießruten laufen Eine Form der militärischen Bestrafung, v. a. in Preußen. Der Delinquent musste durch zwei Reihen von Soldaten laufen und bekam Rutenhiebe auf den nackten Rücken.

Bei der Stange bleiben; jemanden bei der Stange halten Gemeint ist die Feldstandarte als Sammelpunkt für die Soldaten; wenn man »jemanden bei der Stange hielt«, verhinderte man wahrscheinlich, dass er desertierte.

Tuchfühlung Beim Exerzieren und Ausrichten in der Grundstellung einander mit dem Ellenbogen berühren.

Verfranzen In der Frühzeit der Kriegsfliegerei wurde der für die Orientierung zuständige Beobachter generell »Franz« genannt. Auch bei Autoralleys wird der Beifahrer, der die Streckenkarte liest, bisweilen »Franz« genannt.

Zackig In der Soldatensprache für »schneidig, stramm«. Von den eckigen Bewegungen, die man v. a. in der Zeit vor dem Ersten Weltkrieg als besonders soldatisch und männlich empfand.

Zapfenstreich Der Begriff stammt aus der Landsknechtszeit (erstmals erwähnt 1596). Es war ein von Trommeln und Pfeifen begleitetes Signal, die Gasthäuser zu verlassen und ins Zeltlager zurückzukehren. Nach dem Ertönen des Signals schlugen die Gastwirte ihrerseits auf den Zapfen des Bierfasses und beendeten damit den abendlichen Ausschank. Die Grundlage für das Zeremoniell des »Großen Zapfenstreichs« wurde in Preußen durch Generalleutnant Graf Tauentzien festgelegt (1813). Das Wort Zapfen ist verwandt mit engl. *tap*, davon nl. *taptoe* bzw. engl. *tattoo*, die »feierliche Marschmusik, der Zapfenstreich«.

08/15 Bezieht sich auf das Maschinengewehr MG 08 aus dem Jahre 1908, das 1915 als Standardwaffe im Ersten Weltkrieg in Gebrauch war. Diese Typenbezeichnung wurde zum Inbegriff für Standard, Norm und Routine.

Manieren & Höflichkeit

Freundliche Grüße & Herzliche Glückwünsche

Gruß Man tut immer gut daran, einen Gruß mit einem schmückenden Beiwort zu versehen, denn »Gruß« ist vom Wortursprung her nicht nur eine Anrede, sondern geradezu eine Herausforderung, ein Angriff, um jemanden zum Weinen oder zum Schreien zu bringen. »Grüßen« ist verwandt mit »grollen« und »grell«, und noch im Mittelalter bedeutete das Verb *grellen* »vor Zorn schreien«.

Natürlich ist ein freundlicher Gruß nichts Hässliches, sondern ein Segenswunsch. In archaischen Zeiten war der Glaube an die Macht und Wirksamkeit des gesprochenen Wortes immens. Jemandem den Gruß zu verweigern, bedeutete, ihm das eigene Wohlwollen zu verwehren, das spürt man noch heute. Daher wohl die »grelle«, die starke und wirksame Form, damit die wohlwollende Gesinnung auch wirklich ankommt, wenn man »Guten Tag« sagt.

Grußformeln

Ade, adieu Beide bedeuten wört. »dem Gott«, also »Gott befohlen!«. »Befohlen« hat hier seine urspr. Bedeutung im Sinne von »empfehlen, anvertrauen« bewahrt. In voller Länge ausgesprochen bedeuteten diese Grußformeln »Ich vertraue dich der Fürsorge Gottes an«.

Ciao, servus Sie haben dieselbe Bedeutung. *Ciao* kommt von venezianisch *schiavo* = Sklave und *servus* bedeutet im Lat. ebenfalls »Sklave, Diener«. Gemeint ist damit, wie man früher sagte: »Ergebenster Diener«.

Grüß Gott   ist eine Kurzform für »Ich begrüße dich in Gottes Namen«. In Süddeutschland ist diese Grußformel sehr gebräuchlich. Der religiöse Bezug ist trotz der eindeutigen Wortwahl weitgehend verloren gegangen. Deshalb sagt auch der türkische Gemüsehändler auf dem Münchener Viktualienmarkt »Grüß Gott«, obwohl sein Gottesname ein ganz anderer ist. Aber er bringt damit eben seine Verbundenheit mit seiner süddeutschen Kundschaft zum Ausdruck.

Hallo   hat sich aus dem Fährmannsruf »hola!« gebildet. Es bedeutet dem Sinn nach »Hol über!«. Das Substantiv mit der Betonung auf der Endsilbe (z. B. bei der Redewendung »mit großem Hallo« = mit freudiger Aufregung) gibt es schon seit dem 18. Jh.

Hei   Dieser Gruß wurde im 19. Jh. in Schweden eingeführt, weil man glaubte, die Wikinger hätten sich mit »Heil!« begrüßt. Auf dem Umweg über die USA gelangte das Wort auch in den dt. Alltagswortschatz.

Moin, moin   *Moi* bedeutet im Friesischen »schön«. Für die Friesen selbst ist *moin* wegen des dort sonst nicht vorkommenden Diphtongs »oi« ein Fremdwort unbestimmter Herkunft. Klar hingegen ist die Bedeutung: Wenn man in Friesland »Moin Dag« sagt, heißt das »Einen schönen Tag wünsche ich!«. Die landestypisch wortkarge Antwort lautet dann: »Moin, Moin!« Südlich einer Linie zwischen Emden und Lübeck meinen manche, »moin« sei ein hanseatisch ausgesprochenes »Morgen«, was aber nicht stimmt. Der typische hanseatische Tagesgruß lautet »Tach!«. Wegen der räumlichen Nähe hat sich »Moin, moin« aber auch im hanseatischen Sprachraum verbreitet, der in diesem Fall bis an den Main reicht. Weil »moin« eben nicht »Morgen« bedeutet, wird es auch den ganzen Tag über verwendet – bis Mitternacht.

Tschüs   ist die niederdt. Version von sp. *adiós* (entspricht »ade, adieu«, s. a. S. 106). Eine Vorform der heutigen Schreibweise lautet »adjüs«.

Diplomatisch korrekte Grußformeln Falls Sie einen Brief an den Großmeister des Malteserordens richten, lautet die korrekte Schlussformel nicht »Mit freundlichen Grüßen«, sondern »Genehmigen Hoheit und Eminenz die Versicherung meiner ehrerbietigen Hochachtung«.

Glückwunsch & Gratulation

Glückwunsch Wie der »Gruß« knüpft der »Glückwunsch« an die Macht des Wortes an. Wie aus der Bibel erinnerlich, ist die Macht des Wortes Gottes so groß, dass er damit die Welt und überhaupt alles erschaffen konnte. Da er wünschte, dass Licht werde und dies aussprach, ward Licht. »Wunsch« ist das perfekte Wort, das all dieses Begehren und Verlangen, Streben und Realisieren beinhaltet. Es entspringt der ie. Wortwurzel *wennan*, aus der die wunderbare Wortfamilie von »Wahn« (im älteren Verständnis »Vorstellungskraft«, denn man braucht zunächst eine Idee für einen Wunsch), »Wonne« (man tut etwas gern und fühlt sich wohl dabei), »gewinnen« (man erreicht etwas durch eigene Anstrengung) und sogar der Göttinnenname »Venus« hervorgegangen ist. Einem Menschen Glück zu wünschen ist also eine von Herzen kommende Angelegenheit und wird seit uralter Zeit v. a. in Momenten des Übergangs rituell gepflegt – bei Hochzeiten, Geburtstagen, dem Beginn eines neues Jahres, beim Antritt einer Reise etc.

Gratulation An der Endung *-ion* kann man erkennen, dass das Wort aus dem Lat. stammt (*gratulatio*). »Gratulieren« wird heute beinahe synonym für »beglückwünschen« gebraucht, aber das ist es nicht. Man sollte zu regelmäßig wiederkehrenden Anlässen, die ohne eigenes Zutun kommen, wie Geburtstag oder Neujahr, wirklich von Herzen »Glück wünschen«. In lat. *gratulari* steckt *gratia*, die »Dankbarkeit«. Wenn man gratuliert, bringt man damit auch Dankbarkeit und Anerkennung für eine erreichte Leistung zum Ausdruck, sei es im Sport, bei einer außergewöhnlichen Ehrung (Nobelpreis, Oscar-Verleihung), bei einem außergewöhnlichen und eventuell einmaligen Ereignis im Privatleben (z. B. Hochzeit, Taufe, Hauskauf) oder etwa bei einem ungewöhnlich erfolgreichen Geschäftsabschluss.

Der gute Ton

Benehmen »Sich benehmen« leitet sich von dem alten kanzleisprachlichen Ausdruck »sich mit jemandem ins Benehmen setzen« her: Wenn man mit anderen Menschen in Verbindung tritt, erfordert dies die Beachtung gewisser Umgangsformen.

Bitte ist eine abkürzende Formel für »Ich bitte«. Für die Bildung des Wortes »bitten« sind zwei Urbilder denkbar: Entweder kommt es vom verehrenden Beugen des Knies (ie. *bhedh*) oder von einem ähnlichen Ausgangswort (ie. *bheidh*). In diesem Fall ist die Grundbedeutung aber eher ein Erzwingen, Erflehen oder Überreden mit dementsprechender Gestik. Die Kurzformeln für »bitte« im Engl. und Franz. *(if you) please*, *s'il vous plaît* bedeuten wörtlich: »Wenn es Ihnen gefällt.«

Danke kommt von »denken«. Das Wort ist Ausdruck einer dankbaren Gesinnung. Man bleibt dem Wohltäter in Gedanken »sehr verbunden«, wie eine ältere, heute wenig gebräuchliche Formel lautet. Sie bezeichnet aber genau, was mit »danke!« zum Ausdruck gebracht werden soll. Wer denkt bzw. das »Andenken« ehrt, weiß um den Wert einer Sache oder Wohltat und bringt dies zum Ausdruck.

Ein tief in die Vergangenheit hinabreichendes kulturelles Urbild des Dankes verbirgt sich hinter der ital. Dankesformel *Grazie!*, mit der man sofort die »Drei Grazien« assoziiert. Diese sind nicht nur Darstellungen holder Weiblichkeit, sondern sie symbolisierten schon in der Antike die »Dreifaltigkeit« des Dankes: das großzügige Geben, das aufmerksame In-Empfang-Nehmen und die Gegengabe, das Gegengeschenk – und sei es nur in Form des Wortes »Danke«. Die aufwendigsten Danksagungen der Gegenwart werden alljährlich bei der Oscar-Preisverleihung zelebriert.

Diplomatie   Diplomaten sind die mit einem *díploma* (griech. = Empfehlungsschreiben, Geleitbrief, wört. »gefaltetes Schreiben«) ausgestatteten Gesandten eines Herrschers oder einer Regierung. In Zeiten, als es noch nicht möglich war, sich beim eigenen Herrscher per Handy rückzuversichern, waren höfliches Auftreten und vorsichtiges Formulieren hohe Tugenden an fremden Höfen, um sich die Sympathien der Gastgeber nicht zu verscherzen. So sind unangebrachte Scherze bspw. wenig »diplomatisch«.

Diskretion   Lat. *discernere* bezeichnet die positive Variante des »Unterscheidens«, und »Absonderns« im Unterschied zum verwandten Wort *discriminare*. Richtig unterscheiden zu können ist die Voraussetzung für ein gutes Urteilsvermögen. Menschen mit einem guten Verstand können diskret sein, weil sie sich ein Urteil über das angemessene Verhalten bilden können. Das ist es, was eigentlich mitschwingt, wenn man im Französischen sagt »*Il est très discret*« (= er ist sehr diskret). Eigentlich sollte die Übersetzung hier lauten: »Er besitzt viel Anstand.« Man benutzt aber üblicherweise gleich das franz. Wort oder einen der Begriffe für die Merkmale der Diskretion: Abstand wahren, Verschwiegenheit, Zurückhaltung.

Dünkel   bedeutet Hochmut und kommt wie »Dank« von »denken«. Dieser Begriff wird im Zusammenhang mit Menschen verwendet, die »denken, sie seien etwas Besseres«. Der Dünkel gehört natürlich nie zum guten Ton, ist aber erfahrungsgemäß immer für diejenigen eine besondere Gefahr, die sich besonders nachdrücklich eines guten Tons befleißigen.

Etikette   *Etiqueta* ist das sp. Wort für »Verzeichnis«, und die Verzeichnisse, die nach burgundischem Vorbild an europäischen Fürstenhöfen in diesem Zusammenhang angelegt wurden, enthalten strenge Regelungen der Rangordnung und der Gepflogenheiten bei Hofe. Man stößt also hier bereits auf die steife Förmlichkeit des Benehmens, für die der Begriff steht. Das an den bedeutenden Höfen von Madrid und Wien gültige Hofzeremoniell war stilprägend für große Teile Europas.

Die heute üblichen zeremoniellen Gebräuche, v. a. die des diplomatischen Verkehrs, werden als »Protokoll« bezeichnet. Damit hat sich dieser Begriff allerdings weit von seinem Ursprung entfernt (s. a. S. 98).

Fauxpas Dieser Begriff ist subtiler als man denkt. Er kommt nämlich nicht von franz. *ça il ne faut pas faire* (= das soll man nicht tun), sondern wört. von *faux pas* = falscher Schritt = Fehltritt.

galant Eine *gala* ist im Sp. eine »gar lustige Festlichkeit«. Das sp. Wort *gala* für die »festliche Staatskleidung«, die zu solchen Anlässen getragen wurde, gelangte über die beiden habsburgischen Höfe in Madrid und Wien um 1700 ins Dt. Zunächst bezog sich »galant« wie das ähnliche »elegant« nur auf die Kleidung. Im Laufe des 18. Jhs., in dem die höfische Kultur in Europa in voller Blüte stand, erhielt das Wort unter dem Einfluss des franz. Begriffs *galant* (= lebhaft, munter, tüchtig) die beiden heute vorherrschenden Bedeutungen »ausgesucht höflich, aufmerksam und rücksichtsvoll« sowie »in Liebeshändel verstrickt«. Das Wort ist sogar zum Epochenbegriff geworden, denn man bezeichnet dieses Jahrhundert auch als das »galante Zeitalter« und der galante franz. Staatsmann Talleyrand (1754–1838) sagte, wer nicht vor 1800 gelebt habe, kenne die Süße des Lebens nicht.

Geschenk »Schenken« kommt von »einschenken«, denn das Wort ist von der Wortwurzel her verwandt mit »schräg«. »Einschenken« bedeutet also »das Gefäß schräg halten«, und was da als Erstes eingeschenkt und verschenkt wurde, waren Trankopfer an die Götter. Geschenke und Opfergaben gehören zu den frühesten Zeichen menschlicher Kultur. Dies belegen anschaulich die Grabbeigaben, die man fast ab der Zeit findet, seit die Menschen ihre Toten rituell bestatteten. Geschenke gehören somit von Anfang an in einen religiös-rituellen Zusammenhang und so ist es noch heute: Zu

Weihnachten und Ostern, bei Taufen, Hochzeiten, Geburtstagen, Staatsbesuchen und Abendeinladungen – immer werden Geschenke überreicht. Man verzichtet auf etwas Eigenes, das einem anderen »geopfert« wird.

Höflichkeit Schon im Mittelalter bezeichnet das Wort *hovelich* das an einem Fürstenhof angemessene Verhalten. Noch weiter gehen die entsprechenden Wörter in den romanischen Sprachen und im Engl.: franz. *poli*, engl. *polite*. Sie bedeuten eigentlich »geschliffen« von lat. *pulire* = schleifen, glänzend machen, so wie unser Wort »Politur«.

Kompliment ist ein spanisches Wort, das über das Französische ins Deutsche gelangte. *Cumplimiento* bedeutet »Erfüllung« und zwar die Erfüllung eines Gebotes der Höflichkeit.

Kondolenz Aus dem älteren Französisch: *condolence*. Darin steckt lat. *dolere* = Schmerz empfinden, also »Mitgefühl haben«.

Konversation Lat. *conversatio* und franz. *conversation* meinen den »Umgang«, den man miteinander hat und der v. a. im gemeinsamen Gespräch gepflegt wird. Damit einem die Themen nicht ausgingen und man über Sachbegriffe Bescheid wusste, gab es seit Beginn des 18. Jhs. »Conversations-Lexika«. Heute sind die diesbezüglichen Ansprüche etwas reduziert; man begnügt sich mit *Small talk*.

Manieren Die *maniera* (ital.) oder *manière* (franz.) ist die Art und Weise, wie man etwas macht – und zwar zunächst einmal »mit der Hand«, denn in beiden Wörtern steckt ital. *mano*, franz. *main* = Hand. Deshalb sprach man in der Kunst des späteren 16. Jhs. in Italien von *dipingere nella maniera di Michelangelo* = malen in der Art von Michelangelo, wenn dessen Malstil nachgeahmt wurde (daraus ging der Begriff »Manierismus« hervor). Auch bei den »Manieren« orientiert man sein Verhalten an Vorbildern und gängigen Konventionen, wenn man sich rücksichtsvoll verhalten möchte.

Peinlichkeit   Bis ins 19. Jh. war das »peinliche Recht« der juristische Fachbegriff für das Strafrecht. »Peinlich« stammt von lat. *poena* bzw. griech. *poiné* = Strafe, Rache, Schmerz, Qual. Eine »peinliche Befragung« war ein Verhör unter Folter. Eine Peinlichkeit ist somit ein so ernster Verstoß gegen die Regeln der Höflichkeit, dass es wehtut.

Schmeichelei   »Schmeicheln« bezog sich urspr. auf die sanfte Berührung eines zärtlichen Liebhabers, also darauf, was heute mit »streicheln« bezeichnet wird. Für das »Schmeicheln« ist die Wortbedeutung »streicheln mit Worten« übrig geblieben, was auch recht angenehm sein kann. »Schmeicheln« ist aus derselben Wortwurzel hervorgegangen, aus der auch »schmieren« und »Schminke« stammen.

Verzeihung   ist urspr. ein Begriff aus dem Rechtsbereich. Das heute wenig gebräuchliche Wort »zeihen« (eng verwandt mit »zeigen« und »Zeichen«) bedeutet »bezichtigen, beschuldigen«. Die »Verzeihung« ist dementsprechend der Verzicht auf einen Rechtsanspruch oder eine Wiedergutmachung. Dem Schuldigen wird vergeben.

zelebrieren   Dieser Begriff bezog sich urspr. auf religiöse Rituale. Ihm liegt das lat. Wort *celeber* = zahlreich besucht, feierlich zugrunde. Zum »Zelebrieren« gehört also der Wortherkunft nach eine große, feierlich gestimmte Festgemeinde.

Anreden & Titel

Baron   ist in Deutschland eine korrekte Anrede für einen Freiherrn, aber kein Titel. Das Wort wanderte aus Frankreich nach Deutschland und geht auf lat. *baro* = freier Gefolgsmann zurück. Deshalb entspricht »Baron« durchaus dem »Freiherrn«. Barone in Deutschland, die diese Bezeichnung auch als Titel führen, stammen aus dem Baltikum. Auch in anderen europ. Ländern gibt es Barone. Die Baronie hat dort jeweils unterschiedlichen Rang.

du Viele Menschen glauben, Amerikaner und Engländer würden sich locker mit »du« anreden, weil sie häufig das Wort *you* + Vornamen benutzen. Nun ist gegen die Verwendung eines Vornamens nichts einzuwenden, denn es ist der persönliche Name, und Könige und Königinnen bspw. haben nur ihren Vornamen. (Nachnamen sind ohnehin erst verhältnismäßig spät, nämlich im Mittelalter erfunden worden.) Wenn Engländer oder Amerikaner ihre Mitmenschen aber mit *you* anreden, sprechen sie sich traditionell gesehen mit »Sie« an. Genau genommen sogar mit »Ihr«, denn *you* stammt vom franz. *vous*, dem Personalpronomen für die zweite Person Plural. Dieses wurde in höflicheren Zeiten auch im Dt. als Anrede für nur eine Person verwendet – man »ihrzte« sich. Der Unterschied von »du« und »Sie« hat sich natürlich im Engl. durch den überwiegenden Gebrauch des *you* etwas verwischt.

Durchlaucht bedeutet »durchleuchtend« und somit »strahlend hell«. Das Wort war die direkte Übersetzung des ehrenden Beinamens römischer Kaiser *Serenus* und später des Kaisertitels *Serenissimus*. Es wurde im Mittelalter zunächst nur für die Kurfürsten verwendet, ab dem 17. Jh. dann auch für andere ranghohe Fürsten. Seit 1918 führt nur noch der Fürst von und zu Liechtenstein dieses Prädikat.

Eminenz Titel und korrekte Anrede für Kardinäle und den Großmeister des Malteserordens. Lat. *eminens* bedeutet »herausragend«. Darin steckt, wie in *Prominenz* (von lat. *prominere* = hervorragen, vorspringen), das lat. Wort *mons* = Berg.

Eure Heiligkeit Titel und korrekte Anrede für die einzigen beiden noch existierenden Priesterkönige, den Heiligen Vater und den Dalai Lama.

Exzellenz Titel und korrekte Anrede für katholische Bischöfe und Botschafter. Lat. *excellens* bedeutet »hervorragend, ausgezeichnet, vortrefflich«.

Majestät Die Steigerungsform *maior* (= der Größere) gehört zu lat. *magnus* = groß, bedeutend, mächtig. In Wirklichkeit ist die »Majestät« natürlich der Größte von allen. Daher ist diese Bezeichnung Titel und Anrede für das monarchische Staatsoberhaupt. Sie kam (trotz des lat. Wortursprungs) erst im Mittelalter auf. Das römische Kaiserreich kannte sie nicht. Dort wurde der Kaiser z. B. als »Princeps« (seit Augustus), »Imperator« oder »Serenissimus« bezeichnet.

Prinz Das Wort kommt von lat. *princeps* (= der Erste), engl. *the first*, gemeint ist also ein »Fürst«. Die korrekte Verwendung des Wortes ist eine heikle Angelegenheit. Das geläufige Verständnis von »Prinz« als »Königssohn« ist das Ergebnis einer historischen Entwicklung in England, wo Edward I. im Jahre 1301 seinem ältesten Sohn erstmals den Titel »Prince of Wales«, also »Fürst von Wales« verlieh, ein Brauch, der seit dem 15. Jh. dort Standard wurde. In England sind nur die Königssöhne »Prinzen«. Im übrigen Europa sind »Prinz« und »Fürst« praktisch identisch (*Prince de Monaco* = Fürst von Monaco, *Principe de Savoie* = Fürst von Savoyen). In Dtl. können sich auch Mitglieder standesherrlicher Familien, die bis 1806 den Fürstentitel besaßen, »Prinz« oder »Prinzessin« nennen.

Lifestyle & Mode

Lifestyle

Avantgarde ist ein urspr. militärischer Begriff. Im kulturellen Zusammenhang taucht er erstmals 1825 in einem französischen Traktat über Kunst auf. Darin wird gefordert, als Kunst solle dasjenige gelten, was die Fähigkeit hat, durch schnellere Verwirklichung fortschrittlicher Gedanken als Vortrupp (*avantgarde*) aller anderen gesellschaftlichen Entwicklungen zu wirken. »Avantgarde« zu sein, gehört seither zum Selbstverständnis modernen Künstlertums. Seit den Erneuerungs- und Sezessionsbewegungen des 19. Jh. und v. a. seit dem Ende des Zweiten Weltkriegs dient die – notfalls lautstark vorgetragene – Behauptung, »Avantgarde« zu sein, Künstlern, Designern und allen möglichen »Geschmacksgurus« zur Selbstlegitimation.

Equipment Einer der Zentralbegriffe der Lifestyle-Bewussten kommt von altfranz. *eschiper* = ein Schiff ausrüsten. Darin steckt das normannische Wort *skip* = Schiff. Zur Schiffsausrüstung gehört natürlich auch die Besatzung: *l'équipe*. Das Wort »Equipe« wurde im Dt. mittlerweile zum Allgemeinbegriff, sogar über den Sport hinaus. Erstaunlich immerhin, dass man sich im Franz. auch gerne hin und wieder deutscher Wörter bedient, z. B. beim Fußball: la mannschaft.

Essen & Trinken Titel des 1972 gegründeten Zentralorgans des Küchengenusses aus dem Hause Gruner + Jahr. Zu dieser Zeit war Schnelligkeit noch eine Tugend und man lobte »im Handumdrehen« zubereiteten Sauerkrauttopf mit Kartoffelpüree. »Rucola« und »Hokkaido-Kürbis« waren nicht einmal Fremdwörter, sondern völlig unbekannt. Damals standen die Gäste in den feineren Lokalen auch noch nicht auf, um den Speiseteller zu fotografieren. Alles Weitere zu diesem komplexen Lifestyle-Thema jeden Monat neu an Ihrem Zeitschriftenkiosk.

Image Weiterer überragend wichtiger Begriff des modernen Lifestyles von engl. *image*, urspr. aus dem lat. Wort *imago* = Bild, v. a. das fiktive Vorstellungsbild, wie es auch in den verwandten Wörtern »imaginär« und »imitieren« anklingt. Heutzutage haben nicht nur Personen ein »Image«, sondern auch Institutionen und Firmen. Mit der hemmungslosen Verbreitung von »Images« in der Konsumwelt ist auch die anfänglich im Engl. noch vorhandene Bedeutung »hohes Ansehen« verloren gegangen. Jedes Image ist heute ein Image, auch das von Container-Bewohnern im Fernsehen.

Kitsch Von Lifestyle-Bewussten nur mit Abscheu oder Ironie benutztes Wort unbekannter Herkunft, das aber im deutschsprachigen Raum entstanden ist. Dafür ist es eines der erfolgreichsten dt. Wörter in anderen Sprachen: Franz. *le kitsch*, engl./amer. *kitschy*.

Mallorca lat. *insula maior* = die größere (Balearen-)Insel; im Gegensatz zu Menorca (lat. *insula minorca* = die kleinere Insel). Im freizeitorientierten Lifestyle der Mittel- und Nordeuropäer ist der Begriff »Mallorca« die Projektion des eigenen Ichs in Ferienlaune.

Nouvelle cuisine Während der Französischen Revolution wurden viele Adeligen geköpft. Damit verloren auch die Adelsköche ihre Jobs und eröffneten Restaurants. Bis dahin hatte der Adel zu Hause gespeist, und für das Volk gab es nur einfache Schenken. Antoine Caréme (1784–1833) und August Escoffier (1846–1935) kodifizierten die klassische *Grande Cuisine* mit ihrem Zentralbegriff »Sauce«. (Dieses Wort wiederum stammt von altfranz. *salse, saulce* = gesalzene Brühe.) Die Sauce der Grande Cuisine basierte in der Küchenpraxis auf einem Fonds, feinen Würzzutaten, auch Kräutern, evtl. Wein, manchen anderen Zutaten und natürlich Sahne oder Butter. Lecker ... aber schwer! Ab Mitte der 60er-Jahre änderte sich das Tellerbild durch Köche wie Alain Chapel, Paul Bocuse und die Brüder

Troisgros vollkommen und die schweren Saucen waren nicht mehr angesagt. 1972 gründeten Henri Gault und Christian Millaut eine Monatszeitschrift, aus der später der anerkannte Restaurantführer ›Gault Millaut‹ hervorging. Sie propagierten die *Nouvelle Cuisine*, ein Begriff, der in Anlehnung an ähnliche Erneuerungsbegriffe wie *Nouvelle Vague* (im Film) und *Nouveau Roman* (in der Literatur) gebildet worden war.

Stil   Der Ursprung des Wortes liegt im lat. *stilus*, dem Schreibgriffel. Sich in einer bestimmten Art auszudrücken, in einer bestimmten Weise zu schreiben, begründete eine charakteristische Schreibart. Diese, salopp gesprochen, »Schreibe« bezeichnete man mit dem Namen des Schreibwerkzeugs: »Stil«. Dieser konnte das charakteristische Kennzeichen einer Epoche, eines bestimmten sozialen Umfelds oder eine ganz persönliche Eigenart sein. Für die Kunst ist die Stilkunde deswegen von überragender Bedeutung, weil man nur durch genaue Vergleiche der »Handschrift« von Künstlern unsignierte Werke datieren und sie bestimmten »Schulen« oder sogar individuellen Künstlern zuschreiben kann. Der Begriff »Stil« wird heute für viele Bereiche verwendet, in denen es um ästhetische Lebensgestaltung geht (*Lifestyle*).

Wörterbuch des Wohnens

Bad & Bett   »Bad« ist aus einer Wortwurzel hervorgegangen, die das »Gewärmte, Erhitzte« bedeutet. Aus derselben Wortwurzel stammt »backen«. Möglicherweise ist auch »Bett« (althdt. *betti*) eine Abwandlung davon; dann wäre die Grundbedeutung des Wortes »warmer Ort«. Tatsache ist jedoch, dass die Germanen keine Bettgestelle in unserem Sinne kannten. Sie schliefen auf Tierfellen oder Matten. Demzufolge hatten sie auch kein Wort für »Bettgestell«. Erhöhte Bettgestelle waren zwar bei Römern und Griechen in Gebrauch, wurden aber nicht gleich von den Germanen übernommen.

Sie kamen hierzulande erst im Mittelalter ausschließlich als Gemeinschaftsbetten auf.

Couch, Diwan & Sofa   Wortgeschichtlich gesehen scheint das bequeme Sitzen eine Erfindung der Orientalen zu sein.
Couch kommt trotz der engl. klingenden Aussprache von franz. *se coucher* (= sich ausstrecken, hinlegen), wie übrigens auch »kuscheln« und »Kusch!«.
Diwan ist ein pers. Wort und bezeichnet eine Gedichtsammlung des pers. Dichters Hafis aus dem 14. Jh. (In diesem Sinne verwendet auch Goethe das Wort für seinen ›West-östlichen Divan‹ von 1819. Wegen der hohen kalligrafischen Kultur in islamischen Ländern hat *diwan* auch die Nebenbedeutung »Kanzlei zur Abfassung von Dokumenten« und erweiterte sich von da zu »Regierungsversammlung«. Hauptsächlich in dieser Bedeutung übernehmen die Türken das Wort. In ihrer Sprache meint *diwán* die »oberste Regierungsbehörde, den Staatsrat im Osmanischen Reich«. Im Topkapi-Palast in Istanbul kann man den luxuriös mit Polsterbänken ausgestatteten Ratssaal heute noch besichtigen. Die romanischen Sprachen übernahmen das Wort und bezogen es auf gepolsterte Sitzmöbel, die man bis zum Beginn des 18. Jh. in Europa gar nicht kannte. Ins Dt. gelangte das Wort um 1800 über franz. *divan*.
Sofa *Şuffa* ist ein arab. Wort für »Sims, Bank«, wohl außen unter einem Vordach, später wurde daraus ein erhöhter und mit Teppichen und Polstern belegter Sitz- und Liegeplatz für einen Fürsten, also eine Art orientalischer Thron. Das Wort ging über das franz. *sopha* ins Dt. ein.

Klo, WC   von engl. *water-closet* = Wasserschrank.

Laminat   ist ein Kunststoff, der 1930 von den Firmen Rössler und Masa in Spremberg an der Spree entwickelt und zunächst »Schichtpressstoff« genannt wurde, bevor sich »Laminat« von lat. *lamina* (= Schicht) durchsetzte. Laminat ist ein unter Druck und Temperatur verpresstes, harzgetränktes Papiermaterial. Dieselben Firmen entwickelten auch das Resopal (s. S. 120).

Linoleum Der Engländer Frederick Walton erfand diesen strapazierfähigen Bodenbelag im Jahre 1863. Bei der Herstellung aus Jutegewebe, Kork, Harzen und anderen Zutaten spielt oxidiertes Leinöl (= lat. *lini oleum*) eine wesentliche Rolle.

Resopal »Bleiches Harz« ist die Bedeutung dieses Kunstwortes für die Schichtstoffplatten, die in den 1930er-Jahren erfunden wurden. Aus lat. *resina* (= Harz) und *pallida* (= bleich) wurde jeweils die erste Hälfte des Wortes entnommen, weil der Grundstoff eine relativ farblose Konsistenz hat, die sich aber leicht einfärben lässt. Wegen seiner Unempfindlichkeit gegen Wasser, Hitze und Chemikalien ist Resopal ein beliebter Werkstoff für den Innenausbau, v. a. in Küchen.

Schrank, Spind & Schrein waren im Mittelalter je nach Sprachlandschaft bereits mehr oder weniger verbreitete Wörter für ein Aufbewahrungsbehältnis aus Holz. »Schrank« und »Schranke« sind eng miteinander verwandt, was den Schluss nahelegt, dass »Schränke« Vorratsbehälter aus Latten waren. Keinesfalls waren es Vorläufer der Schränke, wie wir sie heute kennen, denn diese sind aus übereinandergestellten Truhen entstanden und zwar erst in der Renaissance. Das Wort ist folglich von einer Art Vorratsbehälter auf das Möbelstück übergegangen. Mit dem im norddeutschen Raum gebräuchlichen, durch niederländische Kolonisten in die Mark Brandenburg mitgebrachten Wort *Spind* (von »spenden«) bezeichnete man urspr. kleine Schränke, die als Almosenbehälter, Reliquienschreine oder als Vorratsschränke für Speisen dienten. »Schrein« kommt von lat. *scrinium*, damit bezeichnete man in der Antike eine Kapsel zur Aufbewahrung von Schriftrollen. Auch bei diesem Wort hat sich die Bedeutung verändert. Lange bezeichnete man damit im westdt. Bereich Schränke. Davon zeugt der dort relativ weitverbreitete Nachname »Schreinemakers«. Heute wird »Schrein« nur noch im religiösen Zusammenhang verwendet.

Sessel leitet sich wortgeschichtlich von »sitzen« ab. Eine Wortvariante für eine andere Sitzgelegenheit ist »Sattel«.

Stuhl, Fauteuil Die Grundbedeutung von »Stuhl« = Gestell, ist noch deutlich erhalten in »Dachstuhl, Web- und Glockenstuhl«. In germanischen wie in skandinavischen und slawischen Sprachen war das Wort praktisch gleichbedeutend mit »Herrschersitz, Thron«, weil es Stühle, wie wir sie kennen, früher im Alltag kaum gab. Im Engl. bedeutet *stool* »Hocker«. Faltstühle sind seit der Bronzezeit bekannt und wahrscheinlich bezeichnete man diese x-beinigen und nur mit einem Stück Leder oder Stoff als Sitzfläche ausgestatteten »Möbel« als »Stühle«. Auch der Thronsitz der stets auf Reisen befindlichen mittelalterlichen Könige war nichts anderes. Sie hatten als Einzige das Recht zu sitzen, während alle anderen stehen mussten.

Auch das Wort *Fauteuil* bezeichnete nichts anderes als einen Faltstuhl, denn es wurde aus dem Deutschen ins Französische entlehnt: althdt. *faltistuol*, altfranz. *faldestueil*, Als aus dem Gestell in Frankreich ein bequemer Sessel geworden war, wurde das Wort als »Fauteuil« ins Deutsche rückentlehnt.

Das engl. Wort *chair* kommt übrigens von lat. *cathedra*, und die »Kathedrale« hat ihren Namen bekanntlich von dem Bischofsstuhl, der dort aufgestellt war. Daran kann man ermessen, wie außergewöhnlich es in früheren Zeiten war, auf einem »Stuhl« zu sitzen. Auch der Begriff »Katheder« (= Lehrstuhl) geht darauf zurück.

Tisch kommt von griech. *dískos* = Scheibe, Platte, Schüssel. »Tische« waren urspr. kleine Platten, die auf Gestellen vor jeden einzelnen Teilnehmer an einer Mahlzeit gestellt wurden, weil die Griechen im Liegen aßen. Im Engl. wurden aus dieser Wortvorlage *dish* (= Schüssel) und *disc*, die CD-Scheibe.

Wand stammt von »winden«, da die Germanen nichts anderes kannten als aus Zweigen geflochtene und dann mit Lehm bestrichene Wände. Die Technik des Steinbaus und damit auch die entsprechenden Bezeichnungen brachten erst die Römer mit. *Murus* wird im Dt. schon sehr früh zu »Mauer« und *tegula* zu Ziegel. Steinbauten blieben aber das gesamte Mittelalter hindurch bei den nordalpinen Völkern aufwendig, teuer und daher selten. Nur Kirchen, Klöster und Burgen wurden aus Stein gebaut.

wohnen　　Schon im Wort selbst kommt der Wohlfühlcharakter des Wohnens deutlich zum Ausdruck. Es stammt aus der ie. Wurzel *wennan*, aus der auch die folgenden Begriffe hervorgegangen sind: Wonne, gewohnt, gewöhnt, Wunsch, Gewinn, Venus, Wahn.

Mode

Bikini　　Benannt durch den Bikini-Erfinder Louis Réard nach dem Bikini-Atoll im Pazifik. Am 5. Juli 1946 präsentierte der französische Modeschöpfer seinen damals spektakulären zweiteiligen Badeanzug im berühmten Pariser Jugendstilschwimmbad Molitor der Öffentlichkeit. Das Wort »Bikini« war damals in aller Munde, weil die Amerikaner vier Tage zuvor auf dem abgelegenen Atoll die ersten Nukleartests der Nachkriegszeit durchgeführt hatten. Das hielt man damals für den Inbegriff von Fortschritt, und Réard fand nichts dabei, sein frivol-fortschrittliches Badekleidungsstück mit diesem Namen zu verbinden. Heute würden sich Modeschöpfer wohl hüten, ihre Kreationen mit einem Atomwaffentestgelände in Verbindung zu bringen.

Chanel-Kostüm & Das kleine Schwarze　　Gabrielle Chanel (1883–1971) stammte aus einfachen Verhältnissen und lernte im Waisenhaus den Näherinnenberuf. Der Vorname Coco stammt aus ihrer frühen Zeit als Tingeltangel-Sängerin. 1910 eröffnete sie einen Hutladen, 1913 ihren ersten Modesalon. Sie war unglaublich erfolgreich. 1954 gründete sie im Alter von 71 Jahren ihre Firma neu und entwarf dafür das Chanel-Kostüm aus Tweed, das rund 20 Jahre lang unangefochten die klassische Tagesgarderobe für Damen war. Das Wirken von Coco Chanel ist eine »kopernikanische Wende« in der Frauenmode. Sie schaffte das Korsett ab, kürzte die Röcke und erfand das überaus schlichte, untaillierte, nur knielange »Kleine Schwarze«. Das »Kleine Schwarze« war auch deshalb revolutionär, weil Schwarz nur von Witwen und verheirateten Frauen getragen wurde; junge Frauen trugen damals Weiß. Chanel erklärte außerdem (den von ihr entworfenen) Modeschmuck für gesellschaftsfähig und übertrug ihren (Marken-)Namen auf hochprofitable Accessoireprodukte wie das Parfum »Chanel No. 5« aus dem Jahr 1921.

Eleganz   das lat. Wort *elegantia* (von *eligere* = auswählen, auslesen) war ein Begriff der antiken Rhetorik und bezog sich auf die Gewähltheit des mündlichen Ausdrucks. *Elegantia* war also die Kunst der geschliffenen Rede. Ins Dt. übernommen wurde das Wort erst im 18. Jh. von franz. *élégance* und bezieht sich auf die gewählt-geschmackvolle äußere Erscheinung von Personen oder Dingen.

Flanell   kommt vom kelt. Wort *gwlan* = Wolle.

Flip-Flops   In Amerika entstandenes lautmalerisches Wort aus dem Abrollgeräusch des Fußes beim Gehen mit Gummilatschen. In Deutschland und Europa sind sie seit 1998 auch ein geschütztes Markenzeichen der Flip-Flop GmbH.

Frack & Rock   Der Frack war (wortgeschichtlich) eine Mönchskutte. Als das Kleidungsstück als sogenannter *frock* aus dem Engl. ins Dt. übernommen wurde, bezog sich das Wort auf die vorne kurze und hinten lange, taillierte Jacke des »Wertheranzugs«, die im 19. Jh. nicht mehr mit Kniebundhosen, sondern mit langen Hosen getragen wurde und als großer Gesellschaftsanzug auch heute noch eine Rolle spielt. Die Engländer hatten das Wort *frock* von franz. *froc* übernommen, das im mittelalterlichen Frankreich die »Mönchskutte« bezeichnete. *Froc* war aber nur eine Abwandlung des im Althdt. und wohl auch im Kelt. vorhandenen Wortes *roc* oder *ruk*, aus dem auch im Dt. »Rock« hervorgegangen ist. *Roc* bzw. *ruk* war ein langes, mantelartiges Unterkleid, eine Art Tunika.

Haute Couture   Die »hohe Schneiderkunst« ist ein genau definierter Begriff, da die Bedingungen für die Zugehörigkeit zur Haute Couture von der Pariser Modekammer exakt festgelegt sind: Mindestens 20 Näherinnen müssen im eigenen Atelier ständig beschäftigt sein, pro Jahr sind Modeschauen mit je 35 handgeschneiderten Modellen zu präsentieren, und eine Pariser Adresse ist ebenfalls Voraussetzung. 2007 gehörten zur Haute Couture: Chanel, Dior, Gaultier, Givenchy, Ungaro, Lacroix, Scherrer, Andrè, Sorbier, Sirop.

Jacke, Jackett, Joppe stammen von Jacques (Jakob). Der in Frankreich häufig vorkommende Name war auch ein gebräuchlicher Übername, ein Allgemeinbegriff für den »Bauern«. Die einfachen, praktischen Jacken wurden typischerweise von Bauern getragen. Adelige und Bürger kleideten sich anders.

Kaschmir Kaschmirwolle, die beste Wollqualität überhaupt, wird aus dem sehr feinen und weichen Flaumhaar der Kaschmirziege gewonnen. Das ehemalige Himalaja-Fürstentum Kaschmir im Norden Indiens ist heute allerdings nicht mehr der Hauptexporteur des edlen Rohmaterials. Die beste Qualität kommt aus der Mongolei.

Kelly-Bag Die von Hermès schon Anfang der 1930er-Jahre kreierte, ursprünglich als Satteltasche konzipierte Handtasche wurde häufig von der amerikanischen Filmschauspielerin Grace Kelly getragen – v. a. nach ihrer Verlobung mit Fürst Rainier von Monaco Mitte der 50er-Jahre. Dank ihrer Popularität und Eleganz wurde die spätere Fürstin Gracia Patricia eine viel beachtete Stilikone in Sachen Mode.

Krawatte = »kroatische« Halsbinde. »Kroatisch« hieß im älteren Franz.: *cravate*. Kroatische Reitertruppen machten 1663 bei einer Parade vor dem damals noch jungen König Ludwig XIV. mit ihren üppigen weißen Halsbinden großen Eindruck. Diese Art des Halsschleifenbindens (man kennt sie aus Historienfilmen) kam durch den König selbst groß in Mode. Da in der Barockzeit die Herrenmode sehr farbenprächtig war, blieb die *cravate* weiß. Im bürgerlichen Zeitalter wurde die Herrenmode schwarz oder sehr gedeckt. Im späteren 19. Jh. wurden dafür die Halsbinden, die nur langsam die Form der langen schmalen Krawatte annahmen, farbig.

Kummerbund Das Tragen einer um den Bauch gebundenen Schärpe, wie es in vielen Volkstrachten heute noch üblich ist, haben die Engländer in der Kolonialzeit aus Indien übernommen. Von daher stammt auch das ind. Wort *kamarband* = Lendentuch, Schärpe; es hat also weder etwas mit »Kummer« noch mit »Bund« zu tun. Es handelt sich nur um eine Eindeutschung der engl. Form *cummerbund*. Der Kummerbund wird nur zur einreihigen Smokingjacke getragen.

Levi's Jeans Die klassische Jeans der Goldgräber ist nach ihrem Erfinder benannt, dem aus der Gegend von Bamberg stammenden Levi Strauss (1829–1902). Das Wort Jeans kommt vom Namen der ital. Stadt »Genua« (ital. Aussprache: »dschenova«; davon dann die engl. Aussprache des Wortes). Genua war ein wichtiger Ausfuhrhafen der strapazierfähigen, indigogefärbten Denimstoffe. Diese kamen aus Nîmes (daher das Wort »Denim«: franz. *de Nîmes*). Die sog. *Wrangler* war die klassische Jeans der Cowboys und Rodeo-Reiter. Ein *Wrangler* ist ein Cowboy, der beim Viehtrieb die Ersatzpferde beaufsichtigt.

New Look Christian Dior wollte nie Modeschöpfer werden. Der Sohn eines Düngemittelfabrikanten aus der Normandie wäre lieber Architekt geworden, musste aber nach dem Verlust des Familienvermögens sein Geld als Pressezeichner verdienen. 1946 trat der französische »Baumwollkönig« Marcel Boussac an ihn heran und versprach Dior, ihm den Schritt in die Selbständigkeit zu finanzieren, wenn Dior im Gegenzug eine Mode lancierte, deren Schnitte viele Meter Stoff benötigten. Was die Modewelt dann 1947 zu sehen bekam, entlockte Carmel Snow, der allmächtigen Chefredakteurin der Zeitschrift ›Harpers's Bazaar‹, den Ausspruch: »This is a totally new look!«. Das waren die entscheidenden, prägenden Worte für diesen neuen Stil.

Punk Viviane Westwood gilt als die Erfinderin der Punk-Mode. Sie eröffnete zusammen mit ihrem Mann Malcolm McLaren Anfang der 70er-Jahre einen Laden in London, wo sie die von ihr entworfene schrille Mode verkaufte – samt bizarrer Accessoires wie Vorhängeschlössern, Ketten, Hundehalsbändern etc. Der Durchbruch kam, als

Malcolm McLaren Manager der Punk-Band *Sex Pistols* wurde. Bereits in der Shakespearezeit war *punk* ein abschätziges Wort für Menschen am Rande der Gesellschaft. Es bedeutete »Abschaum, Strolch, Prostituierte«. Urspr. bezog sich der Begriff auf faules und damit minderwertiges Holz.

Samt & Seide *Samit* ist ein altfranz. Wort, das auf griech. *hexámitos* zurückgeht, was »sechsfädig« bedeutet (*hexa* = sechs, *mítos* = Faden). Damit bezeichnete man ein sechsfädiges Seidengewebe. Die samtige Oberfläche entsteht dadurch, dass die etwas über dem Kettfaden hochstehenden sog. Florschlüsse aufgeschnitten und hochgebürstet werden. Das Wort »Seide« ist aus lat. *seta serica* hervorgegangen, wobei *seta* bzw. *saeta* »Borste, Tierhaar« und *serica* der lat. Begriff für »chinesisch« ist.

Schlips ist wie »Slip« ein norddt. Wort und bedeutet »Zipfel«.

schniegeln ist abgeleitet von »Schnecke«; das wurde zu bayerisch »Schneckel« = geringelte Haarlocke.

T-Shirt Es soll angeblich durch das Annähen kurzer Ärmelstücke an die Trägerunterhemden von engl. Matrosen entstanden sein, um Königin Victoria bei einem Flottenbesuch den Anblick männlichen Achselhaars zu ersparen. 1942 wurde das T-Shirt unter Festlegung klarer Regeln (gerader Schnitt, Rundhalsausschnitt, kurze Ärmel) in den Ausrüstungskatalog der amerikanischen Armee aufgenommen. Den Namen hat es entweder von seiner T-Form oder durch die Abkürzung des Wortes *Training*. Der Sex-Appeal des T-Shirts wurde umgehend bemerkt. Die historisch bedeutendsten T-Shirt-Träger waren Marlon Brando und James Dean.

Tweed Der qualitätsvolle Wollstoff hat seinen Namen vom südschottischen Fluss *Tweed*. Die besten Qualitäten kommen allerdings von der nordschottischen Insel Lewis. Ein Teil dieser Insel heißt *Harris* und so lautet auch die geschützte Markenbezeichnung der dort hergestellten Stoffe: *Harris-Tweed*.

Redewendungen aus dem Kleiderschrank

Die Ärmel aufkrempeln Etwas anpacken, tatkräftig sein.
Den Gürtel enger schnallen = sparen.
Eine Sache hat Haken und Ösen Diese Redewendung besagt, dass etwas schwierig ist. Stiefeletten, aber auch manche Kleidungsstücke waren früher oft mit vielen Haken und Ösen zum Zuknöpfen versehen, dementsprechend umständlich war es, sie zu schließen oder zu öffnen.
Das Hemd ist mir näher als der Rock *Tunica proprior pallio* stammt aus einer Komödie des römischen Dichters Plautus. Das Sprichwort bedeutet, dass einem der eigene Vorteil wichtiger ist als der eines anderen.
Die Hosen anhaben In vielen Sprachen gebräuchliche Redewendung in Bezug auf Frauen, die das Sagen in einer Beziehung haben.
Das ist Jacke wie Hose = Das ist ganz gleich, das kommt auf dasselbe hinaus. Erst in der Neuzeit begann man, Jacke und Hose aus dem gleichen Stoff zu schneidern.
Über einen Leisten schlagen Alles pauschal behandeln. Wenn Schuhe von Hand hergestellt werden, wird der Leisten individuell angefertigt.
Manschetten haben Die übergroßen Manschetten der Barockmode waren beim Degenkampf hinderlich; im erweiterten Sinn bedeutet die Redewendung »Angst haben«.
Mit heißer Nadel genäht = hastig.
Sich in Schale werfen Sich herausputzen. »Schale« ist ein rotwelsches Wort für Anzug. Es basiert auf dem uns geläufigen Wort »Schale« und wurde ähnlich salopp verwendet wie heute »Outfit«.
Am Schlafittchen packen Jemanden festhalten, um ihm die Meinung zu sagen oder ihn zu züchtigen. Mit »Schlafittchen« sind die Rockzipfel oder Frackzipfel gemeint, aber das Wort kommt von »Schlagfittiche«, den Schwungfedern der Vögel.
Sich auf den Schlips getreten fühlen Beleidigt sein. Mit »Schlips« ist hier der Frackzipfel (niederdt. *slip*) gemeint.
Wissen, wo der Schuh drückt Wissen, welche Schwierigkeiten je-

mand hat. Niemand verstand, warum der Römer Aemilius Paulus sich von seiner schönen, reichen, tugendhaften Frau scheiden ließ, doch er sagte: »Dieser Schuh ist auch hübsch anzusehen und neu, aber niemand außer mir weiß, wo er mich drückt«. Diese von Plutarch überlieferte Geschichte ist die klassische Version der in vielen Sprachen verbreiteten Redewendung.

Von den Socken sein   Lat. *soccus* war kein kurzer Strumpf, sondern ein leichter Überschuh. Die Redewendung, die es auch in anderen Varianten gibt (z. B. »aus den Latschen kippen«) zeigt anschaulich, wie man bei großer Überraschung das Gleichgewicht verlieren kann.

Schmutzige Wäsche waschen   Dies in der Öffentlichkeit zu tun, wird als peinlich empfunden; die Wäsche steht hierbei für das Intim- oder Privatleben, das öffentlich ausgebreitet wird.

Eine weiße Weste haben   Bismarck gebrauchte diese Metapher 1866 gegenüber Moltke: »Wir haben bisher keinen Flecken auf der weißen Weste.« Weil man sich eine weiße Weste leicht beschmutzt, steht sie für einen tadellosen Ruf bzw. ein reines Gewissen.

Sich wie in seiner Westentasche auskennen   Das ist nicht besonders schwer, denn die eigene Westentasche ist einem stets sehr nah und damit vertraut.

Sich in die Wolle geraten   Die »Wolle« steht hier für Haare.

Geist & Psyche

Affekt Lat. *afficere* = einwirken, hinzusetzen, anregen bezieht sich auf eine heftige Gemütsbewegung, eine Stimmung. Das Wort *affectus* wurde in der Barockzeit durch Philipp von Zesen, einen der großen »Sprachreiniger«, als »Gemütsbewegung« eingedeutscht. In der Psychologie bezeichnet man damit eine emotionale Triebenergie.

Aggression kommt von lat. *aggredi, aggressus sum*. *Aggredi* lautete in einer frühen Form *ad-gradi* = auf jemanden zuschreiten, angreifen, überfallen. Lat. *gradi* (»Schritte machen«) stammt auf einer sehr tiefen Stufe der ie. Wortverwandtschaften übrigens aus derselben Wurzel wie das deutsche Wort »schreien«. »Schreiend auf jemanden losgehen« ist in der Tat eine sehr prägnante Umschreibung für Aggression. Der Begriff »Aggression« beschränkte sich im 17. Jh. auf den militärischen Bereich, auf die »kriegerische Absicht« und den »bewaffneten Angriff«. Im 19. Jh. fasste man das Wort bereits allgemeiner auf. Hier bedeutete es »streitsüchtig, herausfordernd«. Als Begriff der Psychologie und Verhaltensforschung bezeichnet es »Reizbarkeit, affektbedingtes Angriffsverhalten«.

Angst Das Wort ist verwandt mit »eng« und »Bedrängnis«. Mehr ist über seine Herkunft nicht bekannt. Angst als unwillkürliche Alarmreaktion des Körpers auf eine echte oder auch nur als real empfundene Bedrohung ist eine normale, nicht gesundheitsschädliche Reaktion. Auch Tiere haben »Angst«.

Bulimie Ess-Brech-Sucht. Von griech. *bous* = Ochse, *limós* = Hunger, also »Ochsenhunger«.

Burn-out Bildhafte Bezeichnung aus dem Engl. (wört. »ausgebrannt«). Urspr. bezog sich der Begriff auf die Mitarbeiter von Drogenberatungsstellen, die ihre Tätigkeit mit einer idealistischen Einstellung begannen, aber aus Enttäuschung über ihre »unbelehrbare« Klientel mürrisch und zynisch wurden und letztlich ihre Tätigkeit aufgeben mussten. Heute bezieht sich *Burn-out* generell auf einen Zustand großer seelischer und körperlicher Erschöpfung.

denken ist die bewusste, dem Wortursprung nach sogar »gefühlte« geistige Wahrnehmung. Wortgeschichtlich stecken darin Begriffe für »fühlen« und »erkennen«. Das verwandte lat. Wort *tongere* umfasst beides. Noch die Romantik gebraucht »denken« im Sinne sinnend-sinnlicher Wahrnehmung: »Noch denk' ich mit Entzücken dich, du Götterstand der ersten Liebe« (Kleist). Zu »denken« gehören auch »dünken« (= scheinen, den Anschein haben) und »danken«, die bewusste »An-Erkennung« einer Gabe. In der Psychologie wird »Denken« hauptsächlich als Problemlösungsmodus analysiert.

Emotion Vor der psychologischen Begriffsprägung stand die Übernahme des Wortes aus dem Franz. (*émotion*) mit der Bedeutung »Volksaufruhr«. Der Schweizer Psychiater Eugen Bleuler prägte den Begriff dann für die Psychologie in seinem Buch ›Naturgeschichte der Seele und ihres Bewusstwerdens‹. Bereits Ende des 19. Jhs. war das Wort, das von lat. *movere* = bewegen, erregen, erschüttern stammt, umgangsprachlich synonym mit »Gefühlsregung«. Emotionen sind sehr komplexe Phänomene. Sie sind nicht immer willkürlich beherrschbar, sondern u. a. auch hormonell bedingt. Daher sind Emotionen auch bei Tieren beobachtbar.

Erfahrung Althdt. *irfaran*, mittelhdt. *ervarn* bedeutet »durch Reisen (= Fahren) erkunden«. In der Psychologie ist damit Weltwissen gemeint, das durch die Sinne aufgenommen wird, sowie die dadurch gewonnene Erkenntnis.

Frustration wie im Lat. (*frustrare*): Erkenntnis einer vergeblichen Hoffnung, Enttäuschung einer Erwartung.

Geist Die sekundäre Wortbedeutung »Gespenst, Spukgeist« führt unmittelbar zur urspr. Bedeutung des Wortes. Wie engl. *ghost* und *ghastly* kennzeichnete das germ. Wort *gheis(t)* ein Erschrecken, ja Entsetzen oder Schaudern. Auch im Zusammenhang mit ähnlichen ie. Wörtern ist der germ. Ausdruck ein Ekstasebegriff, ein Wort für die übersinnliche Erfahrung. In der frühchristlichen Zeit verwendeten die angelsächsischen Missionare in Deutschland »Geist«, um damit *spiritus* (lat.) und *pneuma* (griech.) ins Deutsche zu übertragen – beide bedeuten »Hauch, Atem, Seele«. So kommt es im 9. Jh. auch zur Bildung des Begriffs »Heiliger Geist« von lat. *spiritus sanctus*. Erst durch den Einfluss des franz. Wortes *ésprit* seit dem 18. Jh. bekommt »Geist« auch im Deutschen die Bedeutung »gewandtes, scharfsinniges Denken, Einfallsreichtum« und wird damit zum Begriff für das erkennende Bewusstsein.

grausam Eine ähnliche Erfahrung wie hinter *gheis(t)* steckt hinter dem von »Grauen« abgeleiteten Wort. »Grauen, grausen, gruseln« und »Greuel« sind alles Wörter, die ein »Hart-und-starr-Werden« bezeichnen. Sie beschreiben mit großer Genauigkeit den körperlichen Vorgang des »lähmenden Entsetzens«. Ein verwandtes Wort ist das lat. *horrere* = starr sein, sich sträuben, aus dem das Modewort »Horror« hervorgegangen ist.

grimmig und »gram« sind heute nicht mehr sehr gebräuchliche Ausdrücke für »Wut« und »Zorn«. Im Mittelhdt. wurde z. B. der Ausdruck »grimme muot« häufig verwendet, wenn jemand »vor Zorn bebte«. Zugrunde liegt ein weit verbreitetes ie. Wort, das in vielen Sprachen ein dröhnendes, krachendes Geräusch bezeichnet. Aus dem Althdt. ist *zano gigrim* = Zähneknirschen überliefert. In der Psychologie ist das Zähneknirschen ein Symptom für die (unbewusste) Verarbeitung psychischer Konflikte.

Hysterie Griech. *hystéra* = Gebärmutter. Platon hielt die Gebärmutter für ein eigenständiges Lebewesen im Körper der Frau, das bei längerer Unfruchtbarkeit im Körper umherwandert und typische Hysteriesymptome hervorruft (Atemnot, Angstzustände). Noch im 19. Jh. hielt man die Hysterie für ein typisches Frauenleiden. Sigmund Freud sah die Ursache dafür in traumatischen Erlebnissen.

Als klinisches Bild ist die Hysterie seit der Mitte des 20. Jhs. nicht mehr vorhanden, da sie sich als kulturelles Konstrukt des 19. Jhs. erwiesen hat. Heute ist »Hysterie« nur noch ein unspezifischer Allgemeinbegriff in der Umgangssprache.

Identifikation, Identität   Beide Wörter kommen von lat. *idem* = der-, die-, dasselbe. »Identifizieren« wurde im Neulat. des 18. Jhs. aus der Verbindung mit *ficare* (einer neulat. Form von *facere* = machen, tun) gebildet, ebenso wie »glorifizieren, klassifizieren, exemplifizieren«. In der Psychologie bezeichnet es die enge gefühlsmäßige Bindung an eine Bezugsperson, z. B. Vater, Mutter, ein Idol oder einen Popstar. Identitätsgewinnung hingegen erfolgt im Austausch des Individuums mit seiner gesamten Umwelt.

Instinkt   Bereits Platon unterscheidet vernunftgesteuertes und instinktgesteuertes Verhalten. Allerdings entstand unser heutiger Begriff erst im mittelalterlichen Lat. *instinctus naturae* = Naturtrieb, das »untrügliche Gefühl«. Wesentliche wissenschaftliche Erkenntnisse darüber gelangen erst Konrad Lorenz, dem Begründer der Verhaltensforschung (Nobelpreis 1973).

Laune   von lat. *luna* = Mond. So wie sich der Mond verändert, ändern sich auch typischerweise die Launen.

Manie   Die Verknüpfung von stimmungsmäßig übersteigerten Gemütslagen mit Phasen von Niedergeschlagenheit und Melancholie wurde bereits in der Antike von dem Arzt Aretäus von Kappadokien im 1. Jh. beschrieben. Mitte des 19. Jhs. wurde die Manie von dem franz. Psychiater Jean-Pierre Falret wissenschaftlich definiert. Die Begriffsprägung »manisch-depressives Irresein« stammt von dem dt. Psychiater Emil Kraepelin (1899). Das griech. Wort *manía* bedeutet: Wahn, Raserei, Wahnsinn.

Narzissmus   Einer der schönsten jungen Männer der antiken Mythologie war Nárkissos, den viele Männer und Frauen begehrten, doch er war ein spröder Junge und wies sie alle zurück. Am heftigsten verliebte sich die Nymphe Echo in ihn und verzehrte sich dermaßen, dass nur noch der Schall ihres Namens übrig blieb. Aphrodite, zuständig für die Liebe, konnte dieses Treiben unerfüllter Liebe nicht länger zulassen und bestrafte Narkissos, indem sie ihm dieselben Qualen auferlegte, die er anderen beschert hatte. Als er sein Spiegelbild in einem Brunnen erblickte, kam er nicht mehr davon los, wollte es heftig umarmen und ertrank. Weil er aber so wunderschön gewesen war, wollten die Götter nicht, dass er in Vergessenheit geriet. Deshalb spross an den feuchten Stellen, wo er gelegen hatte, die Narzisse empor. Sigmund Freud prägte den weltbekannten Begriff »Narzissmus« für die Psychologie. Er bezeichnet ein durch übertriebene Selbstliebe hervorgerufenes, mangelndes Einfühlungsvermögen in die Gefühle anderer und die dadurch verursachte Störung in der Beziehungsfähigkeit eines Menschen. Einem breiteren Publikum geläufig geworden ist der Begriff durch das Buch von Alice Miller ›Das Drama des begabten Kindes‹ (1979).

normal   Die *norma* (lat.) ist urspr. ein Begriff der Bautechnik und bedeutet »Richtschnur, Winkelmaß«; *normalis* war alles, was mit dem Winkelmaß, dann auch »der Vorschrift entsprechend« gemacht wurde. Ansonsten ist »normal« ein kultureller Begriff, der den Rahmen sozial akzeptierten Verhaltens aufzeigt und deshalb fließend ist.

paranoid   Der Begriff stammt aus der Antike. Griech. *pará* = neben, *noûs* = Verstand. Jemand, der paranoid ist, ist also einer, bei dem der Verstand aussetzt, wie man umgangssprachlich durchaus richtig sagt. Die Paranoia reicht von paranoiden Neigungen bis zu extremen psychotischen Ausprägungen. Der antike Begriff wurde in der Psychologie des 19. Jhs. v. a. von Emil Kraepelin und Sigmund Freud präzisiert. Freud ordnete ihm v. a. den Verfolgungswahn, den Größenwahn, den Eifersuchtswahn und die Erotomanie zu.

Phobie   Dabei handelt es sich um eine irrationale Angst gegenüber Objekten, Situationen und Aktivitäten, die folglich nach Möglichkeit von vornherein vermieden werden. Das griech. Wort *phóbos* entspricht unserem Begriff »Furcht«. So spricht man von Klaustrophobie (Furcht vor geschlossenen Räumen) oder Agoraphobie (die Furcht, sich an öffentlichen Plätzen, in Verkehrsmitteln etc. aufzuhalten). Der Begriff »Phobie« wird aber auch für unterschiedlichste Abneigungen verwendet, die kein psychologisches Problem darstellen, z. B. Anglophobie, Francophobie, Germanophobie etc., die Abneigung gegen Engländer, Franzosen, Deutsche.

psychosomatisch   Geprägt wurde der Begriff für die seelisch-körperlichen Wechselwirkungen von J. C. A. Heinroth (1773–1843) aus griech. *psyché* = Seele und *soma* = menschlicher Körper. Heinroth verstand Leidens- und Krankheitszustände, die offensichtlich seelischen Ursprungs waren, ganz in christlicher Tradition als Manifestation sündhaften Verhaltens. Der Vernunftdenker Descartes betonte die Trennung von Geisteswelt (Bewusstsein, Vernunft) und materieller Welt (Körper). Gemäß dieser Auffassung kann man den Körper als eine chemisch-mechanische Maschine sehen und Krankheiten als Störfälle dieser Maschine, die der Reparatur bedürfen. Dies ist bis heute die klassische Grundauffassung der Schulmedizin. Diese Auffassung unterscheidet sich erheblich von derjenigen der Antike, etwa bei Aristoteles, die Seele und Körper durch sinnliche Erfahrung und Wahrnehmung organisch miteinander verbunden und sich wechselseitig bedingend sah. Seit Freud gibt es in der modernen Psychologie Ansätze, das Körper- und Seele-Geschehen zusammenzudenken, entweder durch eine holistische Betrachtung (Berücksichtigung biologischer und möglicher psychosozialer Ursachen für Krankheiten) oder indem man die Möglichkeit zulässt, dass körperliches Leiden seelisches Leiden vertreten kann.

Schizophrenie   Von dem Schweizer Psychiater Eugen Bleuler um 1910 aus griech. Begriffen gebildetes Kunstwort zur Beschreibung einer wahnhaften Persönlichkeitsauflösung. Griech. *schízein* = spalten, *phrén* = Zwerchfell, wobei man sich in der Antike das Zwerchfell als Sitz von Seele und Geist dachte, so dass es als Synonym für Geist gelten kann. Aus der psychologischen Fachsprache ging das Wort nach dem Zweiten Weltkrieg in die Umgangssprache über, als unspezifischer Ausdruck für »zwiegespalten, widersprüchlich«.

Stress Einer der geläufigsten Alltagsbegriffe aus der Psychologie stammt aus der Werkstoffkunde, wo er die auf ein Material wirkende Kraft beschreibt. In der psychologischen Forschung wurde die Überbeanspruchung des Menschen durch mannigfaltige Reize erstmals 1936 durch den kanadischen Physiologen Hans Selye als »Stress« bezeichnet (von engl. *stress* = Druck, Anspannung, lat. *stringere* = anspannen).

Sucht ist ein älteres Wort für Krankheit und eng verwandt mit »siech«, »Seuche« und möglicherweise auch mit »Sog«. Dahinter steht die in Altertum und Mittelalter verbreitete Vorstellung von Dämonen, die die Lebenskraft aus dem Körper des Kranken aussaugen. Erst im 17. Jh. treten die Wörter »Krankheit«, »Siechtum« und »Seuche« in den Vordergrund, so dass der Begriff »Sucht« verblasst und fast nur noch in Zusammensetzungen wie »Fallsucht, Schwindsucht, Gelbsucht« überlebt. Erst im 20. Jh. tritt er im Zusammenhang mit der krankhaften Abhängigkeit von Betäubungs- und Rauschmitteln wieder hervor (Alkoholsucht, Nikotinsucht). Das Wort »Sucht« wird aber auch für übersteigerte psychologische Phänomene verwendet (Habsucht, Herrschsucht, Gefallsucht, Magersucht, arbeitssüchtig, sexsüchtig etc.).

Wahn Kaum ein Begriff der Psychologie ist so wohldefiniert wie dieser: »Der Inhalt des Wahns steht im Gegensatz zu objektiven Tatsachen, Naturgesetzen und allgemein logischen Grundsätzen und wird von Angehörigen desselben Kulturkreises nicht geteilt.« Das hört sich nicht gut an. Das Wort für die zwanghafte Einbildung stammt hingegen aus der Wortwurzel *uen, wennan*, aus der auch »wähnen, wünschen« und »gewinnen« hervorgegangen sind, also alles Wörter, die ein inniges Streben anzeigen. Außerdem gehören in dieses Wortumfeld »wohnen, gewöhnen, Wonne, Venus«, alles Begriffe, mit denen man höchstes Behagen assoziiert. Angesichts dieses wortgeschichtlichen Befundes sollte man sich vielleicht doch einmal fragen, ob man sich der Realität stellt oder doch lieber im Wahn lebt.

Wörter aus dem Lateinischen & Griechischen

Wörter aus dem Lateinischen

In einem erweiterten Sinn kann man sagen, dass Latein bis heute als *die* Weltsprache schlechthin lebendig geblieben ist. Das zeigt nicht nur das Weiterleben vieler lateinischer Wörter im Deutschen. Noch mehr von lateinischen Vokabeln durchsetzt sind die romanischen Sprachen und das Englische. Mehr als die Hälfte des englischen Wortschatzes setzt sich aus lateinischen und romanischen Wörtern zusammen. Dieses halb lateinische Englisch ist heute unbestritten die *lingua franca* der modernen globalisierten Welt und trägt damit das Lateinische weiter. Überdies dominiert die lateinische Schrift nach wie vor in der gesamten westlichen Welt einschließlich beider Amerikas, Australiens und Afrikas v. a. südlich der Sahara (als Erbe der Kolonialzeit). Nur die arabische, die kyrillische und die chinesische Schrift haben eine annähernd vergleichbare internationale Bedeutung, aber keine ist so global; alle anderen Schriften sind nur von regionaler Bedeutung.

Man muss sich klar machen, was aus dieser indoeuropäischen Zwergsprache geworden ist, die wie viele andere untergegangene italische Nachbarsprachen (z. B. Oskisch, Umbrisch, Sabinisch) einst nur in einem äußerst überschaubaren Landstrich rund um Rom gesprochen wurde. Das Lateinische hat viele Wörter und gedankliche Inhalte aus dem Griechischen aufgenommen; wesentliche kulturelle Traditionen der Antike wurden durch Vermittlung des Hebräischen (Bibel) und des Arabischen (Übersetzerhochburg Toledo) ins Lateinische transportiert und erst auf diese Weise bis in unsere Gegenwart wirksam.

Originalton Latein im Deutschen

Vor allem in der gehobenen Alltagssprache werden im Deutschen Ausdrücke gebraucht, die unverändert aus dem Lateinischen übernommen wurden. Zu den gängigsten Wendungen gehören:

a cappella	wie in der Kapelle; Singen ohne Instrumentalbegleitung
a posteriori	im Nachhinein
a priori	im Vorhinein; Grundvoraussetzung
ad acta	zu den Akten; erledigt
ad infinitum	ohne Ende, unaufhörlich
alma mater	gütige Mutter; gemeint ist die Universität
alter ego	anderes Ich; eng vertrauter Freund oder Kollege
anno domini	im Jahre des Herrn
circa	ungefähr
circulus vitiosus	fehlerhafter Kreis; Teufelskreis
conditio sine qua non	Bedingung ohne die nicht; unerlässliche Bedingung
contra	gegen
coram publico	vor aller Welt; öffentlich
corpus delicti	Tatwerkzeug; Beweisstück
cui bono?	Wem nützt es?
de facto	tatsächlich
de jure	laut Gesetz; dem Buchstaben des Gesetzes folgend
deus ex machina	Gott aus der (Theater)Maschine; unverhofftes Eingreifen, Schicksalswende
eo ipso	aus sich selbst; daraus folgt zwingend
et cetera	und so weiter
ex cathedra	vom Lehrstuhl aus; Verkündung einer allgemein verbindlichen Doktrin, v. a. innerhalb der katholischen Kirche; die *cathedra* ist hier konkret der Heilige Stuhl

ex officio	von Amts wegen
gratis	nur um des Dankes willen; umsonst
in flagranti	in brennendem Zustand; auf frischer Tat ertappen
in medias res	mitten in die Sache; ohne Umschweife
in nuce	im Kern; im Entstehen begriffen
in situ	an Ort und Stelle
in spe	in der Hoffung; der/die zukünftige …
in vino veritas	im Wein liegt die Wahrheit; wer zu viel getrunken hat, plaudert Dinge aus, die er sonst nicht sagen würde
memento mori	bedenke, dass du sterben musst
mens sana in corpore sano	ein gesunder Geist wohnt in einem gesunden Körper
modus	Art und Weise
modus vivendi	Art, Möglichkeit des (Zusammen-)Lebens
nolens volens	ob man will oder nicht; wohl oder übel
nomen est omen	Der Name hat eine Vorbedeutung
non plus ultra	nicht darüber hinaus; unübertrefflich
opus	Werk
per annum	pro Jahr
per pedes	zu Fuß
persona non grata	unerwünschte Person
post festum	nach dem Fest; hinterher (als es zu spät war)
post scriptum	nach der Niederschrift = PS: Anhang an einen Brief
primus inter pares	Erster unter Gleichen
pro domo	für das Haus; in eigener Sache
pro forma	für die Form; um der Form Genüge zu tun
quod erat demonstrandum	was zu beweisen war
stante pede	stehenden Fußes; sofort
status quo	gegenwärtiger Zustand
sui generis	aus eigener Art; authentisch
summa summarum	Summe der Summen; insgesamt
tabula rasa	abradierte Schreibtafel; leergefegter (reiner) Tisch

terminus technicus	Fachausdruck
terra incognita	unbekanntes, unerforschtes Gebiet
ultima ratio	letzte Erwägung; letzter Ausweg
usus	das ist so Brauch
variatio delectat	Abwechslung erfreut
veto	Ich erhebe Einspruch
vice versa	umgekehrt
vox populi	die Stimme des Volkes

Außerdem verwenden wir in der Originalform lat. Wörter wie:

Arena Basiert auf der Vorform *harena* und der noch älteren Form *fasena* = Sandplatz. Vermutlich wurden Schaukämpfe auf mit Sand bestreuten Plätzen schon vor dem Bau der Arenen ausgetragen und hatten bereits in sehr früher Zeit kultischen Charakter. Bei »Arena« handelt sich jedenfalls nicht um ein ie. Wort. Möglicherweise ist es etruskischer Herkunft.

Fortuna = Zufall, Geschick, Glück. In der bildenden Kunst wird »Fortuna« von der frühen Antike bis ins 19. Jh. als weibliche »Göttin« mit den Attributen Kugel oder Füllhorn dargestellt und meist als eine Personifikation von Wohlstand und Wohlleben verstanden. Ihre altitalische Bezeichnung lautete *Fors Fortuna*, eigentlich eine Wortverdoppelung, denn auch das Wort *Fortuna* kommt von lat. *fors, fortis* = Kraft.

Forum Urspr. bezeichnete man mit *Forum* einen umzäunten Grabbereich. Die Umzäunung war dabei der entscheidende Aspekt, denn das Wort leitet sich ab von ie. *bhoros* = zu Planken geschnittenes Holz, wie es eben für Zäune verwendet wird. Auch die Begriffe »Barren, Bar, Baracke« und »Parkett« haben hier ihren Ursprung. Wegen der Einzäunung wurde der Begriff schon früh auf andere mit Holzplanken abgeteilte öffentliche Bereiche übertragen, insbesondere Marktplätze und mit Schranken versehene, abgezäunte Gerichtsbezirke. Das berühmteste Forum ist das »Forum Romanum« in Rom, das ehrwürdige Herz des Römischen Reiches. Es war das Zentrum politischen, wirtschaftlichen, kulturellen und religiösen Lebens. Der Begriff »Forum« ist auch in der modernen Gegenwartssprache äußerst lebendig: »Internet-Forum« – ein besonders gekennzeichneter, virtueller Raum im Internet.

Genius, Genie Im Wortverständnis der Römer war *genius* die Zeugungskraft des Mannes. *Gens* ist das Geschlecht im familiären Sinn, die Sippe. Im weiteren Sinn bezeichnete man mit *genius* den »Schutzgeist« des Mannes. Von dieser numinosen Auffassung leitet sich dann bei besonders herausragenden oder begabten Männern die Vorstellung einer besonderen (göttlichen oder irgendwie spirituellen) Wirkkraft ab.

Globus Die eigentliche und einfache Bedeutung des Wortes ist »Kugel, Ball, Klumpen«, eben »Erdball«. Der Begriff gehört zu der variantenreichen ie. Wortfamilie, aus der auch Wörter wie »Kolben, Keule, Knüppel« hervorgegangen sind. Das Wort wurde vom Nürnberger Kaufmann und Geografen Martin Behaim (1459–1507), dem Schöpfer des ersten Globus, erstmals so verwendet, wie wir es heute verstehen.

Interesse Das Wort hat sich aus der Rechtssprache zu einem Allgemeinbegriff entwickelt. In der Rechtssprache des Mittelalters wurde »Interesse« im Dt. nur so gebraucht, wie es teilweise heute im Engl. noch der Fall ist: *interest* = Zinsen. Im Lat. bedeutet *interesse* »dazwischen sein«, aber eben auch »seinen Anteil nehmen, seinen Nutzen, Vorteil, Gewinn oder Zins aus einer Sache ziehen«. Wenn man vom schnöden Streit um das Geld absieht, erkennt man in dem Begriff aber auch eine »innere Anteilnahme« – durchaus zum eigenen Nutzen, vielleicht sogar zur geistigen »Bereicherung« (»Das interessiert mich«).

Legion Luther ließ das im lat. wie im griech. Bibeltext vorkommende Wort für die größte römische Heereseinheit unübersetzt: »Ihre Zahl ist Legion« (Mk. 5,9; Lk. 8, 30). In diesem Sinne wird der Begriff bis heute verwendet. Man bezeichnet damit eine große Anzahl. *Legion* ist aber urspr. keine Mengenangabe. Das Wort kommt vielmehr von *legere* = lesen, auslesen. Die Legionäre sind also »auserlesene« Kämpfer. Es gibt in der dt. Alltagssprache viele weitere Wörter, die sich davon ableiten: **elegant** (von *eligere* = auswählen, aussuchen, auslesen), **Elite** (ebenfalls von *eligere;* das sind die Auserlesenen schlechthin), **intelligent, intellektuell** (bezieht sich auf diejenigen, die etwas sinnvoll auswählen und sich dann in die Sache »hineinlesen«, d. h. sie verstehen können), **Kollekte** (das Zusammensammeln, Auflesen – wie bei der »Weinlese«), **Negligé** (ist eigentlich die »nicht ausgewählte, nachlässige oder unkonventionelle Kleidung«; heute hat das Wort – olala – eine etwas andere Bedeutung). Im Zusammenhang mit »Text lesen« steckt *legere* natürlich auch in **Legende, Lektion, Lektüre, Lektor** und **Lexikon**.

Linie   Das lat. Wort *linea* gehört zu dem Wort *lineum* = Leinen und bezeichnet den gespannten Leinenfaden, mit dessen Hilfe eine gerade Linie gezeichnet werden kann.

Natur   *Nasci* bedeutet »geboren werden«, aber auch »wachsen«. *Natura* ist also alles Geborene und natürlich Hervorgebrachte. Da man mit diesen Hervorbringungen vor allem den Erdboden, Waldboden, Ackerboden verband und verbindet, spricht man von »Mutter Natur«. Sehr frühe Religionen des Orients bauten darauf eine ganze Weltanschauung auf.

Objekt   ist eines von jenen Wörtern, die eine große Karriere gemacht haben, weil es sich aus wenig bedeutenden Anfängen zu einem Begriff mit zahlreichen und vielschichtigen Bedeutungen entwickelt hat. *Obicere* meint eigentlich nur »entgegenstellen, entgegenwerfen« und dann auch »darbieten«. In der lat. Rechtssprache wurde daraus zunächst das *obiectum* = Vorwurf, Beschuldigung, Einwand. In jedem engl. oder amer. Justizfilm erhebt der Verteidiger Einwände: »*I have to object!*« = »Einspruch, Euer Ehren!«. Bereits im scholastischen Denken des Mittelalters wurde daraus eine »Gegenvorstellung«, eine andere Idee. Diesen Gedanken spann die aufklärerische Philosophie weiter, indem sie im »Objekt« jede Erscheinung sah, die sich außerhalb des Bewusstseins des erkennenden Subjekts befindet. Das kann eine Idee sein oder auch ein beliebiger Gegenstand.

Pensum   Eines der bekanntesten lat. Wörter ist *pendere* (= hängen, wiegen). Davon leiten sich bspw. Pendel und Pfund ab. Was im Falle des Arbeitspensums urspr. konkret abgewogen wurde, eben das »Pensum«, war eine bestimmte Menge Wolle, die eine Spinnerin zu verarbeiten hatte.

Seminar   In einem Seminar wird der Samen gesät, aus dem künftig etwas wachsen soll. »Seminar«, »Samen« (*semen*) und »säen« (*serere*) sind drei eng verwandte Wörter. Bis zum 16. Jh. waren »Seminare« Baumschulen. Von da an ging der Begriff zunächst auf Klosterschulen über.

Senat   Im Senat saßen traditionell die Oberhäupter der Patrizierfamilien, in der Regel also jeweils der Älteste einer Familie. Dieser muss nicht immer sehr alt gewesen sein. Trotzdem gehört das Wort zu der Wortfamilie *senex* (= Greis), *senil* und *Senior* und könnte mit »Ältestenrat« übersetzt werden.

Studium   Das Wort stammt von dem Eifer (*studio*), mit dem etwas betrieben wird. Dieser Eifer wird als sehr zielgerichtet aufgefasst – im Sinne einer Absicht, etwas Bestimmtes zu erreichen.

Testament   *Testari* = bezeugen, *testis* = Zeuge; *testamentum* verstand man früher überdies als »Vertrag«; in diesem Sinn ist auch die *Bibel* eingeteilt in: »Altes Testament« (Alter Bund) und »Neues Testament« (Neuer Bund).

Zentrum, zentral   Das lat. Wort für den Kreismittelpunkt geht zurück auf griech. *kéntron* = Stachel, aber eben auch die Spitze eines Zirkels, die man in die Fläche stach, um den Kreisbogen führen zu können.

Lateinische Wörter im Deutschen

Sehr viele lateinische Wörter haben fast unverändert Eingang in unsere Alltagssprache gefunden. Meist sind wie bei den folgenden Beispielen nur die lat. Endungen entfallen:

abrupt, absolut, abstrakt, adäquat, agil, akkurat, aktiv, aktuell, akut, ambulant, antik, Apparat, Aspekt, brachial, Datum, debil, defensiv, definitiv, delikat, Delikt, desolat, devot, dezent, diffizil, direkt, diskret, disparat, Distrikt, Disziplin, Doktrin, Duplikat, eminent, enorm, evident, exakt, Exil, exquisit, extern, extra, extrem, exzellent, Exzess, grazil, hektisch, human, ideal, imaginär, immanent, immens, immun, impertinent, Index, Indiz, Industrie, infam, infantil, infernalisch, inhärent, inklusiv, inkognito, Instinkt, Instrument, interim, intim, klassisch, Kommissar, Kommune, kompakt, komplett, komplex, konform, konfus, konkav, konstant, Kontakt, konvex, korpulent, korrekt, Kurs, lapidar, latent, legal, legitim, liberal, lukrativ, Maximum, minus, mobil, modern, Moment, negativ, obligat, obskur, offensiv, offiziell, okkult, opportun, opulent, perfekt, plus, Podium, Pol, positiv, Prämie, präzis, prima, privat, Privileg, profan, profund, progressiv, Protestant, Provinz, Prozess, Quadrat, Qualität, Quantität, Quartal, quasi, quitt, rabiat, radikal, rational, real, Relikt, renitent, Rezept, Rivale, robust, Ruine, rustikal, Salat, Sankt, sekundär, Semester, separat, seriös, sexuell, simpel, Sklave, solide, spezial, spontan, stabil, Stil, strikt, Struktur, subtil, super, suspekt, Termin, Testament, total, transparent, transzendent, trivial, Tumult, Union, universal, urban, vakant, vertikal, vital, vulgär, Zäsur, Zeremonie.

Es gibt auch eine große Zahl von lat. Wörtern, die v. a. im Frühmittelalter ins Deutsche entlehnt und gründlich »eingedeutscht« wurden. Ihr direkter Ursprung aus dem Lateinischen ist deshalb oft nicht auf den ersten Blick zu erkennen. Dazu gehören:

bunt *punctus* = punktiert, gestochen; man verwendete das Wort urspr. im Klosterlatein für Stickereien mit gefärbten Fäden

doppelt	*duplus* = zweifach
klar	*clarus*; im Lat. nicht nur »hell«, sondern auch »laut« (*clamare* = rufen; *calare* = ausrufen, daher auch »Kalender«)
krass	*grassus* = dick, derb, plump; davon auch: »grässlich«
kurz	*curtus* = abgeschnitten
lax	*laxus* = schlaff
mollig	*mollis* = weich
nett	*nitidus* = glänzend, sauber
nüchtern	*nocturnus* = nächtlich; bezieht sich auf die körperliche Verfassung nach dem nächtlichen Schlaf, solange man morgens noch nichts gegessen oder getrunken hat
platt	*plattus* = flach
quitt	*quietus* = ruhig; »quittieren« bedeutet anerkennen und damit »Ruhe geben«
rasant	*radere* = kratzen, schaben; im Sinne von: »etwas sehr flach, fast schabend über den Boden bewegen«; von *radere* stammen auch »rasieren« und »radieren«
rund	*rotundus*

Weitere Beispiele für eingedeutschte Wörter sind auch die folgenden Sachbegriffe, die in verschiedenen historischen Phasen übernommen wurden:

Altar (*alta ara* = erhöhte Brandopferstätte), **Becher** (*bicarius*), **Becken** (*baccinum*; daraus auch franz.: *bassin*), **Eimer** (*amphora* war ein Tongefäß mit Henkeln), **Esel** (*asinus* Verkleinerungsform: *asellus*), **Fackel** (*facula*), **Ferien** (*feriae* waren in Rom religiöse Festtage), **Form** (*forma*), **Kammer** (*camera*), **Kelch** (*calix*), **Keller** (*cellarium* = Vorratskammer; den dafür notwendigen Steinbau lernten die Germanen erst von den Römern), **Kerker** (*carcer*), **Kessel** (*catillus*), **Kette** (*catena*), **Klausel** (*clausula*), **Kurs** (*cursus*), **Mantel** (*mantellum*), **Markt** (*mercatus*), **Meister** (*magister*), **mischen** (*miscere*; kam mit dem Weinanbau und Weinhandel nach Germanien), **Most** (*mustum vinum* = junger Wein), **Müller** (*molinarius*), **Pein** (*poena* = Strafe), **Pfanne** (*patina*), **Pfeife** (*pipa* = Röhre), **Pfeiler** (*pila*), **Pflanze** (*planta*), **Pflaster** (*emplastrum* = aufgetragene Salbe), **Pforte/Portal** (*porta*), **Pfosten** (*posta*), **Pfund** (*pondus* =

Gewicht), **Pulver** (*pulvis* = Staub), **Puppe** (*puppa*), **Regel** (*regula*), **Schindel** (*scindula*), **Schule** (*schola*), **Schüssel** (*scutula* = »Trinkschale«), **sicher** (*securus* = *sine cura* »ohne Sorge«), **Speise** (*spesa*; davon auch »Spesen«), **Tafel** (*tabula* = Brett, Tisch), **Tiegel/Ziegel** (*tegula* = das Pfännchen), **Tinte** (*aqua tincta*; wört. »gefärbtes Wasser«), **Titel** (*titulus* = Überschrift, Inschrift, Ehrenname), **tünchen** (*tunica* = Kleid, also die »Wand mit einem Kleid versehen«); **Wall** (*vallum*); **Wanne** (*vannus* war urspr. kein Wasserbehälter, sondern ein rundes Geflecht zum Trennen von Spreu und Korn), **Weiher** (*vivarium* = Tiergehege, Fischteich), **Zelle** (*cella*), **Zettel** (*cedula*), **Zoll** (*tolonium*).

Wörter aus dem Griechischen

Erstaunlich viele Wörter, die wir heute selbstverständlich verwenden, wurden mehr oder weniger in der Form und mit dem Inhalt, wie sie im Griechischen ausgebildet wurden, übernommen. Das Griechische ist wirklich eine große Mutter der europ. Sprachen. Denn viele Wörter kommen in gleicher oder sehr ähnlicher Form auch in anderen Sprachen vor.

Manche Begriffe wie Mikroskop, Schizophrenie oder Telefon klingen zwar griechisch, sind aber Kunstwörter der Neuzeit, die aus griech. Silben gebildet wurden.

Viele in der Alltagssprache geläufige Wörter werden noch verständlicher, wenn man ihre urspr. wört. Bedeutung kennt, so z. B.:

Akrobat	*akróbatos* = auf Zehenspitzen gehend; das Wort wurde Anfang des 19. Jhs. für »Seiltänzer« eingeführt
Akustik	*akúein* = hören
anonym	*anónymos* = ohne Namen
Aroma	*ároma* = wohlriechendes Kraut
Asbest	*ásbestos* = unlöschbar
Balsam	*bálsamon* = minzeartige Kräuter- oder Strauchpflanze
Banause	*bánausos* = Handwerker; um 1800 griff man das Wort auf

und verwendete es in Bezug auf Menschen ohne verfeinerten Geschmack

Basis   *básis* = Schritt, Unterlage, auf der man gehen kann

Chaos   *cháos* = Kluft, leerer Raum

Charakter   das Wort für die typischen Wesensmerkmale eines Menschen leitet sich ab von dem stichel- oder stempelartigen Werkzeug, *charaktér*, mit dem man Inschriften in Stein meißelte

Chronik   *chrónos* = Zeit, *chroniká biblía* = Geschichtsbücher

Dialog   *diálogos* = Zwiegespräch

Dynamik   *dynamikós* = mächtig, stark

Dynastie   *dynastéia* = Macht, Herrschaft; schon in der Spätantike auch mit der Bedeutung »Herrscherhaus«

Ekstase   *ékstasis* = das Aus-sich-heraus-Gehen

empirisch   *empeiría* = durch Erfahrung gewonnene Kenntnis

Energie   *energés* = etwas bewirkend, kräftig

Episode   *epeisódion* – in der antiken Tragödie ein zwischen die Chorgesänge eingeschobener Dialog; wört. also »Zwischenhandlung«

Epoche   *epéchein* = innehalten, verweilen; als Substantiv *epoché* = ein fester Zeitpunkt, nach dem die Zeit bzw. ein Zeitraum berechnet wird

Fries   *phrýx* = phrygisch; deutet auf die Herkunft der Ornamentstreifen aus Phrygien in Kleinasien, der heutigen Türkei

Grafik   *gráphein* = urspr. »einritzen«, später auch: »schreiben«. Die Wörter Grammatik und Grafik gehören eng zusammen

Grammaktik   *grámma* = Buchstabe

Gymnastik   *gymnós* = nackt; Leibesübungen wurden in Griechenland unbekleidet und natürlich nur von Männern ausgeübt; daher: *gymnasíon* = Nackt-Stätte

Harmonie   *harmonía* = Übereinstimmung, passende Verbindung

hektisch   *hektikós* = an zehrendem, fiebrigem Brustübel leidend

Hygiene   *hygieinós* = heil, gesund

Hymne   *hýmnos* = Lied, Lob- und Preisgesang

Idee	*idéin* = sehen, erblicken, sich eine Vorstellung machen
Idiot	*idiótes* = eigentümlicher, abgesondert lebender, ungelehrter Mensch
Ikone	*eikón* = Bild
Ironie	*éiron* = wer sich unwissend stellt
Keramik	*keramiké téchne* = Töpferkunst
Klinik	*klíne* = Bett; *kliniké téchne* = Heilkunde für bettlägerige Kranke
Kosmetik	*kosmetikós* = zum Schmücken, wohlgeordneten Herrichten geeignet
Kosmos	*kósmos* = Ordnung, Schmuck, wohlgeordnete Welt
Krise	*krísis* = Entscheidung, entscheidende Wendung
logisch	*lógos* umfasst alles, was mit vernünftigem Denken und Sprechen zu tun hat: »Wort, Rede, Vernunft, Denken, Berechnung, Meinung«
lyrisch	*lyrikós* = zum Spiel mit der Lyra, der Leier gehörend
Mechanik	*mechané* = Hilfsmittel, Erfindung, Apparat; *mechanikós* bedeutet eigentlich »erfindungsreich«
Methode	*meta* = nach, hinter, *hodós* = Weg, also einer Sache nachgehen, etwas hinterfragen, indem man bestimmte Regeln befolgt
Organ, Orgel	*órganon* = Werkzeug, Gerät, Instrument; mit der Bedeutung »Körperorgan« erst seit dem 18. Jh.
Orgie	*órgia* = geheimer religiöser Kult, speziell die Dionysosfeiern, zu denen ekstatische Ausschweifungen gehörten
parallel	*para* = neben, *állos* = anderer; also »nebeneinander Stehende«
Paste	*pastá* = Getreidebrei, Teig; alles, was aus Teig geformt wird
Pokal	*báukalis* = Gefäß zum Kühlen von Wasser und Wein
Polemik	*polemikós* = kriegerisch, feindlich gesinnt
Pore	*póros* = Weg, Durchgang, Öffnung
Rhythmus	*rhythmós* = Strömen, gleichmäßig fließende Bewegung
Sphäre	*sphaíra* = Ball, Kugel, Himmelskugel
Statik	*statikós* = stehen machend; *statiké téchne* = Lehre vom Gleichgewicht

Sympathie	*sym* = mit, zusammen, *páthos* = Leiden; also »Mitleiden« bzw. »gefühlsmäßige Übereinstimmung«
Technik	*téchne* ist jede Form von handwerklichem Geschick, fachmännischer Erfahrung und Kunstfertigkeit
Theke	*théke* = Kiste, Kasten oder Schrank, auf den man etwas stellen oder worin man etwas aufbewahren kann; auch in »Apotheke, Bibliothek«
Theorie	*theorós* = Zuschauer, *theoría* = betrachtende Untersuchung
Zepter	*sképtron* = Stock, Stab
Zone	*zóne* = Gurt, Gürtel; auch im Griech. wurde damit bereits ein Bereich auf der Erde oder am Himmel bezeichnet

Vorsilben & Nachsilben

Allgegenwärtig sind in der dt. Sprache die vielen Vor- und Nachsilben aus dem Lateinischen und Griechischen, die mit anderen Wortteilen verbunden werden. Dabei kommt es zu unterschiedlichen Kombinationen: griechisch-deutsch (z. B. bei »Erzherzog«), griechisch-lateinisch (z. B. bei »Automobil«), griechisch-griechisch (z. B. bei »Demokratie«) oder lateinisch-deutsch (z. B. bei »Ultraschall«).

aero-	(griech.: Luft) Aerodynamik, Aeronautik, Aerobic
agro-	(griech.: Feld, Acker) Agrikultur
anthro-	(griech.: Mensch) Anthropologie, Anthropophage (= Menschenfresser), Anthroposophie
anti-	(griech.: gegen) Antagonismus, Antipathie, Antikommunismus, Antarktis
aqua-	(lat.: Wasser) Aquädukt, Aquarell, Aquarium
äqui-	(lat.: gleich) Äquivalent, Äquinoktium (= Tag-und-Nacht-Gleiche), Äquator
-archie	(griech.: Regierung, Herrschaft) Monarchie, Anarchie

	(wört. ohne Herrschaft), Oligarchie (Herrschaft der Wenigen)
audi-	(lat.: hören) Audienz, Auditorium, Audiogerät
auto-	(griech.: selbst) Automobil, Automat, (aber nicht: Autor, Autorität!)
bio-	(griech.: Leben) Biografie, Biologie
dia-	(griech.: durch, hindurch) Diabetes, Dialog, Diagnose, diagonal
epi-	(griech.: über, auf, darauf) Epidemie, Epigramm, Epilog, Episode
eu-	(griech.: glücklich) Eucharistie, Euphorie, Eurythmie, Euthanasie
ex-	(lat.: aus, heraus) Expedition, Explosion, Exkrement, Exzess
extra-	(lat.: besonders, außerhalb) Extrapost, extrafleißig, extravagant
gen-	(griech.: erzeugend) psychogen, kanzerogen, fotogen
geo-	(griech.: Erde, Land) Geografie, Geologie, Geometrie
gramm-	(griech.: Buchstabe) Grammatik, Programm, Epigramm, Telegramm
hetero-	(griech.: anders) heterogen, heterodox
homo-	(griech.: gemeinsam, gleich), Homonym, Homöopathie, Homosexualität
hydro-	(griech.: Wasser) Hydraulik, Hydrant
hypo-	(griech.: fast, beinahe, unter) hypochondrisch, Hypotenuse, Hypothese
inter-	(lat.: zwischen, unter) Interesse, Intervall, Intermezzo, Interpunktion
intra-	(lat.: innerhalb, in … hinein) intramuskulär, intravenös, intramolekular
kata-	(griech.: von oben herab, entlang, gegen, bei) Katapult, Katalog, Katalysator, Katarrh, Katastrophe, Katechismus, Kategorie
ko-, kol-, kom-, kon-, kor-	(lat.: zusammen, mit, gemeinsam) Kollege, kommandieren, komplex, Konzern, Konvent, Konzert
kontra-	(lat.: gegen) Kontrapunkt, Kontroverse, Kontrast

-kratie	(griech.: Herrschaft) Demokratie (... des Volkes), Aristokratie (... der Besten, Edelsten), Plutokratie (... des Geldes)
-logie	(griech.: Rede, Wissenschaft von ...) Theologie (... von Gott), Astrologie (... von den Sternen), Biologie (... vom Leben), Psychologie (... vom Geist), Soziologie (... vom Gemeinwesen)
makro-	(griech.: groß, lang, hoch) Makroklima, Makrokosmos, Makromolekül
-manie	(griech.: Sucht) Kleptomanie, Nymphomanie, Anglomanie
mikro-	(griech.: klein, kurz, gering) Mikrokosmos, Mikrofon, Mikroskop
mono-	(griech.: allein, ein) Monarch, Monolog, Monopol, monoton
multi-	(lat.: viel, vielfach) multiplizieren, multinational, Multimillionär
neo-	(griech.: neu, jung) Neoimpressionismus, Neofaschismus
neur-	(griech.: Nerven) Neurose, Neuralgie, Neurochirurgie
-nomie	(griech.: zuteilen, verwalten) Astronomie, Ökonomie
ortho-	(griech.: richtig, recht, gerade) orthodox, Orthografie, Orthopädie
pan-	(griech.: gesamt, völlig) Panorama, Panoptikum, Pantheismus
patho-	(griech.: Leid, Krankheit) Pathogenese, Pathologie
per-	(lat.: durch, hindurch) perforieren, Perspektive, perfekt, permanent
phil-	(griech.: freundlich, liebend) Philosophie, Philologie, Philharmonie
-phobie	(griech.: Furcht, Scheu) Klaustrophobie, Hydrophobie, Anglophobie
poly-	(griech.: mehr, viel) polyglott, polytechnisch, Polygamie, Polyp
prä-	(lat.: vor, voran) präparieren, präventiv, Präambel, Präsident

re-	(lat.: wieder, zurück) Resonanz, reagieren, reformieren, reparieren
real-	(lat.: sachlich, wirklich) Realität, Realismus, Realschule, Realpolitik
semi-	(lat.: halb) Semifinale, Semikolon
-skop	(griech.: skopéin = spähen, betrachten) Horoskop, Stethoskop, Teleskop
stereo-	(griech.: fest, erstarrt, räumlich) stereotyp, Stereometrie (das Messen fester Körper), Stereofonie (raumgetreue Tonwiedergabe)
super-	(lat.: über, besonders) superschnell, Superhit, Supermarkt
sym-/syn-	(griech.: zusammen, gleich, mit) Symbol, Symmetrie, Sympathie, Symptom, Synagoge, Synonym, System, Synthese, Sinfonie, synchron
tele-	(griech.: fern) v. a. in modernen Zusammensetzungen (seit Kepler/1613: Teleskop)
trans-	(lat.: über, hinüber, durch) transformieren, transparent, transportieren, transzendent; transalpin, transatlantisch, Transfusion, Transistor
tri-	(lat./griech.: drei) Trio, Triangel, Trilogie, Triptychon, Trigonometrie
ultra-	(lat.: über, darüber hinaus) ultrarot, Ultrakurzwelle, Ultraschall
uni-	(lat.: unus = eins) Uniform, Unikat, universal, Universität

Nahe Verwandte & Verstärkungswörter

Nahe Verwandte

Wenn man tief in den Brunnen der Wortgeschichte hinabsteigt, zu den Wurzeln der Wörter selbst, so erkennt man leicht, welche Wörter »etymologisch«, von der Wortherkunft gesehen, eng miteinander verwandt sind. Man erkennt auch, welche Grundvorstellung diese auf den ersten Blick recht verschiedenen Wörter miteinander verbindet. Das Schöne daran ist, dass diese Grundvorstellung alles andere als abstrakt ist. Ganz im Gegenteil: Sie ist sehr anschaulich und konkret. Hier werden nun die Wortwurzeln, die »Urwörter«, in ihrer sinngemäßen Bedeutung wiedergegeben. Die indogerm. »Ursprache« kennt man nicht, daher kann man »Urformen« nur annähernd rekonstruieren. Es ist lohnend, die jeweiligen »Blüten« zu betrachten – die Wörter, die aus den Wortwurzeln hervorgegangen und daher eng miteinander verwandt sind.

Alles, was angeschwollen oder aufgeblasen ist
Bauch, Bausch, Beule, Beutel, Busen, Pocke, Ball, Balg, Polster, pusten

Alles, was (mit Zähnen) abspaltet
Beißen, beizen, Beil, bitter (das Bittere »beißt« nämlich)

Alles, was gekrümmt ist
Beugen, biegen, bücken, Bogen, Bügel, Bucht

Alles, was weißlich schimmert
Bleich, Blei (weil es an frischen Schnittstellen weiß ist), Blech, Blick, blitzen; Varianten davon sind: blenden, blond, blind

Alles, was bricht und kracht
Brechen, Bruch, Brocken, Pracht (von althdt. *braht* = krachendes Getöse), prägen, krachen, Fraktur, Fraktion, fragil, Fragment

Alles, was hellglänzend schimmert:
Gelb, Galle, Gold, Glanz, Glas, gleißen, glimmen, glotzen, glühen, glatt, blau, grau (»Blau« steht deswegen hier, weil das sehr alte Wort urspr. nur das helle Strahlen des Himmels bezeichnete und erst viel später die »Himmelsfarbe« Blau; ähnlich ist es bei »Grau«)

Alles Schwellende:
Daumen, tausend (= vielhundert), Tumor, Tumult, Dünung, düster

Alles, was durch Zusammenziehen fester wird
dicht, gedeihen, Tang, Ton (gemeint ist Tonerde, Lehm)

Alles, was sich spannt
Dehnen, tönen, donnern, auch lat. *tendere* = ziehen, spannen (zu »dehnen« gehört auch »Ding«, das urspr. ein Zeitbegriff war; das Wort stammt von *thing*, der alten germ. Volksversammlung, die ihre Bezeichnung davon hatte, dass sie sich über einen gewissen Zeitraum dehnte. Der Begriff hat später einen grundlegenden Bedeutungswandel erfahren. Zu *tendere* gehört auch der lat. Zeitbegriff *tempus* = Zeitspanne. Dies entspricht unserem modernen Zeitbegriff. Wir empfinden Zeit als einen Verlauf. Beim Zeitempfinden der Griechen stand der einzelne Augenblick (*kairos*) im Vordergrund)

Alles, was trocken und verdorrt ist
Dörren, dorren, dürr, dürsten, Durst, trocken

Alles Gegenüberliegende
Ende, Antlitz, Antwort, auch die griech. Vorsilbe *anti-*. Hierzu zählt auch die dt. Vorsilbe »ent-«, auch wenn dies nicht auf Anhieb nachvollziehbar ist. Man kann es sich aber vorstellen, wenn man das Gegenüberliegende als ein Rückgängigmachen auffasst: z. B. bei entehren, entwaffnen, entnehmen.

Alles, was mit Fortbewegung zu tun hat
Fahren, Fahrt, Fähre, Furt, führen, Fuhre, Fjord, fertig (bedeutet urspr. »zur Fahrt bereit«); »fahren« hatte früher eine viel weitere Bedeutung und schloss alle Arten der Fortbewegung ein, selbst das Fliegen (Himmelfahrt). Aus derselben Wortwurzel stammt auch »Pore« (weil sie etwas durchlässt) und die lat./griech. Vorsilbe *per-* (= durch, hindurch sowie Beförderung, z. B. »per Post«).

Alles, was fließt
Fließen, gießen, Flosse, Floß, Fluss, flüssig, Flotte, Flut, fliegen; hierzu auch: füllen, Fülle, voll, viel, Volk (weil diese fünf Wörter mit »vollfließen« zu tun haben)

Alles, was zum klaffenden Mund gehört
Gähnen, gaffen, Gaumen, Geifer, vergeuden (mittelhdt. *giude* bezeichnete die prahlerische Freude)

Alles, was mit (er)fassen zu tun hat
Haben, heben (davon wiederum: Hefe, Hebel, Urheber), haschen, -haft, Haft, Heft, Habicht

Alles, was gebogen ist
Haufen, Haube, Hobel, hoch, Hügel, Hof, Hocke, Hüfte, hüpfen

Alles, was bedeckt und umhüllt
Haus, Hose, Hort, Haut, Hode, Hütte; sowie mit s-Anlaut: Schaum, Scheune, Schuh, Schote

Alles, was aufmerksam beachtet und wahrgenommen wird
Hören, gehorsam; mit s-Anlaut aus der selben Wortwurzel auch: schauen, schön

Alle »Vertiefungen«, die etwas verschlingen
Kehle, Kiel, Köder, Gurgel, Gully

Alles, was eine gewisse Kundigkeit voraussetzt
Kennen, können, Kunst, kühn (wegen der Kampferfahrung), kund(ig); von »kundig« gehen noch einmal vielfältige Wörter aus, wenn die Bedeutung »künden« (bekannt machen) hinzutritt: Kunde (Nachricht), Urkunde, Kundschafter, kündigen, Kunde (jemand, dem ein Geschäftsangebot unterbreitet wird)

Alles, was fest zusammengefügt bzw. erstarrt ist
Klemmen, klimmen, klimpern, Klamm, Klammer, Klempner, beklommen, kleben, Kleid (weil es »anhängt«), Kleister, klettern

Alles, was zusammengeballt und zusammengedrückt wird
Kneten, kneifen, knüllen, knutschen, knüpfen, knicken, knicksen, knapp, Knoten, Knödel, Knäuel, Knolle, Kniff, Knüppel, Knochen, Kneipe, Nuss, Nacken

Alles, was krumm gebogen ist
Kriechen, krumm, Kringel, Krippe, Kraft, Krampf, Kropf, Krücke

Alles, was schlapp herumhängt
Lappen, Laffe, labil, läppisch, Lapsus, kollabieren, Löffel, lottern, liederlich, Lümmel, Lumpen; und mit s-Anlaut: schlaff, schlafen, schlapp, Schlampe, schlampen, Schlamm, schlummern, schlemmen, schleudern, schlottern, schludern, Schliere

Alles, was feucht und schmutzig ist
Moder, Moos, Schmutz, schmuddelig

Alles, was zusammengedrückt und gepresst wird
Morsch, Mörser, Mörtel, Mord, mürbe, murksen, Schmerz, sehr (»Schmerz« und »sehr« hängen eng zusammen: »versehren«)

Alles, was zusammengedreht und- geschnürt wird
Nähen, Nadel, Naht, Nessel, nesteln, Netz, Narbe, Nehrung, Schnur, schleunig (urspr. bezogen auf schnelle Drehbewegung beim Hantieren mit Fäden oder Schnüren)

Alles, was sinnvoll zusammengefügt wird
Rede, redlich, raten, (ge)rade, (hun)dert; auch lat. *ratio* und Arm (= ein sinnvoll angefügter Körperteil)

Alles, was aufgerissen, aufgewühlt, aufgekratzt wird
Reißen, reizen (auch Lachreiz, Liebreiz, Brechreiz, Hustenreiz), ritzen, Riss, rauben, raufen, rupfen, räuspern, rau, Rüssel (dient zum Aufwühlen), schreiben (allen Wörtern für »schreiben« liegt die Vorstellung des Einritzens zugrunde: engl: *to write*; lat. *scribere*, griech.: *graphein* = ritzen)

Alles, was schlüpfrig gleitet
Schleifen, schlüpfen, Schlupfloch, schlüpfrig, schleichen, Schlucht, schleppen, (ver)schlingen, Schlund, Schlauch, Schlaufe, Schleife, schlau, schlecht, schlicht, Schliche, schlendern, schlittern, Schlitten, Schleim, Leim, Lehm, Schlick, Schleie

Alles, was weggeschoben oder weggestoßen wird
Schieben, schießen, Schub, Schaufel, Schippe, scheu, Schoß (weil man damit urspr. hervorschießende Kleidungszipfel bezeichnete)

Alles, was mit Mund oder Nase gierig aufgenommen oder ausgestoßen wird
Schnappen, schnacken, schnattern, schnauben, schnaufen, schnäuzen, schniefen, schnippen (ist eine Abwandlung von schnappen), Schnipsel, schnüffeln, schnupfen, Schnabel, Schnauze, Schnepfe, Schnake, Schnickschnack (Geschwätz), und natürlich »Schnäppchen« (zu schnappen auch: Schnaps = ein Schluck)

Alles, was glatt und weich ist
Schmelzen, Schmalz, schmieren, schmeicheln, Schminke, Schmant, Schmetterling, engl. *smooth*

Alles, was gedehnt wird
Spannen, spinnen, sparen, spät, sputen (auch engl. *speed*), Spange (Spengler), Speck, spalten, spleißen, splittern, Splitter, Span (auch

engl. *spoon*), Spaten und Spule (weil es sich um abgespaltene Holzstücke handelt)

Alles, was zuckt, zappelt und (mit dem Fuß) weggestoßen wird oder wegschnellt
Springen, sprengen, sprenkeln, sprühen, sprudeln, spritzen, sprießen, Sporn, Spur, Sperling, Spreu

Alles, was steif und unbiegsam ist
Starr, starren, Star (Augenkrankheit), stark, stracks, straff, stramm, sterben (= starr werden), Storch, streng, Strang, sträuben, Gestrüpp, straucheln, Strauch, strecken, Strick (straff verschnürt), Strauß, strotzen, Stumpf, Strumpf, Strunk, stürzen; auch: derb, verderben – weil früher: *(s)terb(h)*

Alles, was spitz und steif ist
Stechen, Stachel, Stange, Stängel, stecken, Stock, steif, Stich, sticken, ersticken, Teich (= Ausstich), auch griech. *stigma*

Alles, was steht
Stehen, stellen;
Erweiterung »Stab«: Staffel, stampfen, Stapel, Stempel, Stufe, Stummel, stumpf;
Erweiterung »Stand«: Ständer, Stamm; auch: Standard, Standarte, Stunde;
Erweiterung »stellen«: Stall, Stadel, Stuhl, Statt/Stätte (v. a. in Wortverbindungen wie »Werkstatt«); auch: anstatt, erstatten, stattfinden, Statthalter), Stadt, Stelze, stetig, still, Stollen, stolz, stülpen, stur;
Erweiterung »stauen«: Staude, staunen, stützen, Steuer (= Unterstützung) sowie alle Ableitungen von lat. *stare* und *statuare*: Statue, Statur, Status, Statut, Statist, Statik, Statistik, Station

Alles, was sich ausbreitet
Streuen, streunen, Streusel, streichen, streicheln, Strich, streifen, Strahl, Stroh, Stirn

Alles, was kraftlos herabsinkt
Triefen, träufeln, Traufe, Tropfen, Tropf, Tripper, trauern (bedeutet wört. »den Kopf sinken lassen«)

Alles, was mit drehen und winden zu tun hat
Wallen, walken, walzen, wälzen, Welle, wühlen, Woge, Wulst, Wurzel, weben, Wabe, Wachs, wachsen, wichsen, Waffel (Wabenmuster), wickeln, Wacholder, Wespe

Alles, was sich durch wenden verändert
Weichen, weich, Weiche, wechseln, Weib, Weide, Woche, wippen, Wimpel, Wipfel, Wisch

Alles, was mit Bedacht in Bewegung gesetzt wird
Wiegen, wägen, Waage, Gewicht, wichtig, bewegen, Wagen, Wiege, Weg

Alles, worauf man sich Hoffnung macht, was man anstrebt und was angenehm ist, wenn man es erreicht hat
Wennan (= sich abrackern, mühen) heißt hier das »Urwort« und daraus sind hervorgegangen: Gewinn, gewinnen, Venus, Wonne, Wahn, wohnen, Wunsch, wünschen, gewöhnen, gewohnt

Alles, was sich verdoppelt
Zwei, Zweifel, Zweig, Zwilling, Zwirn, Zwist (Zwiespalt), Zwitter, zwischen, zwölf (zusammengesetzt aus »zwei« und »elf«)

Verstärkungswörter

Verstärkungswörter bilden feste Wortverbindungen, die wir ganz selbstverständlich gebrauchen. In der folgenden Zusammenstellung wirken sie auf den ersten Blick verblüffend, weil man sieht, dass es im Dt. noch eine Menge von Steigerungs- und Betonungsmöglichkeiten jenseits der heute gängigen Verbindungen mit »super«, »mega«, »ultra« oder »total« gibt.

bitter	bittere Not, bittere Reue, bittere Kälte, bitteres Elend, bitterer Ernst, sich bitter rächen, bitterlich weinen, bitter nötig. »Bitter« heißt eigentlich »beißend« und bezieht sich somit auf das, was wirklich weh tut.
blank	blanke Wut, blanker Hass. Die Grundbedeutung von »blank« ist »glänzend, strahlend«; gemeint ist also etwas besonders Intensives.
blind	blinde Leidenschaft, blinder Eifer, blinde Rache, blind ergeben, blindwütig. »Blind« ist verwandt mit »blenden« und bezeichnete urspr. ein glänzend weißes Strahlen.
Blitz	blitzblank, blitzsauber, blitzschnell, blitzgescheit, Blitzkarriere, Blitzkrieg
Blut	blutjung
Bombe	Bombenstimmung, Bombengeschäft, Bombenerfolg, bombenfest, bombensicher
Brand	brandneu, brandeilig, brandheiß, brandaktuell. Stammt von engl. *brand-new* und ging erst im 20. Jh. auf andere Wörter über
breit	breiter Begriff, breite Mischung, breites Interesse, breiter Raum, breites Spektrum, breiter Widerspruch, breite Wählerschichten
brüllend	brüllende Hitze, brüllendes Gelächter
eitel	eitel Freude, eitel Gold. Im Mittelhdt. hatte das Wort die Bedeutung »rein, bloß, nichts als«
Elend	elend heiß/kalt, elend feucht, elend voll
Erz	Erzschurke, Erzfeind, Erzbischof, Erzherzog, erzdumm, erzfaul, erzkonservativ. Diese Vorsilbe leitet sich nicht von dem Begriff für das Metallmineral ab. Sie stammt vielmehr von Griech. *arch(i)-* = Haupt-, Ober-, Erz- etc., kennzeichnet also meist einen hohen Würdenträger. Die Silbe steckt auch in dem Wort »Patri*arch*« = Erzvater.
extra	extrafleißig, extravagant, Extrapost, Extrawurst
fest	feste üben, feste essen, feste trinken. Diesen Wendungen

begegnet man hauptsächlich in der Umgangssprache in Süddtl. Als Intensivierung findet man Wortverbindungen mit »fest« auch schon im älteren Dt.: festen Schrittes, fester Entschluss, feste Meinung, feste Burg.

frisch frischgebacken, frischvermählt, frischweg

Fuchs fuchsteufelswild

Furz furztrocken, furzlangweilig

Gold goldrichtig

Haar haargenau, haarklein, haarscharf

Hammer hammerhart, hammermäßig

Hand handgemacht, handgenäht, handgewebt, handgemalt, handverlesen, Handarbeit. Die Wortverbindungen mit »Hand« sind jüngeren Datums. »Hand« nimmt in Verbindung mit anderen Wörtern teilweise eine neue Bedeutung an und bezeichnet nun häufig eine besondere Qualität gegenüber maschineller Produktion.

Heiden Heidenangst, Heidenarbeit, Heidengeld, Heidenlärm; früher auch: Heidenkraft, Heidenzorn. Dieser Verwendung liegt die Vorstellung des Ungezügelten, Übermäßigen, auch Schreckerregenden im Heidentum zugrunde.

heiß heiß begehrt, heiß blütig, heiß geliebt, heiß umkämpft, Heißhunger, Heißsporn

hell hell begeistert, hellwach, hellhörig, helle Freude, helle Wut. Älter: in hellen Haufen. Hell hat seit dem 16. Jh. die Nebenbedeutung von »stark, heftig, sehr«. Das Wort kommt nur im Dt. und im eng verwandten Nl. vor. Erst Luther führte es mit dem uns in erster Linie geläufigen Sinn ins Hdt. ein. Das ältere dt. Wort dafür war »licht«. »Hell« ist verwandt mit »hallen« und hat daher auch in Bezug auf Töne oder Klänge die Nebenbedeutung »rein«.

Himmel himmelangst, himmelhoch, himmelschreiend, himmelweit

hoch hochanständig, hochgebildet, hochaktuell, hochberühmt, hochbetagt

Hund hundemüde, hundsmiserabel, hundsgemein, hundekalt, Hundewetter, Hundelohn, Hundearbeit, Hundeleben. Anders als heute hatten Hunde im Mittelalter ein äußerst schlechtes Image. Man verachtete sie. Davon zeugen auch Wörter wie: »Schweinehund, Lumpenhund«.

Ideal Idealbild, Idealform, Idealschönheit. Von lat./griech. *idea* = Urbild, Gedanke. Wenn uns etwas ideal vorkommt, entspricht es einer gedanklich mustergültigen Vorstellung.

klamm klammheimlich. »Klamm« ist hier eine Eindeutschung des lat. Wortes *clam*, was so viel wie »heimlich« bedeutet. Hier liegt also eine Verdoppelung vor.

Klitze klitzeklein. »Klitze« ist ein älteres Wort für »schmaler Spalt, Nische«.

Kreuz kreuzbrav, kreuzfidel, kreuzunglücklich. Die Verwendung von »Kreuz« als Verstärker ergab sich wohl aus der häufigen Verwendung des Wortes in derben Flüchen.

krotten krottenschlecht, krottendoof, krottenfaul. Das Wort kommt von »Kröte« und nicht von »Grotte«. Es ist ein ähnlicher »Negativ-Verstärker« wie die Vorsilbe »sau-«. Seltener findet man den Ausdruck »freche Krott« = aufmüpfiges kleines Mädchen; es gibt auch den Ausdruck »süße Krott«.

Marathon Marathonsitzung, Marathondiskussion, Marathonkonzert. Alles, was ziemlich lange dauert und anstrengend ist, wie eben ein Marathonlauf.

mause mausetot, mucksmäuschenstill. Hat nichts mit der Maus zu tun. Zugrunde liegt das niederdt. Wort *murs, mors* = gänzlich, plötzlich; im Niederdt. auch in der Verbindung *mursdot* = ganz tot. Die Umdeutung zu »mausetot« erfolgte durch ein Missverständnis von *murs*.

Mord Mordshunger, Mordskerl, Mordsspektakel

nackt nackte Wahrheit, nackter Hass, nackter Boden

Nagel nagelneu = frisch mit Nägeln beschlagen. Weitere Steigerung: funkelnagelneu.

Pfund pfundig, Pfundskerl, Pfundsstimmung, Pfundsgosche. V. a. in Süddeutschland.

piek piekfein, pieksauber. »Puk« (nl. *puik*) ist ein Hanseausdruck für »erlesene Ware, ausgezeichnet, vom Feinsten«.

potz potztausend, potz Blitz, potz Donnerwetter, potz Teufel. »Potz« oder auch »botz« sind Verschleifungen von »Gottes«, der Genitivform des Wortes »Gott«, v. a. in Flüchen.

Proppen proppenvoll. Proppen ist die niederdt. Form von »pfropfen, stopfen«; also: voll bis zum Stopfen.

Pudel pudelnass, pudelwohl, pudelnärrisch. Dem Pudel wird nachgesagt, dass er das Wasser liebt.

quick quicklebendig. Niederdt. *quick* = lebendig, frisch; es handelt sich hier also um eine Verdoppelung.

quietsch quietschfidel, quietschvergnügt, quietschgesund

Ratte ratzekahl. Ratze ist zwar eine ältere Wortform von Ratte. Aber hier hatte man das eigentlich gemeinte Wort »radikal« missverstanden und auf diese Weise umgedeutet.

Riese riesengroß, Riesenhunger, Riesenhit, Riesenspaß, Riesendummheit

Sau saudreckig, saudumm, sauschnell, saugeil, saugut, sauteuer, sauheiß

scheiß scheißegal, scheißteuer, scheißkalt, scheißfreundlich, scheißvornehm

Spinne + Spindel spinnefeind, spindeldürr. Spinne und Spindel sind eng miteinander verwandte Wörter.

Spott spottbillig, Spottpreis. »Spott« kommt von »speien«; daher ist das Wort eigentlich sehr abfällig.

Stein steinalt, steinhart, steinreich. »Stein« im Sinne von »sehr, hoch« ist schon seit der Renaissancezeit gebräuchlich.

stink stinknormal, stinkfaul, stinkreich, stinksauer, stinkvornehm. »Stink« kommt hier wohl nicht von »stinken«, sondern von »stänkern«, im Sinne von »Ärger machen, provozieren«.

Stock stockbesoffen, stockblind, stockdumm, stocksteif, stocktaub, stockkonservativ. Diese Verstärkungsvorsilbe basiert auf der Vorstellung eines Baumstumpfs (= Stock), der ein völlig unbeweglicher und empfindungsloser Klotz ist. Bei »stockdunkel« und »stockfinster« handelt es sich um einen Vergleich mit »Stock« im Sinne von »Gefängnis«.

Sturz sturzbesoffen. Ein einfacher Vergleich: so besoffen, dass man stürzt.

Tod todernst, todlangweilig, todmüde, todkrank, todsicher, todunglücklich, todesmutig, Todsünde, Todesangst. Bei den Verbindungen mit »tod-« schwingt die Vorstellung von etwas Unausweichlichem, nicht mehr zu Überbietendem mit. »Todschick« hat übrigens nichts mit »Tod« zu tun, sondern kommt von dem schlecht verstandenen *tout chic*, also »vollkommen, rundum schick«.

ur uralt, urdeutsch, urkomisch, urplötzlich. Im Zusammenhang mit Hauptwörtern wie Uradel, Urmensch, Urfassung, Urgroßmutter, Uraufführung bezieht sich die Vorsilbe auf etwas Anfängliches, Erstmaliges.

windel windelweich

Wunder wunderschön, wunderherrlich, wundermild, wunderbar. Die Herkunft des Wortes ist unbekannt. Es drückt immer etwas Außerordentliches aus, das Erstaunen hervorruft.

zappen zappenduster. Bezieht sich auf die Situation nach dem Zapfenstreich (s. a. S. 105).

Worterfinder

Schon in der Barockzeit und bis in die Goethezeit empfand man die Überfremdung der deutschen Sprache als lästig. Trotz aller längst erfolgten Bemühungen um »Sprachreinigung« sagt Goethe noch in seinem Spätwerk ›Dichtung und Wahrheit‹ über »die literarische Epoche, in der ich geboren bin«: »Es drangen sich der deutschen Sprache zu so manchen neuen Begriffen auch unzählige fremde Worte nötiger- und unnötigerweise mit auf, und auch für schon bekannte Gegenstände ward man veranlasst, sich ausländischer Ausdrücke und Wendungen zu bedienen. Der Deutsche, seit beinahe zwei Jahrhunderten in einem unglücklichen, tumultarischen Zustande verwildert, begab sich bei den Franzosen in die Schule, um lebensartig zu werden, und bei den Römern, um sich würdig auszudrücken ...«

Wie sich das Deutsche (kurz vor Goethes Zeit) anhörte, kann man z. B. einigen Briefzeilen der Liselotte von der Pfalz (1652–1722) entnehmen: »Dieses macht auch, dass ich jetzt sehr à la mode bin, denn alles, was ich sage und tue, es sey gut oder überzwerck, das admirieren die hofleute ... wenn die courtisans sich einbilden, dass einer in faveur ist, so mag einer auch tun, was er will, so kann man doch versichert sein, dass man approbiert werden wird, hergegen aber, wenn sie sich das contrari einbilden, so werden sie einen für ridicule halten, wenn er gleich vom himmel käme.«

Damals waren es also nicht das Englische und Amerikanische, gegen die man sich zur Wehr setzte, sondern das Lateinische und das Französische. Vielseitig gebildete Männer, Dichter und Denker der Barockzeit und der Aufklärung machten unermüdlich Vorschläge, wie man Fremdwörter durch einen der deutschen Volkssprache entnommenen Begriff »eindeutschen« könnte. Viele dieser Vorschläge haben Eingang in die deutsche Alltagssprache gefunden. Aber auch die

Vorschläge, die sich nicht durchsetzen konnten, sind interessant – und oftmals kurios.

Die Intention der meisten dieser Männer war keineswegs nationalistisch, sondern aufklärerisch: Sie wollten »gelehrte«, schwer verständliche Wörter durch Begriffe ersetzen, die im Deutschen verankert waren und die auch der einfache, wenig gebildete Mensch verstehen konnte.

Neben den sprachforschenden Schriftstellern der Aufklärung sind drei weitere Worterfinder des Deutschen aus dem 19. Jahrhundert besonders hervorzuheben: Der »Turnvater« Jahn, der Generalpostmeister Heinrich von Stephan und der preußische Oberbaurat Otto Sarrazin.

Gueintz

Christian Gueintz (1592–1650) absolvierte als Pfarrerssohn ein umfassendes geisteswissenschaftliches Studium in Wittenberg. Im Auftrag Fürst Ludwigs I. von Anhalt-Köthen betätigte er sich später als Schulreformer. Er war einflussreiches Mitglied der »Fruchtbringenden Gesellschaft«, in der sich viele Sprachreiniger zusammentaten, und blieb hauptsächlich als Grammatiker in Erinnerung. Etliche grammatische Begriffe gehen auf ihn zurück.

Doppelpunkt (lat. *colon*; man hatte hierfür vorher auch »Zwaypunkt« vorgeschlagen), **Fügewort** (*Konjunktion*), **Zeitwort** (*Verb*, von lat. *verbum temporale*); bezeichnet also das Wort, das die verschiedenen »Zeiten« Gegenwart, Vergangenheit und Zukunft ausdrücken kann – je nachdem in welche Form es »gebeugt« (*konjugiert*) wird.

Opitz

Martin Opitz (1597–1639) gilt als einer der bedeutendsten deutschen Barockdichter. Er stammte aus Schlesien und arbeitete zunächst als

Hauslehrer, auch in den Niederlanden, später als Hofrat. Sein Hauptwerk ist das ›Buch von der Teutschen Poeterey‹ (1624), das ein Regelwerk der Dichtkunst enthält und große Bedeutung erlangte. Opitz schreibt darin in Bezug auf die sprachliche Überfremdung: »So stehet es auch zum heftigsten unsauber, wenn allerlei Lateinische, Frantzösische, Spanische und Wellsche Wörter in den Text unserer Rede geflickt werden.« Opitz war ab 1629 Mitglied der »Fruchtbringenden Gesellschaft«, einer Sprachgesellschaft zur Verbesserung der deutschen Sprache. Durch Kaiser Ferdinand II. wurde er zum »Poeta laureatus« gekrönt und in den Adelsstand erhoben. Zuletzt war er Hofgeschichtsschreiber in königlich-polnischen Diensten.

Anrufung, heute: »Anführungszeichen« (für Apostroph), **Kammerspiel** (für das nl. Wort *kamerspel* = Schauspiel), **liebenswürdig** (nl. *liefwaardig*), **Trauerspiel** (weil darin ein Unglück passiert, für *Tragödie*; die Tragödie – wörtlich »Bocksgesang« – stammt aus dem rituellen Umfeld der Weihespiele des Dionysos im antiken Athen: Der Ziegenbock – *tragos* – war ein Symboltier des Dionysos. Zur Tragödie gehörte eine dramatische Handlung, die unweigerlich zum Untergang des Helden führte. Dies war die »schlimmstmögliche Wendung« – genau das ist übrigens die Bedeutung des Wortes *Katastrophe*), **Übereinstimmung** (*Concordantz*), **meine Wenigkeit** (lat. *mea parvitas* war schon in der römischen Kaiserzeit eine Demutsformel).

Harsdörffer

Georg Philipp Harsdörffer (1607–1658) war ein Nürnberger Patrizier, Dichter, Universalgelehrter und Ratsherr. Er war Mitglied der »Fruchtbringenden Gesellschaft« (s. a. »Opitz«), gründete selbst den »Pegnesischen Blumenorden« (ein noch heute bestehender Dichterbund) und verfasste den als »Nürnberger Trichter« sprichwörtlich gewordenen ›Poetischen Trichter‹, ein Regelwerk über die Dichtkunst für Gymnasiasten. »Trichter« war ein damals gängiger Ausdruck für solche Lehrbücher und Leitfäden (davon stammt auch der Begriff »eintrichtern«).

Aufzug (für das franz. *acte* im Theater; der Begriff bezeichnet das Aufziehen des Vorhangs für einen neuen Handlungsabschnitt des Schauspiels), **beobachten** (lat. *observare*, franz. *observer*), **Bleistift** (Harsdörffers Verkürzung von »Bleiweißstift« setzte sich gegen konkurrierende Wörter wie »Bleifeder« oder »Bleiweiß« durch), **Briefwechsel** (*Correspondence*), **Fernglas** (das Teleskop war um 1605 in den Niederlanden erfunden worden. Harsdörffer führt »Fernglas« 1643 für das nl. Wort *verrekijker* = Ferngucker ein. Bereits kurz zuvor bezeichnete man es umständlich als »Holländisch – oder Ambstedamisches Fernglas«), **Vollmacht** (*Plenipotenz*; dies sind hauptsächlich juristische Fachbegriffe, die manchmal auch in der Alltagssprache gebraucht werden), **Zeitschrift** (*chronographicon* lautete das entsprechende Wort, das um 1645 im Umlauf war), **zweideutig** (für lat. *aequivocus*).

Schottel

Schottel (1612–1676) latinisierte seinen Namen zu Justus Georg Schottelius. Der Pfarrerssohn studierte unter schwierigen finanziellen Umständen in Norddeutschland und in den Niederlanden. Danach verdingte er sich als Hauslehrer und sogar als Prinzenerzieher. Darüber hinaus promovierte er in Jura und versah auch verschiedene Hofämter. Er war u. a. Mitglied der »Fruchtbringenden Gesellschaft« (s. a. »Opitz«) und des »Pegnesischen Blumenordens« (einem Dichterbund). Schottelius' sprachgeschichtliches Hauptwerk ist die ›Ausführliche Arbeit Von der Teutschen HaubtSprache‹, *das* grundlegende sprachwissenschaftliche Werk seiner Zeit. Dementsprechend stammen einige grammatische Termini von ihm.

Anwartschaft (für *Aspirant*; das Wort verwendete man im Zusammenhang mit Beamten- und Offizierslaufbahnen; Schottel modernisierte das ältere »Anwartung«), **Beistrich** (griech./lat. *komma/comma* = Einschnitt), **Endung** (Schottel führte diesen Begriff als grammatischen Ausdruck ein), **Freigeist** (*ésprit libre*; bezog sich vor allem auf religiöse Anschauungen), **Grundsatz** (von Schottel zunächst als grammatischer Begriff für *regula fundamentalis* eingeführt; ab ca. 1700 wurde das Wort auch in der philosophischen Diskussion im Sinne von »Prinzip« verwendet), **Stammform** (grammatikalischer Fachbegriff in Schottels ›HaubtSprache‹), **Strichpunkt** (wörtlich »Strichpünktlein« für *Semikolon*).

Nicht durchgesetzt hat sich Schottels Vorschlag »Denkzeit« (*Epoche*).

Zesen

Philipp von Zesen (1619–1689) war Schüler von Christian Gueintz in Halle. Gegen Ende des Dreißigjährigen Krieges arbeitete er als Übersetzer und Korrektor in den Niederlanden und unternahm ausgedehnte Reisen im Ostseeraum. Zesen war einige Zeit Gesellschafter des gelähmten Fürsten von Anhalt-Dessau und ließ sich 1656 mit Bürgerrecht in Amsterdam und am Ende seines Lebens in Hamburg nieder. Auf ihn und Campe (s. u.) gehen eine Fülle von Eindeutschungen und Worterfindungen zurück.

Abstand (für nl. *afstand* = Distanz), **Anschrift** (*Adresse*), **Anzeiger** (*Index*), **Besprechung** (*Rezension*), **Blutzeuge** (*Märtyrer*), **Entwurf** (für *Projekt*; übersetzt entspricht der dt. Begriff fast genau dem lat. *proiectare* = nach vorne werfen), **Lehrling** (für lat. *discipulus*; gemeint waren damit junge Studenten), **Leidenschaft** (franz. *passion*), **lustwandeln** (*spazieren*), **Mundart** (*Dialekt*; das Wort kommt 1641 fast gleichzeitig bei Gueintz, Schottel und Zesen auf), **Nachruf** (Zesen schlug dieses Wort für *Echo* vor; das setzte sich aber nicht durch. Die heutige Bedeutung im Sinne von *Nekrolog* entstand erst um 1837), **Oberfläche** (lat. *superficies*; auch engl. *superficial* = oberflächlich), **selbstständig** (»Selbststand« war Zesens Eindeutschung für das aus dem Lateinischen stammende Wort »Person«, weil er annahm, es sei der Sinn dieses Begriffs. Inzwischen weiß man, dass *persona* urspr. aus dem Etruskischen stammt und die Maske des Schauspielers im antiken Drama bezeichnet. Die *persona* war also die Figur, die der Schauspieler verkörperte. Heute verstehen wir unter »Person« das genaue Gegenteil – den individuellen, authentischen Menschen), **Sterblichkeit** (*Mortalität*), **Tierkreis** (lat. *zodiacus* = tierischer Kreis; sieben der zwölf Sternbilder sind nach Tieren benannt), **Verfasser** (urspr. »Schriftverfasser« für *Autor*), **Vertrag** (*Kontrakt*), **Wahlspruch** (Zesen schlug diesen Begriff für *symbolum* vor; gemeint war damit die Devise, der Spruch auf einem Wappen), **Zweikampf** (für lat. *duellum*, einer altlateinischen Form des Wortes *bellum* = Krieg; dies deutet auf die große Bedeutung von Zweikämpfen in frühantiken Kriegen hin, wie man es aus der ›Ilias‹ kennt).

Nicht durchgesetzt haben sich Zesens Vorschläge:
Blitzfeuererregung (*Elektrizität*), Dörrleiche (*Mumie*), Entgliederer (*Anatom*), Erzvater (*Papst*), Gottestum (*Religion*), Jungfernzwinger (*Kloster*), Kirchentisch (*Altar*), klägeln (*querulieren*), Krautbeschreiber (*Botaniker*), Liebinne (*Venus*), Lotterbett (*Sofa*), Lusthöhle (*Grotte*), Lustkind (*Amor*), Meuchelpuffer (*Pistole*), Röthin (*Aurora*), Schalksernst (*Ironie*), Scheidekunst (*Chemie*), Spitzgebäude (*Pyramide*), Spottnachbildung (*Parodie*), Tageleuchter (*Fenster*), Weiberhof (*Harem*), Windfang (»Mantel« stammt vom lat. Wort: *mantellum* = Hülle, Decke).

Gottsched

Johann Christoph Gottsched (1700–1766) studierte Theologie und Philosophie in Königsberg. Er übertrug in eigenen Theaterstücken das damalige moderne französische Theater Molières und Racines ins Deutsche. Der von Gestalt riesenhafte Gottsched wirkte hauptsächlich in Leipzig und zwar vor allem als Universitätsprofessor und Zeitschriftenherausgeber (er verfasste ca. 20 000 Zeitschriftenseiten). Gottsched wandte sich zwar gegen die schwülstigen sprachlichen Manieriertheiten des Barock, wurde aber in seinem eigenen Bühnenschaffen bald zur Zielscheibe des Spotts der um eine Generation jüngeren Stürmer und Dränger. In seiner Zeit war Gottsched als Literaturkritiker so prominent wie heute Marcel Reich-Ranicki.

Allvater (zuerst mit Bezug auf Odin/Wotan, der in der ›Edda‹ den Beinamen *alfadir* hat), **Dummkopf** (erst 1726 gebildet), **Fürwort** (ziemlich direkte Übersetzung für *Pronomen*; Schottel hatte 1641 dafür noch die Bezeichnung »Vornennwort« vorgeschlagen), **gleichgültig** (für *synonym*!), **Lustspiel** (*Komödie*; das griech. Ausgangswort bezieht sich auf einen possenhaften Umzug – *komos* – bei Gastmählern), **Zeitalter** (in Analogie zum früheren Begriff »Menschenalter« für *Epoche*).

Adelung

Johann Christoph Adelung (1732–1806) verfasste das bedeutendste deutsche Wörterbuch vor dem Grimmschen Wörterbuch. Er hatte evangelische Theologie studiert und arbeitete seit 1787 als Oberbibliothekar in Dresden. Adelung war Grammatiker und bemühte sich um die Einheit der Schriftsprache und der Rechtschreibung.

Anerkennung (damals noch »Anerkenntnis« für *Apperception*), **Eigenschaftswort** (für *Adjektiv*; Adelungs Vorschlag setzte sich gegen das von Gottsched ins Spiel gebrachte »Beiwort« sowie die von Campe vorgeschlagenen Begriffe »Beilegungswort« bzw. »Einverleibungswort« durch), **Schriftsprache** (Der Begriff wurde von Adelung 1782 in seinem Aufsatz »Was ist Hochdeutsch?« eingeführt. Als Gegenbegriffe wurden damals schon »Umgangssprache« und »Alltagssprache« verwendet.).

Nicht durchgesetzt haben sich Adelungs Vorschläge:
Absatz (wir würden heute eher den Begriff »Gegensatz« verwenden, für *Kontrast*), beidlebig (*amphibisch* – etwa Frösche, die sich im Wasser wie an Land aufhalten können), Erdbau (*Souterrain*), federhart (*elastisch*), Federleser (*Schmeichler*; das Wort hat sich nur in der Redewendung »ohne viel Federlesens« erhalten: dabei wird in der Tat nicht geschmeichelt), Feuersäule (*Pyramide*; man ging davon aus, dass der erste Wortteil *pyr* mit dem griech. Wort für »Feuer« zu tun hat, das ist aber nicht der Fall), Geburtsgeile (*Hoden*), Gilbe (für »gelbe Farbe« – wohl in Analogie zu »Röte« und »Bläue«), Jung-

fernschloss (*Hymen*), Schutzredner (für *Apologet*. *Apologet* kommt hauptsächlich aus dem Umfeld der Theologie. Gemeint waren die eifrigen Verfechter des Christentums, heute allgemein die eifrigen Verfechter einer Sache oder einer Meinung).

Campe

Joachim Heinrich Campe (1746–1818) war nach seinem Studium der evangelischen Theologie Hauslehrer und Erzieher bei der Familie Alexander von Humboldts. Später wurde er ein bedeutender Reformpädagoge. Er verfasste in freier Bearbeitung und Übersetzung die Jugendausgabe von Daniel Defoes ›Robinson Crusoe‹, dem ersten spezifischen »Jugendroman« (1780). Diese Version wurde weltbekannt und in zahlreiche Sprachen übersetzt.

Campe sah sich als Konkurrent und Rivale von Adelung. Er war der eifrigste Worterfinder und entwickelte für Tausende von Fremdwörtern Eindeutschungen, von denen im Lauf der Zeit etwa 300 in den allgemeinen Sprachgebrauch aufgenommen wurden, darunter:

Bittsteller (1791 für *Supplikant*; lat. *supplicare* = niederknien; die ganz genaue Übersetzung ist »das Knie beugen« bzw. »falten«. Campe ist bei seiner Eindeutschung also von dieser allzu demütigenden Vorstellung abgewichen, die in der vorrevolutionären Welt der Fürstenhöfe keineswegs ungewöhnlich war), **feinfühlig** (urspr. »fein fühlend« für *delikat*), ebenso: **Feingefühl, Zartgefühl** (*delicatesse*), **Mehrzahl** (1809 für *Plural*; als Alternative erwogen wurde damals auch das Wort »Vielzahl«), **Stelldichein** (für franz. *Rendezvous*; »Stelldichein« ist ein »Satzwort« wie »Vergissmeinnicht«; im Franz. war und ist *Rendezvous* nicht nur auf romantische Verabredungen bezogen, daher wurde bei der Eindeutschung auch »Treffen« erwogen. Auch im modernen Franz. wird *Rendezvous* oft verwendet wie die dt. Redewendung »einen Termin wahrnehmen«), **Tageblatt** (für franz. *Journal; jour* = Tag, »Tageblatt« hat sich nur noch als Zeitungsname erhalten; das moderne Wort dafür ist »Tageszeitung«), **Umwälzung** (für *Revolution*; dieser Begriff wurde von Herder und Goethe ausdrücklich als gelungene Eindeutschung begrüßt), **Verhältniswort** (für lat. *Präposition*; wörtlich eigentlich »vorangestelltes Wort«. Eine Präposition bspw. »an, auf, neben, unter, wegen« regiert immer den Kasus – Genitiv, Dativ oder Akkusativ – des nachfolgenden Wortes. Sie gibt also das Verhältnis an, in dem dieses Wort im Satz steht).

Weitere eingedeutschte Begriffe Campes sind:
aufs Geratewohl (*à coup perdu*), **altertümlich** (*antik*), **befähigen** (*qualifizieren*), **Beförderung** (1806 für *Spedition, spedieren, transportieren*), **Beweggrund** (*Motiv*), **Brüderlichkeit** (*fraternité*), **einschließlich** (*inclusive*), **Einzahl** (*Singular*), **Einzelwesen** (*Individuum*), **enttäuschen** (1801 für *desabusiren, detrompiren*, »Enttäuschung« 1807), **Erdgeschoss** (*Parterre*), **Fallbeil** (*guillotine*), **Festland** (*Continent*), **folgerichtig, folgewidrig** (*konsequent, inkonsequent*), **fortschrittlich** (*progressiv*), **Gefallsucht** (*Koketterie*), **handlich** (*traitable*), **herkömmlich** (*konventionell*), **Hochschule** (*Universität*), **Lehrgang** (*Kursus*), **Minderheit** (*minorité*), **Öffentlichkeit** (*publicité*; das franz. Wort hat einen Bedeutungswandel durchgemacht, denn es wird in Frankreich heute nur noch im Sinne von »Werbung« verstanden), **Randbemerkung** (*Glosse*), **Streitgespräch** (*Debatte*), **Tagesbefehl** (*ordre du jour*), **tatsächlich** (*faktisch*), **verwirklichen** (*realisieren*), **Voraussage** (*Prophezeiung*; griech. *pro* = voraus, *phánai* = sagen, sprechen, verkünden), **Wust** (*Chaos*), **Zerrbild** (*Karikatur*).

Nicht durchgesetzt haben sich Campes Vorschläge:
Antlitzseite (*Fassade*), anwendlich (*pragmatisch*), Bergglas (*Kristall*), Bücherkunde (*Bibliografie*), denklehrig (*logisch*), Erdplatz (*Parterre*), Esslust (*Appetit*), Dienerkleid (*Livree*), Feildirne (*fille de joie* = Freudenmädchen), Freigläubiger (*Protestant*), Geistesanbau (*Kultur*; das Wort »Kultur« leitet sich in der Tat direkt von *cultura* = Landbau, Pflege des Ackers ab), Gerätschaftssammlung (*Apparat*), Geschichtdichtung (*Roman*), Gesichtserker (*Nase*), Gleichmutsweiser (*Stoiker*), Größenlehre (*Mathematik*), Heiltümelei (*Reliquie*), Hundevernünftler (*Zyniker*; schon im Altertum wurde eine allen Werten und Wahrheiten sehr skeptisch gegenüberstehende Philosophenschule nach ihrem Versammlungsort Kynosarges – griech. *kyon* = Hund – als

»Kyniker« bezeichnet; im 19. Jh. projizierte man ferner die »hündischen« Eigenschaften »bissig, schmutzig, verachtungsvoll« auf die »Zyniker«; ihr bekanntester Vertreter war Diogenes), Ichsamkeit (*Egoismus*), kriegskünstig (*strategisch*), **Kerbtier** (*Insekt* – bedeutet in der Tat »das Eingeschnittene, Eingekerbte«, weil der Körper deutlich in Kopf, Bruststück und Hinterleib gegliedert ist. Das Wort »Kerbtier« wird heute nur noch als biologischer Fachbegriff für eine Klasse der Gliederfüßer verwendet), Kunststraße (*Chaussee*), Landschnupfen (franz. *grippe*), Menschenschlachter (*Soldat*), Sammelschrift (*Magazin*), Schaumünze (*Medaille*), schnellkräftig bzw. prallig (*elastisch*), Soldatenhaus (*Kaserne*; gegen diesen Vorschlag Campes hatte Knigge »Kriegerhaus« ins Spiel gebracht; ein anderer Vorschlag von Kinderling lautete »Wallwohnung«), Spitzgebäude (*Pyramide*), Streifhorden (*Beduinen*), Süßchen (*Bonbon*), Tropfbad (*Dusche* – vom franz. Wort *douche*), Urgeist (schlug Campe gegen »Erdschöpfergeist« für Genie vor), Urgemengsel (*Chaos*; vorgeschlagen war auch »Mischklump«, dem nl. *mengeklomp* nachgebildet), Vernunftlehre (*Philosophie*), verstandreich (*intellektuell*), Zwangsgläubiger (*Katholik*).

Wie sehr Wörter und Begrifflichkeiten eine Sache der Gewohnheit sind, zeigt auch die Tatsache, dass Campe einige Eindeutschungen, die uns heute völlig geläufig sind, einfach nicht vorzuschlagen wagte: **Gesittung** (*Civilisation*), **Körperschaft** (*Korporation*), **Sterblichkeit** (*Mortalität*).

Jahn

Friedrich Ludwig Jahn (1778–1852) studierte evangelische Theologie, arbeitete als Hauslehrer und beförderte entscheidend die deutsche Turnbewegung. Er erfand auch das Wort »turnen«. (Der erste Turnplatz wurde 1811 auf der Hasenheide in Berlin eröffnet.) Jahn war einer der führenden Köpfe der deutschen Einheits- und Nationalbewegung, die sich am Kampf gegen Napoleon entzündete. Jahn initiierte 1817 das Wartburgfest als Höhepunkt der Turnbewegung.

Das Turnen wurde 1820 in Preußen und anderen deutschen Staaten verboten und Jahn wurde der Prozess gemacht. Er wurde jedoch 1840 rehabilitiert und 1848 als Abgeordneter in die Nationalversammlung in der Paulskirche gewählt.

Grätsche (»gräten« war ein vom Spätmittelalter bis zum Ende des 18. Jhs. gebräuchliches Wort für »gespreizt gehen«), **Hantel** (aus niederdt. *hantel* = »Handhabe«; eine ähnlich künstliche Wortbildung wie heutzutage »Handy«), **Kehre** (vor allem in den zusammengesetzten Turnbegriffen »Spitzkehre« und »Kreiskehre«), **Reck** (das niederdt. Wort *rick* oder *reck* bezeichnete eine Querstange zum Aufhängen von Wäsche oder für Hühner), **Riege** (das mittelhdt. Wort war gleichbedeutend mit »Reihe«), **turnen** (Jahn nahm irrtümlich an, es handele sich um ein altes dt. Grundwort, von dem auch »Turnier« abgeleitet sei. »Turnier« kommt aber vom franz. *tournoi*, dem ritterlichen Kampfspiel. Dieses Wort wiederum hat seinen Ursprung in lat. *tornare* = bewegen, drehen, drechseln. In Jahns Zeit wurde »Turnen« als allgemeiner Begriff gebraucht, in dem Sinne, wie wir heute »Sport« verwenden. Ferner stammen von Jahn Ableitungen und Wortzusammensetzungen wie »Turner, Vorturner, Turnkunst, Turnlehrer, Turnplatz, Turnstunde«), **Eilbrief** (für »Expressbrief«), **Schrifttum** (für *Literatur*), **Volkstum, volkstümlich** (Jahn meinte damit das »Wesen eines Volkes«).

Stephan

Heinrich von Stephan (1831–1897) war Generalpostmeister des Deutschen Reichs. Er überführte nach der Gründung des Bismarckreichs das Thurn-und-Taxis-Postwesen in eine Reichspost für ganz Deutschland. Er gründete den Weltpostverein und vereinigte vorausschauend die Post-, Telegrafen- und später die Fernsprechdienste unter einem Dach. Er war auch der Erfinder der Postkarte. Heinrich von Stephan führte per Erlass vom 21.6.1875 bei der Post 671 eingedeutschte Begriffe ein.

Briefumschlag (*Couvert*), **Eilbote** (*Expressbote*), **Einschreiben** (*Recommandé*), **Empfänger** (*Adressat*), **Ermittlung** (*Recherche*), **Fernsprecher** (*téléphonie électrique* bzw. *Telephon*), **Postkarte, postlagernd** (*Poste réstante*), **Preisliste** (*Preiscourant*), **Spalte** (*Rubrik*), **Telegramm** (zuvor im Dt. Depesche, beruhte auf dem franz. Wort *dépêche – se dépêcher* = sich beeilen; Stephan wurde allerdings auch vorgeworfen, das französische Wort durch ein griechisch anmutendes Kunstwort ersetzt zu haben).

Sarrazin

Otto Sarrazin (1842–1921) war Ingenieur und preußischer Oberbaurat. Er deutschte ca. 1300 Wörter ein, vor allem aus dem Bau- und Eisenbahnwesen, und veröffentlichte vor dem Ersten Weltkrieg ein in mehreren Auflagen erschienenes Fremdwörterbuch, das zum Ziel hatte, möglichst viele Fremdwörter der Umgangssprache einzudeutschen.

Abteil (*Coupé*), **Bahnsteig** (*Perron*), **Fahrgast** (*Passagier*), **Fahrkarte** (*Billett*), **Schaffner** (*Kondukteur*), **Fahrrad** (1886, bis dahin *Veloziped*; in der Schweiz heute noch »Velo«), **funken** (Vorschlag von 1914 für »drahtlos telegrafieren«; die zugrunde liegende Technik, bei der hör- und sichtbare Funken auftraten, hatte der Italiener Marconi 1897 erfunden). Zunächst erschienen Wortzusammensetzungen wie **Funkspruch,** 1903; **Funker, Funkgerät, Funkmeldung** und **Funkstation** (sind seit 1905 im Duden), **Kraftrad** (1918 für älteres »Motorrad«).

Damals entstanden auch Wörter wie **Feuermelder** (für *Feuermeldeapparat*), **Wecker** (für *Weckapparat*), **Bohrer** (für *Bohrapparat*), **Brutofen** (für *Brutapparat*), **Verbrennungsofen** (für *Verbrennungsapparat*), **Flugzeug** (für *Flugapparat*).

Andere Vorschläge Sarrazins haben sich nicht durchgesetzt:
Aut bzw. Autel (für *Automobil*), Autschuppen (für *Garage*), Selbstgetriebe bzw. Ausgebkasten (für *Automat*), Betriebsmaschine bzw. Kraftmaschine (für *Motor*), Baumweg (für *Avenue* bzw. *Allee*), Ring-

straße bzw. Wallstraße (für *Boulevard*), Sicherheitsverschluss (für *Ventil*), Triebschraube (für *Propeller*), Werkzeug bzw. Tonwerkzeug (für *Instrument*).

Ferner finden sich in Sarrazins Wörterbuch nicht übernommene Eindeutschungen wie: Ausbesserung (*Reparatur*), Doppelwahl bzw. Klemme (*Dilemma*), Fleischschnitte (*Steak*), Gesichtskreis (*Horizont*), Glückwünscher (*Gratulant*), Haarkräusler (*Friseur*), Halbraute (*Trapez*), Heizer (*Chauffeur*), Knetmeister (*Masseur*), Kunstreiterbude (*Zirkus*), Rosigseher (*Optimist*), Rückwirkung (*Reaktion*), Schneckenlinie bzw. Schraubenlinie (*Spirale*), Wandelbahn (*Promenade*), Wüsteninsel (*Oase*).

Überpuristisch

Ein besonders eifriger Schöpfer von eingedeutschten Wörtern namens Kruger verwarf das »undeutsche« (nämlich aus dem Griech. von den *Musen*) stammende Wort »Musik« und glaubte, alle Wortabwandlungen von »Musik« mit dem Wort »Ton« bilden zu müssen (wobei er allerdings übersah, dass »Ton« von lat./griech. *tonus/tonos* und lat. *tonare* kommt).

Nach Krugers Vorstellung sollte die Wortfamilie folgendermaßen umgeformt werden:
tonen = musizieren; Toner = Musikant; Tonerei = Musik; Geton = einzelnes Musikstück (analog zu »Gedicht« und »Gesang«); Vorgeton = Ouvertüre, Tonung = Konzert; tonisch = musikalisch; Tonschule = Konservatorium; Tone = musikalisches Instrument; Volltone = Blasinstrument (auch: Blastone); Streichtone = Streichinstrument; Greiftone = bspw. Gitarre (die jedoch *Klimper* heißen sollte); Schlagtone = Schlaginstrument wie Pauke und Trommel; Tasttone = Tasteninstrument wie Klavier oder Orgel (auch: Täste); vertonen = komponieren; Vertoner = Komponist; Vertonung = Komposition; Tonkörper = Orchester; Tonbühne = Konzerthaus.

Schimpfwörter

Abschaum der Menschheit Im ersten Korintherbrief bezeichnet Paulus damit die Apostel selbst, allerdings verwendet er diesen Begriff nicht als Schimpfwort, sondern als Vergleich. Er sagt: »Mir will nämlich scheinen, Gott habe uns Aposteln den letzten Platz angewiesen, wie Menschen, die zum Tod verurteilt sind ... Bis zur Stunde leiden wir Hunger und Durst, haben nichts anzuziehen, werden misshandelt und haben kein Heim. Wir mühen uns ab mit unserer eigenen Hände Arbeit. Schmäht man uns, so segnen wir, verfolgt man uns, so dulden wir, beschimpft man uns, so geben wir gute Worte. Wie der Kehricht der Welt sind wir geworden, wie der allgemeine Abschaum bis heute.« (1 Kor. 4,9).

Armleuchter wird als verhüllendes Wort gebraucht, wenn man sich scheut, das Wort »Arschloch« auszusprechen.

Bastard Bâtard war im Mittelalter in Frankreich ein Rechtsbegriff, mit dem man das uneheliche Kind eines Adligen bezeichnete, das dieser anerkannt hatte. Dadurch hatte der »Bastard« im Feudalsystem eine gewisse Rechtsstellung. Die negative Bedeutung entstand durch die Gleichstellung mit »Hurensohn« im allgemeinen Sprachgebrauch. Insbesondere in orientalischen Ländern gilt »Hurensohn« als schlimme Beleidigung.

Bengel wurde wie »(Dresch-)Flegel« von einem grobschlächtigen Schlaginstrument auf rohe, rüpelhafte Menschen übertragen.

Besserwessi Ein schönes Beispiel für eine moderne sprachspielerische Wortprägung aus »Besserwisser«.

Depp Das Wort für einen unbeholfenen Menschen hat sich in der bayerischen und österreichischen Umgangssprache aus »Taps« bzw.

»Tapp« gebildet. Diese wiederum kommen von »tappen«, dem tastenden, unbeholfenen Umhergehen. Hierzu gehört auch »ertappen«. Nur ein »Depp« lässt sich eben ertappen.

Einfaltspinsel   Der Wortbestandteil »-pinsel« ist hier nicht das Malergerät mit Tierborsten, sondern setzt sich zusammen aus »pinn«, das ist ein Schuhnagel, und »sul«, das ist die Schusterahle. Beide sind Hauptwerkzeuge des Schusters. »Pinn-sul« wurde dann auf die Schuster selbst übertragen; sie galten als einfache, einfältige Handwerker.

Faulpelz/Faulenzer   Fäule ist die Schimmelschicht auf Lebensmitteln. Das Wort »Pelz« ist eng verwandt mit »Fell«. Noch im Mittelalter wurden »Pelz« und »Fell« auch in Bezug auf die menschliche Haut verwendet. (Daher gibt es viele Redewendungen mit »Fell«!) Ab dem 18. Jh. wurde das Bild von der Schimmelschicht auf träge Menschen übertragen, weil jemand, der sich kaum bewegt, »Schimmel« ansetzt. Aus »Faulpelz« ist auch »Faulenzer« entstanden.

Flasche   Auf den Menschen bezogen im Sinne von »hohles Gefäß, ohne Inhalt«.

Flegel   Vom Lat. *flagrum* bzw. der Verkleinerungsform *flagellum* = »Peitsche« oder »Geißel«. Da ein Dreschflegel ein wichtiges Werkzeug der Bauern war, ergab sich seit dem 16. Jh. die Übertragung auf den Menschen in herabsetzendem Sinn: Der »Bauernflegel« war ein Grobian.

Flittchen   entwickelte sich aus dem Wort »Flitsch«, österreichisch »Flietscherl«, für ein leichtes Mädchen. Verwandt ist damit auch »flittern« = liebkosen; in der modernen Alltagssprache ist das Wort noch erhalten in »Flitterwochen«.

Fritz   Engl. Schimpfwort für die Deutschen, besonders für die dt. Soldaten wegen des häufigen Vorkommens dieser Kurzform für »Friedrich« im hohenzollernschen Herrscherhaus Preußens.

Gammler ist ein nordgerm. Wort mit der Bedeutung »alt«, bspw. im Dänischen *gammel* = alt. Nebenbedeutungen sind auch »ungepflegt« (daher: »Gammler«) und alles Schlechte, schlecht Gepflegte, Nachlässige, Langweilige, Unnütze.

Gangster Das Wort entstand in Amerika um 1900 aus engl. *gang* = Bande. Dieser Begriff ist wiederum verwandt mit »gehen«; eine *Gang* besteht aus Mitgliedern, die »zusammen gehen«.

dumme Gans Übertragung auf den Menschen v. a. wegen des Schnatterns.

Geisterfahrer Das Wort ist Ende der 70er-Jahre aufgekommen. Der Begriff für das Fahren auf der Autobahn in der falschen Fahrtrichtung fand durch die Verkehrsmeldungen im Hörfunk rasche Verbreitung. Er wurde schnell auf Menschen übertragen, die unbeirrt an einem falschen Kurs festhalten (z. B. »politische Geisterfahrer«).

Gesocks Damit sind Menschen gemeint, die sich keine ordentlichen Schuhe leisten konnten, v. a. keine Lederschuhe.

Giftzwerg Wütender Zwerg, der Gift und Galle spuckt. Die Wortverbindung »Gift und Galle« kommt schon bei Luther vor und lehnt sich gedanklich an die antik-mittelalterliche Temperamentenlehre von den »Körpersäften« an. Gift galt als scharf, Galle als bitter. In der Wut sah man eine Vermischung dieser Säfte.

Halunke Das Wort ist aus der Vermischung zweier älterer, ähnlicher Wörter aus westslaw. Sprachen entstanden – aus einem tschechischen und einem sorbischen Teil. Mit altttschechisch *holomek, holomudek* bezeichnete man einen Henkersknecht oder Gerichtsdiener, den sprichwörtlichen »Büttel«. Dieser Begriff erweiterte sich wegen des geringen sozialen Ansehens des Berufs zu »Gauner, Betrüger«. Dem ersten Wortteil liegt außerdem altttschechisch *holy* = nackt sowie *mud, mudec* = Hoden zugrunde. Die nackten Hoden deuten auf einen »noch unbehaarten«, also »jungen, unreifen« Buben hin – in dem Sinne, wie man im Dt. »Spitzbube« sagt. Der sorbische Anteil von »Halunke« ist *holank* = Heidebewohner, wobei die erste Silbe genau wie beim tschechischen Wort das »Kahle, Nackte« (der Heide) zum Ausdruck bringt. Beide Entlehnungen sind im 16. Jh. zusammengeflossen.

Hexe Das althdt. Vorläuferwort *hagazussa* bedeutet »Zaunhockerin« (*hag* = Zaun).

Hund, Hundesohn Weltweit ist »Hund« der mit Abstand häufigste Tiername, der als Schimpfwort verwendet wird. Im mittelalterlichen und frühneuzeitlichen Europa sah man verächtlich auf Hunde herab. Davon zeugen die vielen negativen Redewendungen wie »auf den Hund gekommen«. Der Tiername ist also prädestiniert als Schimpfwort. Bereits im Frankfurter Stadtrecht von 1297 wurde mit Buße belegt, wer einen anderen einen »Hund« nannte. Bei den orientalischen Völkern gilt als schlimmste Beleidigung: »Hund, Sohn einer Hündin, Sohn eines Schweins«.

Tiere als Schimpfnamen

Die häufigsten Tiernamen, die neben »Hund« als Schimpfnamen gebraucht werden, sind:
Schwein (mit **Sau** und **Ferkel**), **Esel, Schaf, Ochse, Ziege, Kröte, Schlange** (auch **Natter** – als Synonym für Schlange und nicht im Sinne einer biologischen Unterart), **Ratte, Kamel, Affe, Schakal, Hai** und selten **Molch**.

Unter den Insekten fallen lediglich **Laus, Wanze** und **(Schmeiß-) Fliege** als Schimpfwörter auf. Interessanterweise nicht die Spinne, obwohl sie als Ekeltier wahrgenommen wird.

Nicht als Schimpfnamen benutzt werden diejenigen Tiernamen, die als Familiennamen zu Personennamen wurden (teilweise handelt es sich um Totemtiere):

Adler, Bär, Drossel, Falke, Fink(e), Frosch, Fuchs, Hase, Hirsch,

Hummel, Käfer, Kalb, Katze, Kranich, Krebs, Kuckuck (als Name = Gauch oder Jauch), Lerche, Maus, Meise, Nachtigall, Rabe/Raab, Schwalbe, Spatz, Specht, Sperber, Sperling, Strauß, Wolf, Zeisig.

Jammerlappen bezeichnet eigentlich keine Person, sondern ein Tuch zum Abwischen der Tränen.

Kanaille Das franz. Wort *canaille* = Gesindel geht zurück auf das fast gleiche ital. *canaglia*. Darin steckt *cane* = Hund. Die Bedeutung ist also »Hundepack«.

Kanake Das Wort ist hawaiianisch und bedeutet »Mensch«. Diese Selbstbezeichnung der Südsee-Insulaner wurde von den Europäern in dem abfälligen Sinn »ungebildet, ungesittet« übernommen.

Köter kommt von »kuten«, was im Niederdt. »plaudern, schwatzen« heißt und beim Hund natürlich »bellen«. Oberdt. Abwandlungen des Wortes »kuten« sind »gauzen« oder »kauzen«, woraus der Name des Eulenvogels Kauz hervorgegangen ist. Zugrunde liegt also einfach ein Schallwort.

Lackel wird auf den Namen des franz. Generals Mélac zurückgeführt, der im Pfälzischen Erbfolgekrieg 1698 im Auftrag Ludwigs XIV. die Pfalz verwüstete und v. a. das Heidelberger Schloss mit französischer Gründlichkeit unbewohnbar machte.

Lausbub ist heute kein Junge mehr, der voller Läuse ist. Das Wort »lausig« hat sich zu einem Adjektiv entwickelt, das allgemein etwas Schäbiges oder Schlechtes bezeichnet, z. B., wenn man von »lausiger Kälte« spricht. Aber die Anschauung, dass schlechte Kerle verlaust sind, lag diesen Wortbedeutungen urspr. zugrunde.

beleidigte Leberwurst Man hielt die Leber früher für den Sitz der Gefühle. Deshalb stellte man sich vor, dass die Leber bei einem Menschen, der sich gekränkt fühlte, »krank« war. »-wurst« ist nur eine scherzhafte Hinzufügung wie bei anderen Wörtern: »-sack« (Fresssack). Bei Menschen, die sich leicht gekränkt fühlten, genügte dann eine »Laus«, die ihnen über die Leber gelaufen war, um beleidigt zu sein. Die Laus gelangte in diese Redewendung, weil sie lächerlich klein ist und, ein Fall von »Sprachmusik«, ebenfalls mit L anfängt.

Luder ist ein Wort aus der Jägersprache und bedeutet dort »Aas, das tote Tier«. V. a. bezeichnet man damit die rohen Fleischstückchen, die als Lockspeise für Greifvögel und manchmal auch für Fische dienen.

Lümmel, Lump sind Varianten aus der großen Wortfamilie der »schlappen« und »lahmen« Wörter. Dazu gehört auch »Schlampe« (s. S. 155).

Opportunist Dass der Opportunist »sein Fähnlein nach dem Wind hängt«, kommt wortgeschichtlich nicht von ungefähr, denn das lat. Wort *opportunus* stammt aus der Seemannssprache und bezeichnet den günstigen Moment, in dem man das Schiff im Hafen (lat. *portus*) zur Abfahrt bereit macht und die Segel so in den Wind stellt, dass man den Hafen bequem verlassen kann.

Piefke Nach der Erstürmung der Düppeler Schanzen im Preußisch-Dänischen Krieg (1864) komponierte der preußische Musikmeister Gottfried Piefke den »Düppeler Sturmmarsch«. Von den Österreichern wurde der Name des Militärmusikers zunächst auf die preußischen Soldaten gemünzt, dann auf die Reichsdeutschen und schließlich, nach dem Zweiten Weltkrieg, auf die Bundesdeutschen, die zahlreich nach Österreich in die Ferien fuhren.

Piesepampel »Piesel« oder »Pesel« ist im Norddt. der Penis von Stier und Eber. »Pampeln« = bammeln, baumeln, also das schlaffe Herabhängen. Das Wort bezeichnet demnach einen schwächlichen Menschen oder, um es mit einem anderen, ähnlich bildhaften Ausdruck zu sagen, einen »Schlappschwanz«.

Prinzessin auf der Erbse Titel eines Märchens von Hans Christian Andersen und Sinnbild für Überempfindlichkeit. In dem Märchen schläft die Prinzessin auf vielen übereinandergelegten Matratzen und stört sich dennoch an einer Erbse, die darunterliegt.

Prolet Das lat. Wort *proles* bedeutet »Nachkommen«. Als politischer Begriff bezieht es sich auf die Klasse, die außer Nachkommen »nichts (zu versteuern) hatte«. Eng verbunden mit *proles* waren die Begriffe *plebs* (das Volk im Gegensatz zu den Patriziern) und *pauperes* (= die Armen). Das von *proles* abgeleitete Wort »Proletarier« wurde zur Zeit der Französischen Revolution von den Saint-Simonisten, linksgerichteten revolutionären Denkern, in die gesellschaftspolitische Debatte eingeführt. Marx und Engels, die vom »Proletariat« (= wirtschaftlich unselbstständige, besitzlose Klasse) sprachen, machten den Begriff dann zu einem der zentralen Schlagwörter des Kommunismus. »Prolet« ist die abwertende Verkürzung von »Proletarier«.

Rabauke Franz. *ribaud* = Landstreicher oder Lumpensammler. Das Wort gelangte über die nl. Form *rabauw* = Schurke, Strolch im Spätmittelalter ins Rheinisch-Kölnische. Von dort breitete es sich um 1900 allgemein ins Deutsche aus.

Rabeneltern Die wissenschaftlich unhaltbare Behauptung, Raben würden ihre Jungen aus dem Nest werfen oder im Stich lassen, geht zurück auf die Bibel. Dort heißt es: »Wer gibt dem Raben seine Nahrung, wenn seine Jungen schreien zu Gott um Hilfe und wenn sie sich aufbäumen ohne Fraß?« (Hiob 38,41).

Rowdy Ein rauer oder roher Typ wird auch »Rowdy« genannt, ein amer. Wort für gesetzlose Hinterwäldler bzw. den Straßenpöbel. In Amerika taucht das Wort Anfang des 19. Jhs. auf, im Dt. wurde es bereits um 1850 gelegentlich verwendet.

Rüpel Der bekannteste »Rüpel« ist Knecht Ruprecht, der in manchen Gegenden den heiligen Nikolaus begleitet. »Rüpel« ist nichts anderes als eine Kurzform des Namens Ruprecht. Zur Verschlechterung des Namens zum Schimpfwort könnte das rotwelsche Wort *rubel* oder das lat. Wort *ribaldus*, beide mit der Bedeutung »Schurke, Schuft«, beigetragen haben.

alter Sack   »Sack« ist in solchen Wortverbindungen immer ein Synonym für »Mann«. Gemeint ist der Hodensack, der als Pars pro Toto für den ganzen Mann steht. Genauso bei: Fresssack, fauler Sack, geiziger Sack, blöder Sack, Säckel und Saftsack (= Versager) und vielen ähnlichen Wendungen.

alte Schachtel   Schimpfwort für Frauen. Der Begriff stammt aus der Jägersprache. Dort wird er scherzhaft gebraucht. Konkret gemeint sind alte, nicht führende weibliche Tiere bei Rot-, Reh- und Gamswild. Ein »Karton aus Pappe«, den man bei diesem Begriff assoziieren könnte, ist hier also nicht gemeint.

Schlampe   Noch um 1700 benutzte man dieses Wort gerne in einer erweiterten Form und sprach sogar in literarischen Texten von »Frau Schlampampe«. Im modernen Sprachgebrauch wird das Wort auch auf Männer bezogen. Alles an »Schlampen« ist schlaff und schleppend; hier liegt auch die Wortwurzel. Über diese ist »Schlampe« wortgeschichtlich verwandt mit schlaff, aber auch mit schlafen, Lappen, Schlamm.

Heute wird das Wort überwiegend im Sinne von »promiskuitiv« gebraucht: wer sonst unordentlich ist, hat auch ein unordentliches Liebesleben, so die Vorstellung.

Schlemihl   Vom hebräischen *Shê-lô-mô-îl* = der nichts taugt. Ein Mensch, dem nichts gelingt, ist ein Pechvogel. Eingang in die Literatursprache fand das Wort durch das Buch ›Peter Schlemihls wundersame Geschichte‹ von Adelbert von Chamisso (1814). In dieser Teufelspakt-Geschichte verkauft Schlemihl seinen Schatten. Dieser Mann ohne Schatten wird aber trotz seiner äußerlich glänzenden Existenz ein einsamer Außenseiter, es fehlen ihm wesentliche Teile des Menschseins.

Schnalle kommt nicht von der »Gürtelschnalle«, sondern aus der Jägersprache. Die »Schnalle« bezeichnet das weibliche Geschlechtsteil der Hündin und des Haarwildes. In der Übertragung auf den Menschen ist es ein Pars-pro-Toto-Ausdruck wie der Hodensack beim »alten Sack«. In diesem Zusammenhang bedeutet »schnallen« zum einen »koitieren« und zum anderen »die Witterung eines weibliches Tieres aufnehmen«, also etwas ahnen, begreifen, etwas merken.

Schrumpfgermane Das Wort wurde 1926 von Gregor Strasser verhöhnend in Bezug auf Joseph Goebbels geprägt. Strasser war vor Goebbels Propagandaleiter der NSDAP.

Schweinepriester war ein spöttischer Begriff für den Schweinehirten eines Klosters.

Schwuchtel Abwertender Begriff für Homosexuelle. Von »schwuchteln« = schwanken, schaukeln, sich wiegend mit den Hüften bewegen. Das Wort »schwul« (von »schwül«) hingegen ist inzwischen kein Schimpfwort mehr, seit sich Homosexuelle offen dazu bekennen und den früher als Schimpfwort gebrauchten Begriff bewusst auf sich selbst beziehen. Damit wurde die abfällige Konnotation neutralisiert. Das Wort ist somit auch in der gehobenen Sprache »normal« und alltagstauglich geworden.

Spießer, Spießbürger Vor der Erfindung der Handfeuerwaffen waren die Bürgerwehren hauptsächlich mit Spießen bewaffnet, so wie man es heute noch an der Schweizergarde des Papstes sehr schön sehen kann. (Später war die Hauptwaffe die Muskete; solche Garden waren die »Musketiere«.) Vor der Erfindung der »Polizey« im Fürstenstaat sorgten diese Bürgerwehren in den größeren und vor allem in den reichsfreien Städten für Ruhe und Ordnung im Innern und verteidigten, so gut es ging, die Stadtmauern. Als die Bürgerwehren veralteten und entgegen der technischen Entwicklung (Musketen, Gewehre) und der Etablierung der militärisch organisierten »Polizeyen« an ihren Spießen und ihrem spießigen Brauchtum festhielten, wurde auch das Wort zu einem Inbegriff des Rückständigen, Engherzigen und Kleinbürgerlichen.

Spinner Die Redewendungen »Gedanken spinnen«, »Seemannsgarn spinnen« und das Wort »versponnen« deuten an, wie man sich den Vorgang dachte, den man heute mit »sich etwas zusammenfantasieren« umschreiben würde.

Spitzbube In der Gaunersprache des 19. Jh. ist »Spitz« ein Polizeiagent, ein Spitzel.

Tölpel ist aus der älteren Form *dörpel* hervorgegangen, die sich an das flämische Wort *doerper* anschließt: ein Mensch vom Dorf.

Trottel hat sich, aus dem österreichisch-bairischen Sprachbereich kommend, im 19. Jh. in ganz Deutschland eingebürgert. Es leitet sich von »trotten« bzw. »trotteln« her.

Vandale Die Vandalen (Wandalen) waren ein germ. Stamm, der im Zuge der Völkerwanderung bis Italien gelangte und schließlich in Nordafrika ein Reich gründete. Die Vandalen waren in der Spätantike die Einzigen, die Rom eroberten und plünderten (455 n. Chr.). Den Begriff »Vandalismus« prägte aber erst 1794 der Bischof von Blois, Henri Grégoire, im Hinblick auf die sinnlose Zerstörung von Kunstwerken in Frankreich als Folge der Französischen Revolution.

Vettel kommt von lat. *vetus* = alt; *vetula* heißt »altes Weib«.

Weihnachtsmann Der Ausruf gegenüber einem Polizisten wurde 1956 von einem Gericht als Beleidigung mit 100 DM Geldstrafe geahndet.

(Beiß)Zange Bezieht sich auf Frauen (auch Männer), die bissige (beißende) Bemerkungen machen und dadurch ungesellig sind.

Zicke = Ziege (seit der mittelhdt. Zeit in dieser Bedeutung).

Zimtzicke   »Zimt« war früher ein gängiges Wort für »Unsinn, dummes Zeug, Mist«. In Verbindung mit »Ziege« (damit ist eine weibliche Person gemeint) ergibt sich die Bedeutung: lästige, dumme Frau.

Abfällige Wörter

Bockmist   ist eine Verstärkung von »Mist«, weil Ziegenbockausscheidungen besonders scharf riechen. Die Verstärkung soll besagen: völlig wertlos.

doof   ist ein niederdt. Wort für »taub«, womit nicht nur gehörlos, sondern allgemein empfindungslos, stumpfsinnig sowie dumm gemeint ist.

Fresse   Noch im Mittelalter war das Wort »fressen« keineswegs abwertend. Der »Ver-Esser« war vielmehr derjenige, der seine Mahlzeit vollständig aufaß. Erst mit der Abwertung von »fressen« wurde »Fresse« auch ein derbes Wort für »Mund«.

Glimmstängel   Das Wort wurde 1802 von Johann Heinrich Campe (1746–1818), dem Hamburger Pädagogen und Verleger, als Eindeutschung für das Wort Zigarre vorgeschlagen (Zigaretten gab es damals noch nicht). Von diesem unfreiwilligen Scherz hat sich das Wort nie mehr erholt.

Kaff   kommt aus der Zigeunersprache. Dort bedeutet *gaw* »Dorf«. Das jidd. Wort *kephar* (= Dorf) ist in älteren Vokabularien des Rotwelschen nicht vorhanden. Hingegen kommt *Kaffer* = Bauer, Hinterwäldler von dem jidd. Wort *kephar*.

olle Kamellen   Kamillenblüten büßen bei langer Lagerung ihren würzigen Duft ein.

Krawall leitet sich vermutlich von dem mittellat. Wort *charavallium* her, das es auch im Altprovenzalischen und Altfranz. gibt, dort *charivari*. Man bezeichnete damit allgemein Lärm und im Besonderen eine offenbar schrecklich scheppernde Katzenmusik, v. a. bei Hochzeiten. Im Sinne von »Unruhe, Volksauflauf« wurde das Wort erstmals bei den Revolutionsunruhen 1830 verwendet, in Bayern zunächst unter der Bezeichnung »Gebrell«, in Hessen als »Graball«.

alte Leier Die Leier/Lyra war ein Saiteninstrument mit sehr geringem Tonumfang und daher mit sehr wenigen Variationsmöglichkeiten.

Mietskaserne Eindeutschung von franz. *maison caserne*. Der Begriff kam nach 1870/71 auf, als nach dem dt.-franz. Krieg mit franz. Reparationsgeldern der Wirtschaftsboom der Gründerzeit begann. In diesem Zusammenhang wurde die Industrialisierung in Dtl. und auch planmäßig die Stadterweiterung betrieben. V. a. in Berlin, aber auch in Frankfurt, München und vielen anderen Städten wurden genormte Wohnkomplexe als Unterkünfte für das wachsende Heer der Industriearbeiter nach dem Vorbild von Paris hochgezogen, teilweise mit bis zu sechs Höfen. Hier etablierte sich um die Jahrhundertwende in Berlin das berühmte »Zille-Milljöh« der einfachen Leute. Die vom Bombenkrieg des Zweiten Weltkriegs und der Immobilienspekulation der Nachkriegszeit verschonten Stadtteile und Gebäude sind heute begehrte »Altbau-Lagen«.

Milchmädchenrechnung In seiner Fabel »*La laitière et le pot au lait*« (»Das Milchmädchen und der Milchtopf«) erzählt der franz. Fabeldichter Jean de La Fontaine (1621–1695) die Geschichte eines Bauernmädchens, das einen Milchkrug auf den Markt trägt und sich dabei denkt, dass es von dem Erlös Eier kaufen, davon eine Hühnerzucht aufmachen, sich vom Verkauf der Hühner ein Schwein leisten und mästen kann. Schließlich will es sich eine Kuh anschaffen. Diese soll der Grundstock einer Rinderherde sein: Der Gipfel des Wohlstands. In diesem Moment stolpert das Mädchen und verschüttet die Milch.

moralinsauer ist ein von Friedrich Nietzsche (1844–1900) geprägtes Spottwort, das auf besonders unnachsichtige Moralapostel seiner Zeit gemünzt war. Angesichts eines »epidemischen« Kultur- und Sittenverfalls verlangten diese als »Heilmittel« eine strenge Moral. Sie sahen Anstand und Sitte v. a. gefährdet durch Trunkenheit, Wett- und Spielleidenschaft sowie »Unsittlichkeit«. Nietzsche bildete seinen Begriff in ironischer Anlehnung an pharmazeutische Begriffe.

motzen ist sprachgeschichtlich eng verwandt mit mucken (verstärkt in »aufmucken«) und muhen.

pfui! »Fi!« war urspr. ein in westgerm. Sprachen vorkommender Ausruf bei ekelerregenden Zuständen und Anblicken – offensichtlich lautmalerischen Ursprungs. Eine Variante davon ist das vom rheinischen Sprachgebiet ausgehende Wort »fies«.

piefig gehört als niederdt. Wortform zu »pfeifen«. Fast alle Redewendungen mit »pfeifen« und »Pfeife« sind negativ und beinhalten ein Versagen (positiv dagegen: »pfiffig«).

protzig kommt von dem süddt. Wort »Protz« = Kröte. Das zugrunde liegende Vorstellungsbild ist so eindeutig wie sinnfällig: So wie die Kröte ihren Kehlsack aufbläst, verhält sich der aufgeblasene Wichtigtuer.

Quanten Das abfällige Wort für die großen Füße kommt von lat. *quantus* = wie groß, wie viel.

Quatsch *Quatern* bedeutet im Niederdt. »unverständlich reden«. Zugrunde liegt das Wort *quat* = schlimm, böse.

quengeln kommt von demselben mittelhdt. Wort *twengen* wie »zwängen«. Die Grundbedeutung ist »drücken, Gewalt antun«.

Rabatz Im Polnischen bedeutet *rabac* »hauen«.

Ramsch *Ramasser* bedeutet im Franz. ganz neutral und allgemein das Zusammenharken und Einsammeln von Sachen. Urspr. war damit eher das Einsammeln wertloser Dinge gemeint; *ramas* bezeichnet einen Haufen wertloses Zeug. Eine ähnliche Bedeutung hat das Wort *ramp* im Niederländischen. Es bezeichnet »eine zusammengewürfelte Menge von Sachen«.

wie eine gesengte Sau kommt nicht von »sengen«, sondern von »senken« = das Kastrieren von Schweinen. Früher wurde dies ohne örtliche Betäubung durch den Bauer selbst vorgenommen – mit entsprechenden Folgen.

Scheibenhonig, Scheibenkleister sind – ebenso wie das bisweilen ähnlich gebrauchte »Schande« – Hehlwörter für »Scheiße«. Weil man sich scheut, das »Unwort« auszusprechen, greift man willkürlich auf ein ähnlich klingendes zurück. So wurden auf ganz und gar unschuldige Weise Wörter wie die Bezeichnung für die in Scheiben geschnittene Süßspeise Türkischer Honig oder der Begriff für den früher verwendeten Fensterkitt zu Schimpfwörtern.

Scheiße, Schiet, Schiss, shit sind alles Varianten der ie. Wortwurzel *skeid*, die das Scheiden bzw. Ausscheiden bezeichnet. Es gibt unendlich viele Redewendungen in Verbindung mit diesem Schimpfwort und es fungiert als negatives Verstärkungswort mit fast allen anderen Wörtern (von »Scheißangst« bis »Scheißzufall«).

Schindluder ist das verendete Tier, das dem Schinder (Abdecker) überlassen wird. Auf den Menschen bezogen bedeutet »Schindluder treiben«: »Mit jemandem umgehen wie mit einem verendeten Tier« d. h. jemanden schändlich und nichtswürdig behandeln.

Schmierentheater Im Jidd. bedeutet *semirah* »Gesang, Spiel«. Im 19. Jh. verballhornte man das Wort in Berlin zu *smire* = Gesang.

Schmonzes, Schmus, Schmonzette Das Wort stammt ebenfalls aus dem Jidd. *Schmuoth* = Gerücht, *schmuo* bezeichnet alles Gehörte,

Erzählungen und Geschichten. Daraus entwickelten sich die heutigen Bedeutungen »Geschwätz, leeres Gerede, Belanglosigkeiten«. Mit »Schmonzetten« meint man also oberflächliche Romane, einfältige Lieder und Machwerke jeder Art.

Schnapsidee Einen Einfall als »Schnapsidee« zu bezeichnen, erfüllte nach einem Urteil des Landgerichts Stendal im Jahre 1907 den Tatbestand der Beleidigung.

Schnulze kommt von niederdt. »snulten« = überschwänglich reden, gefühlvoll tun. Aufgekommen ist das Wort erst mit den (Wehrmachts-)Wunschkonzerten im Radio in den 1940er-Jahren.

schuften bedeutet urspr. »in einem Schub, ohne Unterbrechung arbeiten«. Das Wort ist sprachgeschichtlich verwandt mit »Schub«. Im älteren Niederdt. war »Schuft« ein Zeitbegriff, der eigentlich ein Viertel eines Arbeitstages bezeichnete – die Zeit von einer Mahlzeit zur nächsten, während der ununterbrochen gearbeitet wurde.

schwänzen Das Wort für das müßiggängerische Fernbleiben von Pflichten in Schule, Militär und Arbeit kommt von dem untergegangenen Begriff *schwankezen* = hin- und herschwanken. Daraus wurde im Rotwelschen das Wort »schwänzen« im Sinne eines müßigen Umherschlenderns.

Siff, siffig kommt von »Syphilis«.

Spleen Das engl. Wort bedeutet »Milz«. Schon in der Temperamentenlehre der Antike, der Lehre von den Körpersäften, stellte man sich vor, dass eine Erkrankung der Milz zu einem Überfluss an »schwarzer Galle« (= griech. *melancholia*) führt. Dies – so dachte man – äußere sich beim Menschen in Verschrobenheit, Verdrießlichkeit und Schwermut. Diese Überzeugung galt bis ins 19. Jh. als gesicherte medizinische Erkenntnis. Als man es dann besser wusste, blieb das Wort im Engl. erhalten und verengte sich auf die Bedeutung »verschrobener Einfall, Tick«.

überkandidelt Von lat. *candidus* = heiter.

verbaseln kommt von dem niederdt. Wort *basen* = unsinnig reden. Im Nl. ist *verbazen* »in Verwirrung geraten«.

verdammt ist im kirchensprachlichen Gebrauch, wer aus der göttlichen Gnade ausgestoßen und verflucht, also zur Hölle verdammt ist. Die Verdammung ist ein Urteil, letztlich ein Urteil Gottes. Dem entspricht die Wortherkunft von lat. *damnare* »schuldig sprechen, verurteilen«. Nach seiner Eindeutschung wurde das Wort sofort als Fluchwort verwendet. Seit dem 19. Jh. hat sich die Bedeutung abgeschwächt und man gebraucht es auch als positives Verstärkungswort, z. B. »verdammt gut, verdammt sexy«.

verplempern Im Oberdt. bezeichnete *plempern* das Hin- und Herschwappen von Getränken, die dadurch fade wurden (s. a. S. 112).

verrecken bezieht sich auf das Erstarren (»Recken«) der Glieder.

Walachei Historische Landschaft und ehemaliges Fürstentum zwischen Südkarpaten und Donau im heutigen Rumänien. Die Landschaftsbezeichnung wurde zum Inbegriff einer abgelegenen, zivilisationsarmen Gegend. Die erste Silbe kommt übrigens aus dem Kelt. und bedeutet »Fremde« wie in »welsch« (»Kauderwelsch«, »Rotwelsch«), »Wallonien«, »Walnuss« und dem Nachnamen »Walch«.

Zipperlein Das umgangssprachliche Wort für Gicht bezieht sich auf das Zippern, das Trippeln der Gichtkranken, die sich nur langsam fortbewegen können.

alter Zopf Der Zopf war in ganz Europa im 18. Jh. die Haartracht der Männer insbesondere des Adels. Nach der Französischen Revolution, die sich auch gegen alles »Künstliche« wandte, wurden die Haare auf »natürliche« Weise wieder offen getragen. Wer am Zopf festhielt, galt als hoffnungslos veraltet.

Wörter des Alltags

Weltbegriffe aus dem Deutschen

Um 1800 wuchs im Umkreis von Herder, Wieland und Goethe erstmals ein Gefühl für globale – oder wenigstens übernationale – Zusammenhänge. Goethe selbst prägte den Begriff »Weltliteratur«, und man sprach von »Weltereignissen« (Erdbeben in Lissabon 1755, Französische Revolution 1789), »Weltwirtschaft« (Johann Heinrich Merck), »Weltmarkt« (damit meinte man allerdings in erster Linie Europa), »Weltbürger« und »Weltreise«. In der heutigen globalisierten Welt gibt es mehr denn je eine stattliche Anzahl von Wörtern, die weltweit verstanden werden. Einige dieser Begriffe aus dem Deutschen sind:

Alzheimer   Eine Form von Demenz. Sie wird verursacht durch die von dem dt. Arzt Alois Alzheimer (1864–1915) beschriebenen »Plaques«, die im Gehirn unterschiedlich verteilt sind. Alzheimer untersuchte und beschrieb sehr genau den Verlauf der Erkrankung bei der betroffenen Patientin Auguste Deter. 1906 hielt er darüber einen Fachvortrag, ohne auf nennenswerte Reaktionen zu stoßen. Vier Jahre später stellte der Münchner Klinikleiter Emil Kraepelin in einem psychiatrischen Lehrbuch das »senile und präsenile Irresein« dar und benannte das Leiden nach seinem langjährigen und treuen Mitarbeiter »Alzheimer-Krankheit«. Inzwischen ist der Name der Alzheimer-Krankheit weltweit zu einem Modewort für Vergesslichkeit geworden.

Autobahn   Seit Ende der 20er-Jahre setzte sich der »Verein zur Vorbereitung der Autostraße Hansestädte – Frankfurt – Basel« für eine neuartige Straßenverbindung längs durch Deutschland ein. Dessen Vorsitzender Robert Otzen erfand 1929 das Wort »Autobahn«

in Analogie zu »Eisenbahn«. Die erste autobahnähnliche Strecke und reine Autostraße überhaupt war die 1921 privat gebaute und gebührenpflichtige »Automobil-Verkehrs- und Übungsstraße« AVUS in Berlin.

Autobahning ist ein engl.-amer. Slangbegriff. Autofahrer aus dem Ausland kommen extra in die tempolimitfreie Heimat der Autobahn, um hier über die Schnellstraßen zu preschen, was in den meisten anderen Ländern nicht mehr möglich ist. Auch wenn man in England und Amerika *motorway*, *highway* oder *interstate* sagt, wird auch dort das dt. Wort Autobahn ohne Weiteres verstanden. Das franz. *autoroute* ist eine direkte Übersetzung.

Automobil   Dieses Wort kann man als deutsch-französische Gemeinschaftsproduktion betrachten, da *automobile* (ein Kunstwort aus griech. *auto* = selbst und lat. *mobilis* = beweglich) bereits um 1875 in Frankreich für eine mit Pressluft betriebene Straßenbahn verwendet wurde. 1885 konstruierte Carl Benz in Mannheim ein zunächst »Motorkutsche« bzw. »Motorwagen« genanntes Gefährt. Seine Frau Bertha unternahm damit in Begleitung ihrer beiden Söhne die erste längere Fahrt von Mannheim nach Pforzheim. Damit war das Automobil-Zeitalter eröffnet. Ab den 1890er-Jahren bürgert sich das franz. Wort *automobile* auch in Deutschland ein.

Bauhaus   Der Bauhaus-Gründer Walter Gropius (1883–1969) orientierte sich an den Bauhütten der mittelalterlichen Kathedralen, die als ganzheitliche Gemeinschaft von Handwerkern und Künstlern verstanden wurden. In Anlehnung an die »Bauhütte« entstand auch der Name. Gropius gründete das »Bauhaus« zunächst 1919 in Weimar, wo er Leiter der Kunstgewerbeschule war. 1925 erfolgte aus politischen Gründen der Umzug nach Dessau. Dort stehen auch die Bauhausgebäude. Das Bauhaus diente als Atelier, verstand sich aber auch als Lehrstätte. Eine Fülle bedeutender, internationaler Künstler arbeitete in den 20er- und Anfang der 30er-Jahre am Bauhaus und prägte dort einen sachlichen, funktionalen und internationalen Stil in Design und Architektur. Kennzeichnend dafür ist insbesondere der Verzicht auf jegliche Ornamentik. Durch die hohe Konzentration erstrangiger Künstler verbindet sich der Begriff »klassische Moderne« v. a. mit dem Bauhaus, und »Bauhaus-Stil« wurde zu deren Inbegriff. Nach dem Zweiten Weltkrieg wurde diese Stilrichtung weltweit tonangebend.

Biergarten, Hofbräuhaus, Oktoberfest   Bereits in der bayerischen Brauordnung von 1539 wurde festgelegt, dass Bier nur in der kalten Jahreszeit – von Ende September bis Ende April – gebraut werden durfte. Im Sommer war wegen des Siedens die Brandgefahr zu hoch. Um auch im Sommer Bier ausschenken und verkaufen zu können, mussten die Brauer daher große Mengen Bier kühl lagern. Dafür wurden unterhalb der Brauereien große Kellergewölbe angelegt. Das Eis schaffte man im Winter von zugefrorenen Seen und Weihern heran. Das Gelände oberhalb der Kellergewölbe wurde oft mit Schatten spendenden, großblättrigen Kastanien bepflanzt. Auf diesem Areal bot es sich an, Tische und Bänke aufzustellen, um das Bier im Sommer gleich vor Ort zu verkaufen. Dagegen protestierten in München die Betreiber der Gaststätten, denen so natürlich ein Teil des Geschäfts entging. Unter König Ludwig I. wurde daraufhin festgelegt, dass die Brauer nur Bier ausschenken, aber keine Speisen verkaufen durften. Daher rührt auch der in München nach wie vor bestehende Brauch, dass jeder seine eigene »Brotzeit« in den Biergarten mitbringen kann. Inzwischen werden aber auch in den Biergärten Speisen verkauft.

Das **Hofbräuhaus** in München wurde 1598 von Herzog Wilhelm V. zur Versorgung des bayerischen Fürstenhofes gegründet. Bis dahin hatte man das Bier für teures Geld aus Einbeck in Norddeutschland bezogen. (Der Begriff »Bockbier« leitet sich von Einbeck ab: das »Ainpöckische Bier«.) Als Gaststätte für die Öffentlichkeit wurde das Hofbräuhaus 1828 durch König Ludwig I. zugänglich gemacht. Seine heutige architektonische Gestalt erhielt es 1896–97 durch den Architekten Max Littmann.

Das erste **Oktoberfest** fand am 17. Oktober 1810 statt. Anlass für das Volksfest war die Heirat des bayerischen Kronprinzen Ludwig, des späteren Königs Ludwig I., mit Prinzessin Therese von Sachsen-Hildburghausen. Nach ihr ist wiederum die Theresienwiese benannt, der Ort des volkstümlichen Geschehens. Die »Wiesn« ist das bekannteste und meistbesuchte Volksfest der Welt.

Eiszeit   Karl Schimpers Ansicht, dicke Eispanzer hätten nicht nur die Alpen, sondern auch Teile Europas, Asiens und Nordamerikas bedeckt, war 1837, als er den Begriff »Eiszeit« prägte, außerordentlich kühn. In England (damals die führende Wissenschaftsnation) lehnte man sie zunächst rundweg ab, weil man sich in diesem gletscherfreien Land nicht vorstellen konnte, dass Eis imstande war, große Felsbrocken zu bewegen. Den Begriff »Eiszeit« hat Schimper geprägt, aber nicht propagiert. Das tat der Schweizer Louis Agassiz, der Schimpers Aufzeichnungen missbrauchte. Der Begriff »Eiszeit« wurde in übersetzter Form (bspw. engl. *ice age*) allgemein übernommen.

Frankfurter   Das Brätgemisch (urspr. im Schafsdarm) hat eine in Frankfurt verbürgte Tradition, die mindestens bis in die Renaissancezeit zurückreicht. Der fränkische Metzgergeselle Johann Georg Lahner, der um 1800 sein Handwerk in Frankfurt gelernt hatte, ging anschließend nach Wien und eröffnete dort ein Geschäft, wo er die »Frankfurter« Würste 1805 erstmals anbot. In der Folge wurde Lahner Hoflieferant für Kaiser Franz I. In Amerika gelang der Durchbruch für die Würste (»Hot dogs«) bei der Weltausstellung in Chicago 1893 durch einen eingewanderten Neffen Lahners.

Fußgängerzone   Die erste Fußgängerzone der Welt wurde 1953 in Kiel verwirklicht. Nach der bereits zuvor erfolgten Sperre der oberen Holstenstraße für Autos durfte dieser 400 Meter lange Abschnitt nun auch nicht mehr von Straßenbahnen befahren werden. Die Idee stammte vom Kieler Stadtbaudirektor Herbert Jensen, der sie bereits 1941 formuliert hatte – zwecks Entlastung der Altstadt vom Fahrzeugverkehr. Der Durchbruch für die Fußgängerzone kam aber erst 1972, als für die Olympischen Spiele in München die Fußgängerzone zwischen Marienplatz und Stachus eingerichtet wurde – ebenfalls von Jensen geplant. Heute gibt es in allen europäischen Städten Fußgängerzonen. Sie heißen jeweils in direkter Übersetzung z. B. *pedestrian zone* (engl.) oder *zone piéton* (franz.).

kafkaesk   Franz Kafka (1883–1924) stammte aus Prag, doch weil seine Eltern aus deutschsprachigen jüdischen Familien kamen, war seine Muttersprache Deutsch. Die Romane (z. B. ›Das Schloss‹, ›Der Prozess‹) und Erzählungen dieses überragenden Autors des 20. Jhs. sind in einer ganz eigenen Art und Weise beklemmend, beängstigend und ausweglos, so dass es schon immer schwer war, sie angemessen zu beschreiben. Kafka bedient sich eben keiner düsteren Effekte, sondern einer glasklaren Sprache. In seinen Werken ist das Absurde sozusagen der Normalzustand. Für diese besondere Wirkung bürgerte sich der Begriff »kafkaesk« ein, möglicherweise in Anlehnung an »grotesk«. Es kommt nur sehr selten vor, dass ein Künstlername in dieser Weise zum Stilbegriff wird. Bei Schriftstellern allenfalls das viel weniger gebräuchliche »dantesk«. In den Künsten gibt es gelegentlich noch Wörter wie »tizianesk« oder, ähnlich gebildet, »mozartisch«.

Kindergarten   ist eines der weltweit am meisten verbreiteten Wörter aus dem Deutschen. Im Englischen und Amerikanischen wird es unverändert in der deutschen Originalform verwendet (*kindergarten*), im Spanischen ist es eines von jenen seltenen Wörtern, die mit dem Buchstaben »K« beginnen, im Französischen ist es entweder in Originalform oder direkt übersetzt (*jardin d'enfants*) gebräuchlich. Erfunden hat dieses Wort der thüringische Pädagoge Friedrich W. A. Fröbel (1782–1852), der dem kindlichen Spiel in seiner Pädagogik eine zentrale Rolle einräumte. Den ersten Kindergarten gründete er 1840 in Bad Blankenburg.

Neandertaler   Der »Neandertaler« (entdeckt 1856) ist die bekannteste Frühform der Gattung *Homo* (lat. Mensch) in Europa. Er hat seinen weltweit bekannten Namen vom Fundort der Knochenreste.

Das Neandertal bei Düsseldorf wiederum hat seinen Namen von dem pietistischen Prediger Joachim Neander (1650–1680), der gerne dort zwischen den Kalksteinfelsen spazieren ging und nach Inspiration suchte. Sein etwas eigentümlich klingender Name ist nichts anderes als die gräzisierte Form des deutschen Namens »Neumann«.

Nickel & Quarz stehen in der Hitliste der dt. Wortexportschlager ganz oben. Die Wörter »Nickel« (und »Kobalt«) entstanden im mittelalterlichen sächsischen Bergbau, weil die Bergleute glaubten, Berggeister (»Kobolde« oder »Nickel« = eine Verkürzung von Nikolaus und damals ein Synonym für einen Taugenichts) hätten ihnen wertloses Metall untergeschoben statt des erhofften Silbers. Erst der schwedische Mineraloge Axel Fredrik Cronstedt (1722–1765) erkannte Nickel als eigenständiges Metall und gab ihm diesen Namen. Das Wort »Quarz« wurde ähnlich gebildet, denn es leitet sich von mitteldt. *querch* (= Zwerg) ab, einem ebenfalls »schädlichen« Berggeist, weil man für die Metallgewinnung mit Quarz nichts anfangen konnte.

Pumpernickel Weltweit bekannt ist der Name der deutschen Brotspezialität, die im 15. Jh. von Nikolaus Pumper in Braunschweig erfunden worden sein soll. Der aus Roggenschrot und Wasser zubereitete Teig wird sehr langsam gebacken. Das dunkelbraune Pumpernickelbrot wird dadurch besonders lange haltbar. Wie solide das Pumpernickelgeschäft sein kann, zeigt das Beispiel der Bäckerei Haverland in Soest, die seit 1570 für ihre Pumpernickelbrote berühmt ist.

Riesling Die wegen ihrer hochfeinen Säure geschätzten Weine werden aus der gleichnamigen Traube gekeltert, die besonders gut an Rhein, Main, Mosel und in der Wachau gedeiht. Der deutsche Weißweinklassiker wird traditionell auch am englischen Königshof bevorzugt getrunken. Für die Deutung der Wortherkunft, v. a. der ersten Silbe, gibt es unterschiedliche Erklärungen. So konnte die Vorform »Rußling« aus einer Wormser Urkunde von 1490 festgestellt werden – evtl. wegen des dunklen Holzes des Weinstocks – sowie im 16. Jh. »Rißling« wegen der »reißenden« Säure.

Sacher, Demel Die weltberühmte Schokoladentorte erfand der 16-jährige Franz Sacher 1832 als Lehrbub im Haushalt des Fürsten Metternich. Eine Abwandlung des Sachertorten-Rezepts wird in der nicht minder berühmten Konditorei Demel kredenzt. Bei Demel wird die Marillenkonfitüre nicht in der Mitte, sondern unter der Glasur aufgebracht. Beide Häuser in Wien sind Weltbegriffe. Um die Namensrechte an der Sachertorte gab es erbitterte gerichtliche Auseinandersetzungen.

Schnitzel ist ein sehr weit verbreitetes Wort aus der deutschen Sprache. Die Urheimat des »Wiener Schnitzels« ist allerdings Venedig. Dort verfiel man auf das Panieren, weil der Rat von Venedig im Jahr 1514 das bis dahin bei reichen Leuten übliche Vergolden (Umwickeln mit Blattgold) doch als zu exzentrisch empfand und verbot. Das Rezept gelangte dann sozusagen als Kriegsbeute des Generals Radetzky nach Wien, der 1848 einen Aufstand in Oberitalien brutal niedergeschlagen hatte.

Strudel Die österreichisch-süddeutsche eingerollte Mehlspeise ist so landestypisch, dass das Wort für die alpenländische Spezialität zu einem der großen internationalen Hits des dt. Wortexports geworden ist und sehr weite Verbreitung fand.

Waldsterben Die seit Mitte der 1970er-Jahre in Mitteleuropa beobachtete Schädigung der Bäume durch den sauren Regen löste eine lang anhaltende Alarmstimmung aus, die international nicht unbemerkt blieb. Das damals entstandene Wort »Waldsterben« fand unverändert in die anderen europ. Sprachen Eingang.

Walzer Dieser Tanz entstand Ende des 18. Jhs. und wurde anfangs als geradezu skandalös empfunden. Bis dahin waren – v. a. für den höfischen Tanz – Hopser, Stampfschritte oder Schreitschritte charakteristisch. Der Walzer hingegen ist ein Tanz, bei dem die Füße Drehbewegungen vollziehen. Von daher kommt auch das Wort »walzen«, das mit »wälzen« und »wallen« verwandt ist. Auch eine Walze vollführt eine Drehbewegung. Das Neuartige beim Walzer war ferner, dass sich die Tanzpartner am Körper umfassten. Dies galt zunächst als höchst unschicklich. Bei den höfischen Tänzen der Barockzeit (etwa beim Menuett oder der Quadrille) berührte man sich allenfalls an den Händen. Entwickelt hat sich der Walzer wohl aus dem Ländler, einem volkstümlichen Bauerntanz. Seinen gesellschaftlichen Durchbruch erlebte der Walzer beim Wiener Kongress 1814–15, der hochrangigen Fürstenkonferenz zur Neuordnung Europas nach dem Ende der Herrschaft Napoleons. Der Wiener Kaiserhof tat sein Möglichstes, um den Herrschaften und ihren Damen mit Bällen und Ähnlichem den Aufenthalt so angenehm wie möglich zu gestalten.

Aus der Mode gekommen

Auch Fremdwörter kommen und gehen. Manche von ihnen, die mittlerweile wieder aus der Mode gekommen sind, hat man schon öfter gehört oder gelesen. Sie werden immer seltener gebraucht, klingen etwas altmodisch, und man weiß manchmal gar nicht so genau, was eigentlich gemeint ist. Auch hier hilft die eine oder andere Wortgeschichte oder Worterklärung zum Verständnis.

Argot ist im Französischen das, was man im Deutschen »Rotwelsch« nennt: Die Sprache der Gauner, Bettler und des umherziehenden Volkes. »Argot« ist sogar noch etwas weiter gefasst und meint die derbe Sprache der Unterschicht, allerdings mit teilweise ganz eigenen Wörtern wie im Rotwelschen. Das Wort kommt von *argoter*, einem älteren Wort für »betteln«.

Bougie Das kleine Teelicht hat seinen Namen von der nordafrikanischen Stadt Bugia (arab. *Badschjat*). Von dort kam es nach Europa.

bramarbasieren Bramarbas war ein Prahlhans in einem satirischen Gedicht von Burkhard Menke von 1710. Auch Gottsched verwendete die Figur in einem seiner Lustspiele, das 1741 herauskam. Das Wort kommt von span. *bramar* = schreien.

Cuvée Die Mischung mehrerer Weinsorten. In der Champagnerherstellung aber wird damit die eigentliche »Kunst« bzw. die höchste Qualität bezeichnet. Cuvée leitet sich ab von dem franz. Wort *cuve* = Fass, Bottich.

Dalmatika Das bis an die Knie reichende, in alter Zeit aufwendig bestickte Obergewand der katholischen Priester war urspr. eine in Dalmatien getragene Amtstracht. Auch der deutsche Kaiser legte bei der Krönung eine Dalmatika an.

Dechanei In der katholischen Kirche ist der Dekan oder »Dechant« der oberste Geistliche eines Bistums oder Stifts nach dem Bischof bzw. Abt. Er ist mit Verwaltungsaufgaben und der Aufsicht über die Pfarrer betraut. Zum weltlichen Gut gerade von Klöstern und Stiften, auch Domstiften gehören Weinberge und Weinkellereien. Daher das gelegentlich auf Weinetiketten anzutreffende Wort »Dechanei«.

Doyen Am häufigsten begegnet einem das Wort noch beim Neujahrsempfang der Diplomaten. Hier ist der Doyen der Sprecher des Diplomatischen Corps gegenüber dem Gastland. Der »Doyen« ist wie der wortverwandte »Dekan« (der Sprecher einer Universitätsfakultät) der Älteste, wörtlich der »Anführer von zehn« – es handelt sich also um eine militärische Rangbezeichnung aus dem alten Rom. In den christlich geprägten, europäischen Ländern steht dieser diplomatische Ehrenvorrang traditionell dem Vertreter des Heiligen Stuhls (Vatikan) zu.

Estrade ist ein erhöhter Teil des Fußbodens in einem Innenraum, ein Podium, meistens dem oder den Fenstern zu gelegen. Das drückt auch das Wort aus. Es hängt mit lat. *via strata* zusammen, wovon auch unser Wort »Straße« abstammt, und bedeutet »zur Straße hinaus« (gelegen).

Fayence, Majolika Eine bestimmte Art von Keramik mit rötlichen Scherben hat ihren bei uns gebräuchlichen Namen von der italienischen Stadt Faenza in der Nähe von Ravenna. Dort erreichte diese Keramikproduktion in der Renaissance ihren künstlerischen Gipfel. Die Italiener selbst nennen diese Keramiken allerdings nicht Fayence, sondern Majolika, nach der Insel Mallorca. Für den Tischgebrauch oder als Kacheln verwendete Fayencen sind meist mit einer weißen Glasur überzogen, die oft bemalt ist. Auch andersfarbige Glasuren kommen vor.

Fayencen gab es schon in den altorientalischen Reichen und in Ägypten. Die Perser begannen um 500 v. Chr., Wände großflächig damit zu bedecken. In der islamischen Kunst entwickelte sich die Form der Wandverzierung enorm weiter, auch in künstlerischer Hinsicht. Die makellose Helligkeit von reinem weißen Porzellan konnte aber selbst mit allen Glasierungs- und Verzierungskünsten von Fayencen nie erreicht werden.

Flibustier   Mit *flyboat* (engl.) und *vlieboot* (nl.) bezeichnet man in diesen Sprachen ein schnelles Schiff. Das Wort wurde in französierter Form auf die Freibeuter und Seeräuber, vulgo: Piraten, angewendet, die im 17. Jahrhundert die damals noch dominierende Stellung der Spanier in der Karibik brechen wollten.

guillochieren   Man sieht sie jeden Tag auf jedem Geldschein, den man in die Hand nimmt: Guillochen sind die vielfach ineinander verschlungenen Zierlinien auf Geldscheinen oder Wertpapieren zum Schutz vor Fälschung. Dieses Verfahren ist nach seinem Erfinder Guillot benannt.

Hacienda   Die Bezeichnung für ein Landgut in Spanien, Süd- oder Mittelamerika kommt eigentlich von dem Wort, mit dem nur die Verwaltung eines solchen Gutes bezeichnet wird: *facienda* = was zu machen ist.

kapriziös   Lat. *caper* = Ziegenbock; daher stammt im Dt.: »sich bockig stellen«.

Kemenate Das Wort stammt von lat. *caminata* ab (= mit einem Kamin versehen), also »Kaminzimmer«. Seine konkrete Bedeutung war im Mittelalter nicht eindeutig bestimmt. Es wurde vor allem für ein Frauengemach in Burgen verwendet. Im Russischen hat das aus dem Dt. entlehnte Wort *komnata* die Bedeutung »Wohnzimmer«.

Kodizill = kleiner Kodex (lat. *codicillum*). Gemeint ist eine Nachschrift oder ein Anhängsel an ein Dokument, vor allem ein Testament.

Konterbande ist ein älteres, früher aber sehr gebräuchliches Wort für Schmuggelware. Übernommen wurde das Wort aus dem Ital.: *contrabbando*. Die genaue Wortbedeutung ergibt sich aus der lat. Form: *contra bannum* = gegen das Verbot.

Miasma Man glaubte noch bis weit ins 19. Jahrhundert, dass schlechte Luft (ital. *mal aria*) und insbesondere die Ausdünstungen von Sümpfen Krankheiten verursachen. Diese Ausdünstungen nannte man Miasmen (griech. *miaínein* = färben, beflecken).

Mimikry Im Englischen ist *mimic* der »Schauspieler« und der »Nachahmer«. Auch im Deutschen kennt man das aus dem Griechischen stammende Wort »Mime«. Engl. *mimicry* bedeutet generell »Nachahmung«. In der Biologie wird das Wort seit dem Beginn des 20. Jhs. für Tiere verwendet, die sich in Form und/oder Farbe eine Tarnung gegenüber Fressfeinden zulegen. Von dort wiederum manchmal im übertragenen Sinn auf Menschen angewandt.

Nornen Schicksalsgöttinnen der nordischen Mythologie hießen schon im Altnordischen *norn*. Dieses Wort leitet sich wohl von der Art ihrer Konversation her, die man sich knurrend oder nörgelnd vorstellen muss, vornehmer ausgedrückt: raunend. Die Nornen hocken stets beisammen und spinnen die Schicksalsfäden – auch die der Götter. Ihre Namen lauten: Urdhr = Vergangenheit, Verdhandi = Gegenwart, Skuld = Zukunft.

Odaliske   Türkisch *oda* = Stube, Zimmer. *Odalik* bedeutet eigentlich »Zimmergenossin, Kammermädchen«. Das Wort verengte sich begrifflich auf diejenigen Sklavinnen der Sultane, die dem türkischen Kaiser weder Söhne geboren hatten noch sonst eine besondere Vergünstigung genossen. Bei diesen Harems- oder Sexsklavinnen handelte es sich fast immer um georgische oder tscherkessische Mädchen, also »weiße Frauen«. Urgroßväter und Ururgroßväter der heute lebenden Generation hatten bei der Erwähnung des Wortes »Odaliske« denkbar exotische Vorstellungen.

oktroyieren   ist eigentlich ein Begriff des Staatsrechts aus dem Franz., der seinerseits auf das lat. Wort *auctoritas* zurückgeht. Gemeint war: Ein Gesetz ohne die verfassungsmäßige Zustimmung aus landesherrlicher Machtvollkommenheit durchsetzen. Noch im 19. Jh., als die Macht zwischen Thron und Parlament noch anders verteilt war, durchaus denkbar. Heute, im Zeitalter der Verfassungsgerichte, ausgeschlossen. Das Wort wird nach wie vor verwendet, wenn eine Maßnahme nicht die Zustimmung der Mehrheit der davon Betroffenen findet.

opulent   Hinter dem Fremdwort für »reich, üppig« (lat. *opulentus*) steckt der Name der altrömischen Fruchtbarkeitsgöttin Ops, der Schwester und Gattin des Saturn. Saturn war urspr. ein römischer Ackergott, bevor er mit dem eher düsteren griechischen Kronos gleichgesetzt wurde, der zur Titanengeneration des griechisch-römischen Götterhimmels gehörte. Bei dieser Gleichsetzung sah man in Ops die Entsprechung der griech. Rhea. Rhea war die Mutter der Saturnkinder Zeus, Hera, Poseidon und Hades.

Pavillon   Die Bezeichnung für eine leichte Konstruktion, häufig mit Zeltdach und Zeltwänden stammt von dem franz. Wort für Schmetterling: *papillon*. Die zurückgeschlagenen Ecken am Zelteingang ähneln Schmetterlingsflügeln.

salbadern   Die Herkunft dieses Wortes ist nicht nachzuweisen, trotz verschiedenster Erklärungsansätze. Mit Gewissheit ist es aber kein germanisches Wort. Es wird seit der frühen Neuzeit im Sinne von »langatmig und langweilig daherreden« verwendet.

Satrap, Satrapie Griechisch *satrápes* stammt von persisch *sitrab* = Statthalter. Der große Perserkönig Dareios – derjenige, der gegen die Griechen zog und bei Marathon unterlag – hatte sein Riesenreich in 20 Verwaltungsbezirke (Satrapien) unterteilt, jeweils mit einem Satrapen an der Spitze. Der Satrap war nur dem König unterstellt. Innerhalb seines Herrschaftsbereichs konnte er autark bis willkürlich schalten und walten. Die Begriffe Satrap und Satrapie verwendete man noch in den Zeiten des kalten Krieges gerne polemisch in Bezug auf die von Moskau abhängigen Ostblockstaaten.

Sybarit Veraltete Bezeichnung für Schlemmer- und Genusssüchtige. In der Antike war die süditalienische, griechisch besiedelte Stadt Sybaris berühmt und berüchtigt für ihren Reichtum und Luxus und ihre Einwohner für ihre ausschweifende Lebensart.

Vignette Die Zierbildchen auf Bucheinbänden sowie am Anfang oder Ende eines Buches wurden oft in Form von Weinranken ausgeführt oder der Form von Weinblättern nachempfunden; franz. *vigne* = Weinstock. Wiederbelebt wurde das Wort im Zeitalter der Autobahngebühren in der Schweiz. Allerdings fehlen bei diesen Vignetten die Weinranken.

Zibebe Von arab. *zabib*: die größten und besten Rosinen.

Zimelie Die wertvollen Handschriften und sonstigen kunsthandwerklichen Kostbarkeiten eines Klosterschatzes oder einer Bibliothek haben ihre Bezeichnung von dem griech. Wort *keimélion* = Kleinod.

Vergessene Wörter

Wenn man manche Wörter der modernen Alltagssprache betrachtet, stößt man immer wieder auf Wortformen, die sich nicht an bekannte anknüpfen lassen, oder man merkt schnell, dass das vermeintlich bekannte Wort nicht der Schlüssel zum richtigen Verständnis sein kann. So ist »Leinwand« natürlich ein Gewebe aus Leinen, aber mit »Wand« dürfte es nichts zu tun haben. In vielen Alltagsbegriffen stecken ältere Wörter der deutschen Sprache, die mittlerweile untergegangen sind. Mit ein wenig spracharchäologischen Forschungen kommt man diesen Wörtern leicht auf die Spur. Man versteht sie dann sogar noch besser.

abspenstig »Spenstig« geht zurück auf die älteren Wörter *spanan* bzw. *spenen* = locken. Diese untergegangenen Wörter sind Nebenbedeutungen von »spannen«, das auch »reizen, locken, antreiben« impliziert. Man muss nicht gleich ein Spanner sein, um nachvollziehen zu können, in welche innere Anspannung man durch Verlockungen möglicherweise versetzt wird.

abtrünnig Darin steckt althdt. *trinnan* = durch Flucht entkommen. Im Mittelalter ergibt sich ein abmildernder Bedeutungswandel durch *trinnen* = entlaufen, sich absondern. Das Wort ist jedenfalls verwandt mit »trennen« und kommt keinesfalls von »treu«.

albern muss man auseinandernehmen in seine Wortbestandteile »all« und »wahr«. »Wahr« hatte in sehr früher Zeit auch die Bedeutung »freundlich«, so im Altnordischen *værr* = freundlich, angenehm. Daraus entwickelte sich im Altnordischen *ǫlværr* (also: »all-wahr«) = munter. So auch im Deutschen. Die etwas abwertende Bedeutung entstand schon im Mittelalter. Luther nahm das Wort in diesem Sinne auf. Bis dahin hatte man eher »einfältig« oder »närrisch« gebraucht.

arglistig Mittelhdt. *arc* bedeutete »feige«, auch »geizig, nichtswürdig«. Es war das schlimmste Urteil über einen Menschen und wurde daher zum Synonym für »böse, schlimm«. Heute noch lebendig, gibt es das Wort fast nur in Zusammensetzungen wie »arglos, Argwohn, verargen« oder in der Umgangssprache (»Das war schon arg«). »Ärger« war urspr. eine Steigerungsform von »arg«.

aufmotzen *Mutze* war im Mittelhdt. ein kurzes Oberkleid für Frauen sowie eine Bezeichnung für Verzierungen an Mähne und Schweif von Pferden. Als *mutze* zählten bspw. »perlein, rocken, guldin kronen, federn, zierde, geschmucke«.

Augenlid Mittelhdt. *lit* ist wie engl. *lid* ein altes Wort für »Deckel, Decke«. Auch erhalten im selten gebrauchten »Oberlid«.

ausgemergelt Das Wort »mergeln« kommt praktisch nur noch in dieser Partizipialkonstruktion vor. Es ist verwandt mit »Mark« und bedeutet auch so viel wie »das Mark (also die Lebenskraft) aus den Knochen ziehen«.

behelligen Mittelhdt. *helligen* = ermüden; *hellec* = müde, abgezehrt, hungrig, durstig; im urspr. Sinn: mager, trocken.

Beispiel Darin steckt althdt. *spel* = Erzählung (wie im engl. *to spell* = buchstabieren und *spell* = Zauberwort).

bescheren kommt von dem germ. Urwort *skarwjan* = zuteilen, von dem sich auch das gleichbedeutende engl. *to share* ableitet.

besudeln *Sudel* (in der Renaissance) sowie *sutte* oder *südde* (im Mittelalter) waren Wörter für Pfütze, Lache, Morast. Das Wort ist natürlich verwandt mit »suhlen«.

Brackwasser Niederdt. *brack* = salzig, scharf.

Brosamen *Brozen* = abgebrochenes Stück.

sich ergötzen ist nicht der Vollzug eines heidnischen Kultes. Das Wort leitet sich vielmehr ab von althdt. *irgezzan*, mittelhdt. *ergezzen* = vergessen im Sinne von »vergessen machen«. Wenn man sich ergötzt, vergisst man alles andere um sich herum.

erkoren Küren = wählen; auch in »Kurfürst« und »Willkür« erhalten.

erpicht Man ist so auf etwas versessen, dass man damit »verpicht« sein will, wie man früher sagte, also tatsächlich wie »mit Pech verklebt«.

erwähnen kommt nicht von Wahn. Warum auch? Der Wahn ist eine »Wunschvorstellung«. Althdt. *giwahanen* hingegen heißt so viel wie »gedenken« oder auch »eine Meinung zu etwas äußern«. *Wahanen* ist auf einer sehr frühen, tiefen Stufe ein Wortverwandter von lat. *vocare* = rufen und damit auch von *vox* = Stimme.

Federfuchser *Fucken* = hin- und herbewegen. Federfuchser bezeichnet also den Schreiber bzw. Amtsmensch, der seine Feder hin- und herbewegt; von *fucken* kommt auch ficken.

feilbieten, feilschen, wohlfeil *Feil, veil* ist in germanischen Sprachen und selbst im Griechischen (*poléin*) überall das Wort für anbieten und verkaufen, in slawischen Sprachen sogar mit einem Akzent auf »Beute machen«.

frohlocken Hier wird nichts angelockt, sondern getanzt und gesprungen: Gotisch/altsächsisch *laikan/lacan* = tanzen, springen. Solche Tänze bestanden vor allem darin, mit den Beinen auszuschlagen. Daher findet sich das Wort auch noch in der Redewendung: »Wider den Stachel löcken« = sich gegen Antreiberei mit dem Eisenstachel wehren (indem – das Tier – mit den Beinen ausschlägt).

Bei »froh« kann man in der Tat von Fröhlichkeit ausgehen. Und das Wort umfasst sogar noch mehr: Im Mittelalter verselbstständigte sich der Begriff *vro* mit der Bedeutung »jubeln«. Was wir also beim

»Frohlocken« sprachlich konkret vorliegen haben, ist ein »Jubelsprung«.

Fronleichnam   *Fro* = Herr. Fronleichnam bedeutet also »der Leichnam des Herrn«. *Fro* findet sich zudem in »Frondienst, Frongeld, Fronarbeit« sowie in »seinen Lüsten frönen«, nämlich »wie ein Herr« (herrlich) tun und lassen, was man will.

gedunsen   ist ein Partizip des bereits untergegangenen Verbs *dinsen*, das »dehnen, gewaltsam ziehen« bedeutet.

Gefahr, ungefähr   Althdt. *fara* und mittelhdt. *vare* sind jede Art von hinterlistiger Falle und falscher Vorspiegelungen, kurz alles, was *fear* (engl. = Furcht) hervorrufen kann. Dieses *varen* lässt sich über griechisch *peirán* = versuchen und lat. *experiri* = versuchen (Experiment!) sogar mit *periculum* verbinden, dem lat. Wort für »Gefahr«. Experimente sind eben nie ganz ungefährlich! Erfreulicherweise bedeutet »ungefähr« aber »ohne Gefahr, ohne böse Hinterlist, ohne Absicht«. Wegen der Unabsichtlichkeit wurde es das Wort für das Unbestimmte.

geheuer   Die Urbedeutung »heuer« ist »der gleichen Siedlung zugehörig«, also »vertraut«. Der Begriff steckt übrigens auch in »Heirat«. Heute wird »geheuer« überwiegend in negativen Sinnzusammenhängen gebraucht: »Das ist mir nicht geheuer!«, »Ungeheuer«.

Geländer   *Lander* war ein mittelhdt. Wort für »Latte, Stange«.

Gemahl, vermählen   *Mahal* ist ein sehr altes Wort mit der Grundbedeutung »Volksversammlung, Gericht« und althdt. *mahalen* bzw. *gimahalen* beinhaltete das öffentliche Sprechen zum Abschluss eines Vertrags. Bekanntlich wurden Eheversprechen öffentlich abgegeben, um gültig zu sein.

Gerücht, ruchbar, anrüchig, berüchtigt   *Ruchte* = Ruf, Geschrei.

Gewand, Leinwand   *Want* = Stoff, Tuch.

glimpflich   geht zurück auf das früher sehr gebräuchliche althdt. Wort *gilimpfan*, später *glimpfen*, was »hinken« (engl. *to limp*), »gleiten, herabfallen« und »weich« bedeutet. Man sagte etwa im Schwäbischen, jemand habe »g'limpfe Händ«, also »weiche Hände«. Von diesem Gebrauch ist das Wort auf Situationen übergegangen, in denen keine Gewalt angewendet wird.

Grütze   Bspw. in »keine Grütze im Kopf haben«. *Kritz* = Verstand. Grütze als Grießspeise kommt von *gruzzi* = grob Gemahlenes.

hervorlugen   *Lugen* war ein bis ins 19. Jh. vor allem in Süddeutschland und der Schweiz sehr gebräuchliches Wort für »schauen« (engl. *to look*). Es stammt wohl von dem kelt. Wort *lukato* = Auge.

Heuschrecke   *Skreckan* = springen.

Karfreitag   Althdt. *kara* = Klage, Trauer (engl. *care* = Sorge, Kummer, Umsicht). Beide stammen aus der Wortwurzel *gar* = schreien.

Leumund   ist nicht »der Leute Mund«, sondern kommt von *hliu, kleu* = Ruhm, Ruf. Das Wort ist verwandt mit »laut«, bezeichnet also das, was man hört. -mund ist eine substantivierende Endung wie griech./lat./franz./engl. *-ment* (z. B. in Appartement, Kompliment).

lichterloh   Die Lohe (verwandt mit »Licht« und »leuchten«) ist ein altes Wort für Glut, den nicht flammenden Teil des Feuers.

Lindwurm   *Lint* = Drache, Wurm. Bei Lindwurm handelt es sich also um eine Verdoppelung.

Lückenbüßer   *Büezen* = ausbessern, verschließen, füllen – also »Lückenfüller«.

Meineid   *Mein* = falsch, also »Falscheid«.

Mitgift Die Bedeutung von *gift* war urspr. »Gabe, Geschenk«, genauso wie heute noch im Englischen. Unter dem Einfluss des pharmazeutischen Fachbegriffs »Dosis«, der auch nichts anderes als »Gabe« bedeutet und schon im Mittelalter bei der Verabreichung von Medikamenten verwendet wurde, wandelt und verengt sich die Bedeutung im Dt. von *gift* zu Gift. Nur in »Mitgift« ist die urspr. Bedeutung erhalten geblieben.

Pleuelstange, verbläuen *Blewwa* = schlagen, mit einem Prügel verhauen.

Spanferkel *Spänen* = säugen.

unverfroren Niederdt. *unverfehrt* = unerschrocken (s. a. oben: »Gefahr«)

verbiestert Niederdt. *biester* = trübe, düster.

verblüffen Aus dem Niederdt.; dort entspricht *verbluffen* dem engl. *to bluff*.

verdattert Hier hat sich nur noch in der Partizipform das niederdt. Wort *dattern* erhalten, das man gelegentlich auch als *tattern* oder *taddern* schrieb. Es ist synonym mit »zittern«.

verdrießen Dazu gab es noch im Mittelhdt. das aktive Verb *driezen*, das so viel wie »treiben, drängen, drücken, drohen« bedeutete und eine weitverzweigte Wortverwandtschaft hat – vom Slawischen bis in Lateinische. Im Deutschen ist davon nur diese eher passive Form geblieben, die zum Ausdruck bringt, was passiert, wenn man bedrängt oder bedroht wird. Zu »verdrießen« gehören natürlich auch »Verdruss« und »Überdruss«.

verfemt *Veime, veem* ist ein nl. Wort mit der Bedeutung »Gemeinschaft«. Verfemt wäre demnach derjenige, der aus der Gemeinschaft ausgeschlossen ist.

vergessen Die Wurzel von »vergessen« erkennt man gut im engl. *to forget*. Das Gegenteil von »etwas bekommen« (*to get*) ist das »Abhandenkommen« (*for-get*) – aus dem Gedächtnis. *Gezzan* bedeutete »etwas (zu fassen) bekommen«. Ver-*gezzan* das Gegenteil. Im Engl. leitet sich auch *to guess* (raten) direkt von *gezzan* ab: Beim Raten hat man eine gute Chance, das Richtige herauszufinden, es »zu fassen zu bekommen«.

vergeuden Der Begriff *geuden* ist schon sehr früh ausgestorben. Er bedeutet »laut sein, prahlen« und dann auch »verschwenden«.

verhätscheln Das mittel- und oberdt. Wort *hatschen, hetschen* bedeutet »schleppend, schlurfend hinterhergehen«. Wer sich anderen immer so treu und brav anschließt, wird bald verhätschelt.

verheddern *Hede* ist ein altes niederdt. Wort für »Werg, Garn«.

verknusen Althdt. *firknussen* = zermalmen.

verplempern *Plempern* war im Niederdt. ein Wort für »verschütten«, vor allem wenn man ein Gefäß mit Flüssigkeit hin- und herschwang.

verrecken (Zum letzten Mal die Glieder) ausstrecken. Das Wort war immer schon umgangssprachlich.

verrotten beruht auf dem altsächsischen und angelsächsischen Wort *roton, rotian* = faulen (wie im Engl. *to rot*).

verrucht Der urspr. Sinn war »unbekümmert«, weil *ruochen* »sich um etwas kümmern« bedeutet. (Aus *ruochen* hat sich auch »geruhen« entwickelt = Er kümmert sich! Unter dem Einfluss von »verflucht« wurde »verrucht« zu einem Synonym für »lasterhaft«.

verschmitzt Nur als Partizip erhalten hat sich *smiekesen, smitzen* = mit der Peitsche schlagen. (*Schmieke* = Peitsche, Rute). »Schmitzen« galt schon im Barock als veraltet. »Verschmitzt« hat sich wegen der Bedeutungsähnlichkeit mit »verschlagen« = listig, schlau erhalten.

verschollen bedeutet jedenfalls nicht »auf der Eisscholle abgetrieben«. Das Wort kommt von »verschallen« und hat mit »Schall« zu tun: Derjenige, von dem man nichts mehr hört, ist verschollen.

verschroben = falsch verschraubt.

versiegen ist das Gegenteil der Begriffe »seihen, sickern, seichen«, die fließendes Wasser beschreiben.

verteidigen ist urspr. ein Begriff der Rechtssprache. Zugrunde liegt eine salopp verkürzte Form von althdt. *tagading* = Gerichtsverhandlung. Vorläufer des Wortes »verteidigen« hatten in diesem Zusammenhang viele Bedeutungen, z. B. »vertagen, verabreden, vertraglich zugestehen«, hauptsächlich aber »Fürsprecher vor Gericht sein«. Wegen des Nebensinnes »Beschuldigungen abwehren« wurde das Wort auch ein Begriff der körperlichen Angriffsabwehr.

vertrackt kommt von dem Wort *trecken* (= ziehen, zerren), das sonst nur in »Trecker« (= Traktor) und dem Kolonialausdruck »Treck« überlebt hat.

vertuschen kommt von *vertussen* = verbergen, verheimlichen (also nicht von »Tusche«). *Tussen/tuschen* hatte früher einen weiten sprachlichen Anwendungsbereich, doch stets im Sinne der Vernichtung oder Unterdrückung: Die Apfelblüte konnte bedauerlicherweise »vertuschen«, ein Fuchs konnte sich »vertuschen«, schlechte Laune wurde »vertuscht«.

verwalten Bekannt ist der Wortteil »walten« noch aus den altertümlichen Formeln »Das walte Gott!« oder »Walte deines Amtes!«. »Walten« = herrschen, die Macht gebrauchen. Die Wortwurzel ist *uel* = stark sein, und über diese ist »walten« auch verwandt mit lat.

valere = gesund, stark sein – davon auch: franz. *valeur* und engl. *value* = Wert (haben).

verzeihen, verzichten

Nur ganz selten wird heute noch das Wort »zeihen« (= beschuldigen) gebraucht. Die Vorsilbe »ver-« bezeichnet hier wiederum das Gegenteil: Beim »Verzeihen« wird die Beschuldigung zurückgenommen, es wird darauf verzichtet. Ver-zeih-en und ver-zich-ten enthalten dasselbe lateinische Wort: *dicere* (= sagen).

verzetteln

Verzetten = ausstreuen, verteilen (der Begriff stammt also nicht von »Zettel«).

Waldschrat

Althdt. *scrato* hat im Dt. viele Formen angenommen: »Schröttel, Schretel, Schrätz«. Es ist auch im Altnordischen (*skratti*) präsent. Die Grundbedeutung ist *squer* = geschrumpft, vertrocknet, mit rauer Haut.

Wildbret

Brate, brato = Fleisch. »Braten« kommt von althdt. *bratan* = erhitzen.

Witzbold, Trunkenbold, Saufbold, Humboldt, Sebald

Auch Namen enthalten alte Wortbestandteile. Hier ist es das mittelhdt. *bolt* = kühn (diese Bedeutung hat auch das engl. Wort *bold*).

zimperlich

Zimper, auch *zimpfer*, war urspr. ein positives Wort mit der Bedeutung »fein, sittsam, hübsch herausgeputzt«. Die Nachsilbe »-lich« bedeutet ja bekanntlich in vielen Fällen »wie«. So z. B. »königlich« = wie ein König, »bekanntlich« = wie bekannt. Das Authentische geht dabei manchmal verloren, und so wurde »zimperlich« ein abfälliges Wort: Er/sie tut so, als wäre er/sie *zimper*. In Wirklichkeit sind sie nur »zimperlich« (= geziert, heuchlerisch).

Kleine Wörter

aber ist ein alter ie. Raum- und Zeitbegriff für das »Weitentfernte, Spätere«. Wenn man etwas auf später verschiebt, muss man sich »abermals« damit befassen und, falls man auf seiner Meinung beharrt, »abermals« einen Einwand erheben, womit die Sinnerweiterung zur »Behauptung des Gegenteils« vollzogen ist.

auch ist von der Wortwurzel her verwandt mit lat. *augere* (= vermehren; davon franz. *augmenter*).

auf/aus sind jeweils Verkürzungen von »hinauf« und »hinaus«. Die Richtungsbegriffe waren zuerst da. Erst später bildeten sich daraus der Ortsbegriff »auf« und der Zeitbegriff (»Das Spiel ist aus«).

bereit ist wortverwandt mit »reiten« und bedeutete konkret »zur Fahrt, zur Reise bereit sein«.

bis leitet sich aus einer etwas umständlich anmutenden mittelalterlichen Konstruktion »bei zu« (mittelhdt. *bi ze*) ab, mit der man zum Ausdruck brachte, dass man noch etwas »dabei« tun musste, um an etwas anderes anzuknüpfen. Man kann es sich ungefähr vorstellen, wenn man probehalber sagt: »›Bei zu‹ dem nächsten Dorf sind es 100 Schritte.« Man muss eben noch 100 Schritte dazutun.

da, dort Im engl. *there* und im nl. *daar* hat sich die urspr. althdt. Form *thara* = dorthin im Sinne einer Richtungsbezeichnung besser erhalten. Die beiden Wörter sind also eng verwandt und bilden auch das verstärkende Zwillingswort »da und dort«.

dann, denn haben sich als Richtungswörter aus derselben Wurzel wie »da« entwickelt, wurden aber immer als Zeitbegriffe (»danach«) gebraucht. »Dann« und »denn« trennten sich bedeutungsmäßig erst im 18. Jh. In der norddt. Umgangssprache werden sie heute noch synonym gebraucht.

der, die, das Die Artikel zur Bezeichnung des grammatikalischen Genus sind urspr. Demonstrativpronomen, die im Dt. in der Form von »dieser, diese, dieses« vorliegen.

eben Die Hauptbedeutung ist »gleich« (wie bei Ebenbild, ebenbürtig und Ebenmaß). Davon leitet sich »flach« ab, denn alles, was flach ist, ist »gleich wenig hoch«. Darüber hinaus bedeutet »soeben/eben« so viel wie »fast zur gleichen Zeit«. Die Herkunft ist nicht sicher geklärt. Man vermutet einen Zusammenhang mit alten ie. Wörtern, die so viel wie »Zwilling« bedeuten – wegen der Gleichheit.

eher Die Grundbedeutung ist »frühmorgens«. Die Vorstellung vom beginnenden, frühen Tag, im erweiterten Sinn von früheren Zuständen (»früher war alles besser«) muss als so positiv empfunden worden sein, dass sich die Wortbedeutung von der reinen Zeitbestimmung zu »lieber wollen, bevorzugen« erweitert hat.

etwa, etwas ging aus dem älteren dt. Wort *eddeswar*, später *etewar* hervor, das »irgendwo« bedeutet und somit als unbestimmte Ortsbezeichnung diente. *Edde* ist ein Unbestimmtheitspartikel, der auch in anderen Wörtern wie »etlich« vorkommt. Eine Weiterentwicklung liegt vor in der Form von »etwas« (= unbestimmte Sache); eine Variante ist »oder«. Sogar lat. *et* (= und) gehört zu dieser Wortfamilie.

fast hat sich aus »fest« entwickelt, weil man im Mittelalter *fæste, vast* auch im Sinne von »sehr« gebrauchte. Das findet man heute noch zuweilen in der süddt. Umgangssprache: »Wir haben feste gegessen« = »Wir haben sehr (viel) gegessen«. *Faeste* hat sich dann zu dem selbstständigen Wort »fast« mit der Bedeutung »beinahe voll und ganz« entwickelt, während das Wort mit »e« (fest) die Bedeutung »hart« annahm.

fertig kommt aus derselben Wortwurzel wie »Fahrt« und bedeutet urspr. »zur Fahrt bereit«.

für Der Fürst ist der Vornehmste oder, wie man manchmal scherzhaft sagt, »der Fürnehmste«. »Vor« und »für« waren bis ins 18. Jh. in ihrer Bedeutung nicht eindeutig getrennt und wurden synonym gebraucht. »Für« ist daher urspr. eine Ortsbestimmung: Wenn man etwas »für« jemanden mitbringt, dann bringt man es »vor« ihn. Auch der Fürst steht im Rang »vor« den anderen. Der Superlativ »Für-st« (engl. *first* = der Erste) bringt das deutlich zum Ausdruck: Er steht wirklich ganz vorne.

gell(e) Das süddt. Bekräftigungswort kommt von »gelten«. Die eigentliche Bedeutung ist: »So möge es gelten.«

genau Der Wortteil »-nau« geht auf das altdt. *nou(w)* (nl. *nauw*) zurück, das »eng, knapp« bedeutet. Was irgendwo knapp und eng eingefügt wird, passt eben »genau« und man muss es dafür »sorgfältig« (= weitere Bedeutung von »genau«) bearbeiten.

genug Dem Wort liegt die Vorstellung der Tätigkeiten »tragen, bringen, herbeischaffen« zugrunde. Man trägt etwas solange herbei, bis das Ziel erreicht, das Maß erfüllt, »Genüge getan« wurde. Das ergibt sich sprachgeschichtlich aus dem ie. Wurzelwort *nek* (= tragen).

gerade hat drei Bedeutungen mit unterschiedlicher Herkunft. Als Zählwort (gerade Zahl, zu gleichen Teilen teilbar) ist es verwandt mit »Rede« und lat. *ratio* = richtig gefügt. In der Bedeutung »soeben« beruht »gerade« auf dem althdt. *rad(o)* = schnell, rasch; so verwendete man im 9. Jh. *girado* für »plötzlich«. Auch die geläufigste Bedeutung, der Gegensatz zu »krumm«, ist hieraus hervorgegangen. Das Gerade ist demnach dasjenige, was schnell, lang und schlank emporgewachsen ist.

gleich bezieht sich auf die Gestalt, primär den menschlichen Körper. Für »Körper« hatte die ältere dt. Sprache das Wort *li(c)h*, das im modernen Dt. nur noch als »Leiche« erhalten ist. »Gleichen« bedeutet also »dieselbe Gestalt haben«. Davon können sämtliche anderen Vorstellungen abgeleitet werden: von der Ausgeglichenheit der Waage bis hin zur Idee der (rechtlichen) Gleichheit der Menschen.

heute, heuer   zusammengezogen aus althdt. *hiu tagu* (= dieser Tag) und *hiu jaru* (= dieses Jahr).

hier   = an dieser bestimmten Stelle, in dieser bestimmten Richtung. Geht auf dasselbe alte Wort zur Richtungs- oder Zielangabe zurück, aus dem auch *hiu* (s. »heute«) hervorgegangen ist: *Kei, hei* = dieser.

immer   = »je« + »mehr« (s. unten).

je   Der Zeitbegriff ist im Grunde eine Abkürzung von »ewig«. Mit »ewig« verbindet sich die Vorstellung der endlosen Dauer. Weil diese Zeitdauer so unbestimmt ist, wurde »je« zu einem Unbestimmtheitspartikel in **immer** und **irgend** (hier hat *gen* bereits die Bedeutungen »einer, keiner, irgendeiner«) sowie in »jemand« (= irgendein Mann), »jeder, jemals« und »jeglich«.

jetzt   Bekannt ist auch heute noch die Vorgängerform von »jetzt«, nämlich »itzo«. »Itzo« wurde meist gebraucht im Sinne von: »daraus folgt«. In »itzo« sieht man deutlicher, dass »jetzt« aus »immer« + »zu« zusammengesetzt ist. »I(mmer)« ist das zeitliche Element und »zu« ist sozusagen der direkte Anschluss: »Jetzt geht's los!«

kaum   hat die urspr. Bedeutung »kränklich, schwächlich, mühevoll« (althdt. *kumig*) und ist letztlich zurückzuführen auf »kläglich« und »jammerndes Klagen« wie beim wortverwandten »Kauz«.

kein   Aus mittelhdt. *nek* = ein; es handelt sich dabei um eine Verkürzung von althdt. *nih(h)ein*: Später entfiel noch der Anlaut.

klein   Nicht zufällig gibt es die Paarformel »klein und fein«, die zwei fast bedeutungsgleiche Wörter verbindet. »Klein« bedeutet nämlich urspr. »glänzend« wie auch das engl. *clean*. »Klein« bezeichnete daher zunächst alles, was fein, zierlich und niedlich war. Der Begriffsgegensatz zu »groß« tritt dann später hinzu und überlagert die urspr. Bedeutung.

-mal hat immer die Grundbedeutung »messen« wie im Substantiv »Mal«, das einen bestimmten Zeitpunkt sowie ein bestimmtes Maß bezeichnet.

mehr ist der direkte Spross der althdt. Wortwurzel *me(r)*, die »viel, groß« bedeutet. Auch das »Märchen«, hervorgegangen aus *maere*, ist im Grunde nur das, was »viel und oft« besprochen wurde.

ne? Das mitteldeutsche Bekräftigungswort ist eine Abkürzung von »nicht wahr?«.

nun, noch Was »im Nu« passiert, ist meistens auch »neu, jung und frisch«. »Neu« und »nun« sind verwandte Wörter. »Noch« kann als »nun« + »auch« gedeutet werden: Man will mehr von dem Neuen.

nur heißt im Grunde: »nicht wahr?«. Schon im Althdt. findet sich die einschränkende Formulierung *ni wari*. Dieser einschränkende Sinn ist auch der Sinn vom verkürzten »nur«.

oben, ober, über sind verwandt mit den gleichbedeutenden Wörtern *super* (lat.) und *hyper* (griech.).

oder entspringt derselben Unbestimmtheitssilbe *edde, eddo* wie »et« in »etwa« (s. oben).

offen ist eine sprachliche Weiterentwicklung von »auf« im Sinne von »aufwärts gebogen«.

oft ist eine sprachliche Weiterentwicklung von »oben, über« und bedeutet »übermäßig«.

paar kommt von lat. *par* = gleich. Davon stammen auch die Wörter *pair* (franz.) und *peer* (engl.) für ranggleiche Adlige sowie das neuerdings in Dtl. in Mode gekommene Wort »Peer group«. Das Unbestimmtheitswort (z. B. »ein paar Leute« = »einige wenige Leute«) geht auf den ungenauen Gebrauch von »Paar« zurück. Man verwendete es einfach auch für eine kleine Anzahl.

quer ist auf sinnfällige Weise eng verwandt mit Zwerch(fell). Die dem Wort zugrunde liegende Vorstellung wird in dem lat. *torquere* sehr gut fassbar. Es bedeutet »drehen, reiben« und es gibt eine Fülle von Weiterentwicklungen von »drechseln« über schwed. *tvär* (= zornig) bis zu »Tortur«. »Quer« bedeutet jedenfalls so viel wie »gedreht«.

schon ging aus »schön« hervor. Wenn alles »schön angerichtet« ist, dann ist es auch »geziemend und vollständig bereitet«, also bereit. Von diesem »schön bereit« ging die Bedeutung auf »schon« im Sinne von »bereit« über. Diese Bedeutungserweiterung und -veränderung von »schön« zu »schon« vollzog sich im Spätmittelalter.

sehr ist ein Schmerzbegriff. Noch im 19. Jh. benutzte man den Ausdruck »die sehrende Wunde« (Richard Wagner im ›Parsifal‹) = die schmerzende Wunde. »Versehrter« oder »unversehrt« sind im modernen Dt. völlig geläufig. Diese Wörter sind eng verwandt mit »sehr«. »Versehrt« zu sein, brennenden Schmerz zu spüren, ist eine der intensivsten körperlichen Erfahrungen. Die Verwendung des Wortes als Steigerungsbegriff liegt daher nahe.

sogar kommt tatsächlich von »gar« = »fertig gekocht«, wobei »gar« früher viel allgemeiner für »bereit, fertig« verwendet wurde – v. a. im Sinne von »fertig ausgerüstet«: So konnte ein Ritter, der in die Schlacht zog, »gar« sein. »So gar« im Sinne von »so fertig«, »vollkommen ausgerüstet« rückte dann im 17. Jh. zu einem Wort zusammen und gewann selbstständige Bedeutung als steigerndes Wort.

um   Kleinstwort mit vielerlei Bedeutungen (»herum, ungefähr, damit, wegen«), vielerlei Zusammensetzungen und weit verzweigter ie. Verwandtschaft, v. a. im Lat. (*ambi-* z. B. in »ambivalent«) und im Griech. (*amphi* z. B. in »Amphitheater«). Stets geht es um das Runde und die beiden Seiten einer Sache.

unter   ist ein Wort, in dem mehrere Ursprünge zusammengeflossen sind, nämlich »innen, innere« und lat. *inter* (= zwischen) sowie *infra* (= unten, unterhalb).

viel   bedeutet die »Fülle« und ist verwandt mit »voll«. Die Wortwurzel *pel(u)* bezeichnet das endlose Fließen und Gießen des Wassers – eine wunderbare Vorstellung. Daraus hervorgegangen sind auch griech. *poly* und lat. *plus, plenum*.

wegen   hängt zusammen mit »Weg«. »Wegen« bedeutet »infolge von …«, »in der Folge von«: Man folgt diesem Weg. Auch »deswegen« erhält von daher seinen begründeten Wortsinn: »Dieser Wege halber«.

weil   »Eile mit Weile«, »noch eine Weile« und »Langeweile« sind Zeitbegriffe. »Weil« wurde urspr. nur als Zeitbegriff gebraucht. Mittelhdt. »all die weil« bedeutet »so lange wie, während«; ähnlich ist auch »die weil«. Im 18. Jh. tritt der temporale Gebrauch zurück. Man versteht »weil« im Sinne von »während« zunehmend kausal: »Weilend ich mich auf den Weg machte, gelangte ich nach A.« Im Engl. blieb dem identischen Wort *while* übrigens ausschließlich der temporale Sinn erhalten. Zur Begründung verwendet man *because*.

wenig   zu haben, ist immer beklagenswert und so entstand auch das Wort »wenig«. Es stammt von *weinich* = »zum Weinen«. »Weinen« wiederum kommt – wen wundert's? – von »weh«-Geschrei.

wider, wieder   Die Wortwurzel *ui, wi* bezeichnet das Auseinanderfallende, Trennende, Gegenüberliegende. Dies wird in den vielen Abwandlungen des Wortes deutlich: »Widrig, widerlich, zuwider, erwidern, widerwärtig, widerwillig, Widerstand«. Das Trennende, räumlich Entfernte, Gegensätzliche ist aber auch die Voraussetzung für das Zurückkehren, das Abermalige, wie es in »wieder« v. a. in »wiederholen« zum Ausdruck kommt. Die beiden verschiedenen Schreibweisen wurden erst im 18. Jh. eingeführt.

wohl und engl. *well* bedeuten einfach »wie gewollt, wie gewählt, wie gewünscht«, denn alle diese Wörter entspringen der ie. Wortwurzel *uel* = wollen, wählen.

zu Das einfache Zweck- und Zielwort ist zunächst ein elementares Richtungswort mit der Bedeutung »bis«, die auch im russ. *do* zum Ausdruck kommt. Angestrebt wird immer ein fester Anschluss, eine Verbindung, wie in der Bedeutung »geschlossen« = zu. So erklärt sich auch die Bedeutungsvielfalt des Wortes. Es kann sowohl zeitlich gesehen werden (»zu Ostern«) als auch im Zusammenhang mit einem Zweck (»um ... zu«). Im Althdt. gab es sogar verschiedene Formen für die drei Geschlechter (*zuo, za, zi*), von denen sich aber nur das starke zu(o) erhalten hat.

zwar ist eine Verschmelzung aus »zu wahr«. Sie dient der Bekräftigung, v. a. in der geläufigen Alltagsformel »... und zwar ...«, so wie die etwas altmodischen »fürwahr« oder »wahrhaftig«. Auch wenn man mit »zwar ...« einen Einwand erhebt, möchte man doch nur der Wahrheit näherkommen.

zwecks Der »Zweck« ist der Nagel, der durch die Mitte einer Zielscheibe getrieben wurde, um sie an Wand oder Baum zu befestigen, und so wurde der Zweck selbst zum Ziel.

zwischen kommt von »zwei« und bezeichnet die Mitte von zwei Sachen oder Personen.

Abkürzungen

althdt.	althochdeutsch
amer.	amerikanisch
arab.	arabisch
bspw.	beispielsweise
chin.	chinesisch
dt., Dtl.	deutsch, Deutschland
engl.	englisch
europ.	europäisch
franz.	französisch
germ.	germanisch
griech.	griechisch
hdt.	hochdeutsch
heb.	hebräisch
ie.	indoeuropäisch
ind.	indisch
ital.	italienisch
jidd.	jiddisch
Jh.	Jahrhundert
kelt.	keltisch
lat.	lateinisch
nl.	niederländisch
pers.	persisch
port.	portugiesisch
russ.	russisch
schwed.	schwedisch
slaw.	slawisch
sp.	spanisch
urspr.	ursprünglich
v. Chr.	vor Christus
verw.	verwandt
wört.	wörtlich

Quellenangaben

Brockhaus Enzyklopädie
Wiesbaden, 1984

Duden, Herkunftswörterbuch
Mannheim 2001

Duden, Redewendungen
Mannheim 2002

Harald Haarmann, Universalgeschichte der Schrift
Frankfurt 1992

Kluge, Etymologisches Wörterbuch der deutschen Sprache
Berlin 2002

Kurt Krüger-Lorenzen, Deutsche Redensarten
Düsseldorf und Wien o. J.

Werner König, dtv-Atlas Deutsche Sprache
München 1978, 2001

Hermann Paul, Deutsches Wörterbuch
Tübingen 2002

Wolfgang Pfeifer u. a., Etymologisches Wörterbuch des Deutschen
Berlin 1993, München 2000

Stichwortverzeichnis

aber 215
Abschaum 177
abspenstig 206
Abstand 168
Abt 72
Abteil 175
abtrünnig 206
Ade, adieu 106
Adonaj 68
Affekt 129
Aggression 129
Agitprop 93
Ägypten 37
Akrobat 145
Akustik 145
Alabama 43
Alb 57
albern 206
Alexandria 24
Algarve 27
Allah 79
Aller 40
Allmächtiger 68
Allvater 170
Alpen s. Alb
Altar 59, 144
altertümlich 172
Alzheimer 193
Amen 76
Amerika 28
Ammer, Amper 41

Amsterdam 27
Anarchie 84
Anden 57
Andromeda 51
Anerkennung 170
Anführungszeichen 166
Angst 129
anonym 145
anrüchig s. Gerücht
Anrufung 166
Anschrift 168
Anwartschaft 167
Anzeiger 168
Apennin 57
Apparatschik 93
Arabien 37
Ardennen 57
Arena 139
Argentinien 42
arglistig 207
Argot 200
Aristokratie 84
Arkansas 43
Armleuchter 177
Armutszeugnis 94
Aroma 145
Arsenal 99
Asbest 145
Aschaffenburg 27
Asteroid 44
Asyl 59

Äther 54
Atlantis 20
Ätna 57
auch 215
auf 215
aufmotzen 207
Aufzug 167
Augenlid 207
aus s. auf
ausgemergelt 207
Autobahn 193
Automobil 194
Avalon 21
Avantgarde 116

Bad 118
Bagdad 27
Bahnsteig 175
Balsam 145
Banause 145
Bangkok 27
Barmherzigkeit 72
Bar-Mizwa /Bab-Mizwa 78
Baron 113
Basis 146
Bastard 177
Bauhaus 194
Becher 144
Becken 144
Beelzebub 70
befähigen 172
Befehl 99
Beförderung 172
behelligen 207
Beispiel 207
Beistrich 167

Beißzange 186
Belgien 31
Belial 71
Benehmen 109
Bengel 177
Benin 42
beobachten 167
bereit 215
berüchtigt s. Gerücht
bescheren 207
Besprechung 168
Besserwessi 177
besudeln 207
Bett s. Bad
Beweggrund 172
Beweis 94
Bibel 72
Biergarten 195
Big Bang s. Urknall
Bikini 122
bis 215
Bischof 73
bitte 109
bitter 159
Bittsteller 171
blank 159
Bleistift 167
blind 159
Blitz 159
Blut 159
Blutzeuge 168
Bockmist 187
Böhmen s. Tschechien
Bohrer 175
Bolivien 28
Bombe 159

Bougie 200
Brackwasser 207
Brahma, Brahmane 80
bramarbasieren 200
Brand 159
breit 159
Briefumschlag 175
Briefwechsel 167
brisant 100
Brosamen 207
Brüderlichkeit 172
brüllend 159
Brüssel 39
Brutofen 175
Buddha 81
Buenos Aires 27
Bulgarien 31
Bulimie 129
bunt 143
Bürger 83
Burn-out 129
Buße 73

Cambridge 27
Chanel-Kostüm 122
Chaos 146
Charakter 146
Charisma 83
China 29
Christos, Christus 70
Chronik 146
ciao 106
Colorado 43
Connecticut 43
Couch 119
Cuvée 201

da 215
Dalmatika 201
Damaskus 27
Dämon 59
Dänemark 31
danke 109
dann 215
Daressalam 27
das s. der
Dechanei 201
Demel s. Sacher
Demokratie 84
Demoskopie 84
denken 130
Denkzettel 95
denn s. dann
Depp 177
der 216
Deutschland 32
Dialog 146
die s. der
Diplomatie 110
Diskretion 110
Diwan s. Couch
Dogma 73
Donau 40
doof 187
Doppelpunkt 165
doppelt 144
dort 215
Doyen 201
Drau, Drawe 40
Dreifaltigkeit 73
Dschihad 79
Dschingis Khan 87
»du« 114

STICHWORTVERZEICHNIS

Dublin 27
Dummkopf 170
Dünkel 110
Durchlaucht 114
Düsseldorf 27
Dynamik 146
Dynastie 146

eben 216
Ecuador 39
Eden 65
eher 216
Eigenschaftswort 170
Eilbote 175
Eilbrief 174
Eimer 144
Einfaltspinsel 178
einschließlich 172
Einschreiben 175
Einzahl 172
Einzelwesen 172
Eisack s. Isar
Eiszeit 196
eitel 159
Ekstase 60, 146
El 68
Elbe s. Aller
Eleganz 123
Elend 159
Elfenbeinturm 21
Elohim s. El
Elysium 65
Elz s. Aller
Eminenz 114
Emmer s. Ammer
Emotion 130

Empfänger 175
empirisch 146
Emscher s. Ammer
Endung 167
Energie 146
Engel 60
England 32
Entenhausen 21
Enthusiasmus 61
enttäuschen 172
Entwurf 168
Episode 146
Epoche 146
Equipment 116
Erde 49, 54
Erdgeschoss 172
Erfahrung 130
ergötzen 208
erkoren 208
Ermittlung 175
erpicht 208
erwähnen 208
Erz 159
Esel 144
Essen 116
Establishment 84
Estrade 201
Etappe 100
Etikette 110
etwa, etwas 216
Eure Heiligkeit 114
Europa 29
Evangelium 73
extra 159
Exzellenz 114

Fackel 144
Fahrgast 175
Fahrkarte 175
fahrlässig 95
Fahrrad 175
Fallbeil 172
fanatisch 61
fast 216
Faulenzer, Faulpelz 178
Fauteuil s. Stuhl
Fauxpas 111
Fayence 201
Federfuchser 208
feilbieten, feilschen 208
feinfühlig, Feingefühl 171
Ferien 144
Fernglas 167
Fernsprecher 175
fertig 216
fest 159
Fest 61
Festland 172
Feuer 54
Feuermelder 175
Finnland 33
Flanell 123
Flasche 178
Flegel 178
Flibustier 202
Flip-Flops 123
Flittchen 178
Flugzeug 175
folgerichtig, folgewidrig 172
Form 144
fortschrittlich 172
Fortuna 139

Forum 139
Frack 123
Frankfurter 196
Frankreich 33
Freigeist 167
Fresse 187
Fries 146
frisch 160
Fritz 178
frohlocken 208
Fronleichnam 209
Frustration 130
Fuchs 160
Fügewort 165
Fulda 27
funken, Funker, Funkgerät,
    Funkmeldung, Funkspruch,
    Funkstation 175
für 217
Fürwort 170
Furz 160
Fußgängerzone 196

galant 111
Galaxis 44
Gambia 42
Gammler 179
Gangster 179
Gans, dumme 179
Gebet 62
gedunsen 209
Gefahr 209
Gefallsucht 172
geheuer 209
Geist 130
Geisterfahrer 179

Geländer 209
gell(e) 217
Gemahl 209
Gemeinde s. Kommune
genau 217
Genie, Genius 140
genug 217
gerade 217
Geratewohl, aufs 172
Gerücht 209
Geschenk 111
Gesetz 95
Gesittung 173
Gesocks 179
Gewaltenteilung 85
Gewand 210
Gewissen 74
Gibraltar 57
Giftzwerg 179
Gipfelkonferenz 85
Glasnost 94
gleich 217
Gleichberechtigung 86
gleichgültig 170
Gliese 581 c 44
Glimmstängel 187
glimpflich 210
Globus 140
Glückwunsch 108
Gnade 74
Gobi 58
Gold 160
Goldenes Zeitalter 65
Gott 68
Grafik 146
Grammatik 146

Grätsche 174
Gratulation 108
grausam 131
Griechenland 33
grimmig 131
Großer Bär/
Großer Wagen 50
Großmogul 88
Grundsatz 167
Gruß, Grußformeln 106, 108
Grüß Gott 107
Grütze 210
guillochieren 202
Gulag 94
Guru 81
Gymnastik 146

Haar 160
Hacienda 202
Halleluja 77
Hallo 107
Halunke 179
Hammer 160
Hand 160
handlich 172
Hantel 174
Häresie 74
Harmonie 146
Haute Couture 123
Hei 107
Heiden 160
Heiland 70
heilig 62
heiß 160
hektisch 146
hell 160

Helsinki 27
herkömmlich 172
hervorlugen 210
heuer s. heute
Heuschrecke 210
heute 218
Hexe 180
hier 218
Himalaja 57
Himmel 44, 160
Himmlisches Jerusalem 22
hoch 160
Hochschule 172
Hofbräuhaus s. Biergarten
Höflichkeit 112
Holland 34
Hölle 63
Hongkong 27
Hosianna 77
Hund, Hundesohn 160, 180
Hygiene 146
Hymne 63, 146
Hysterie 131

Ideal 161
Idee 147
Identifikation, Identität 132
Idiot 147
Ikone 147
Iller s. Aller
Ilm s. Aller
Image 117
immer 218
Indien 42
Innsbruck 27
Instanz, letzte 95

Instinkt 132
Interesse 140
Irak 37
Irland 34
Ironie 147
Isar, Isel, Isen 40
Islam 80
Israel 29
Italien 34

Jacke, Jackett 124
Jahwe 69
Jammerlappen 181
Japan 27
je 218
Jehova s. Jahwe
Jemen 39
Jericho 28
Jesus 69
jetzt 218
Joppe s. Jacke
Jubel 77
Jupiter 49
Jura, Jurist, Jury, Justiz 96

Kabbala 78
Kaff 187
kafkaesk 197
Kalahari 58
Kalif 88
Kalifornien 39
Kalkutta 39
Kamellen, olle 187
Kammer 144
Kammerspiel 166
Kanada 38

Kanaille 181
Kanake 181
Kandidat 86
Kanzler 86
Kapelle 74
kapriziös 202
Karfreitag 210
Karma 81
Kartell 100
Kaschmir 124
Kassiopeia 51
Kathedrale 75
kaum 218
Kehre 174
kein 218
Kelch 144
Keller 144
Kelly-Bag 124
Kemenate 203
Kentucky 43
Kepheus 51
Keramik 147
Kerbtier 173
Kerker 144
Kessel 144
Kette 144
Kilimandscharo 57
Kindergarten 197
Kirche 75
Kitsch 117
klamm 161
klar 144
Klasse 86
Klausel 96, 144
klein 218
Kleiner Bär/

Kleiner Wagen 50
Klinik 147
Klitze 161
Klo 119
Kloster 75
Kodizill 203
Kolumbien 30
Komet 45
Kommune 87
Kompliment 112
Kondolenz 112
Kongo 42
Konstantinopel 25
Konterbande 203
Kontinent 55
Konversation 112
Körperschaft 173
Kosmetik 147
Kosmos 147
Köter 181
Kraftrad 175
krass 144
Krawall 188
Krawatte 124
Kreuz 161
Krise 147
Kroatien 34
Krone 87
Kronzeuge 96
krotten 161
Kult 63
Kummerbund 125
Kurs 144
kurz 144
Kyoto 39
Kyrie 69

Lackel 181
Lama 82
Laminat 119
Land 55
Laune 132
Lausbub 181
lax 144
Leberwurst, beleidigte 181
Legion 140
Lehrgang 172
Lehrling 168
Leidenschaft 168
Leier, alte 188
Leinwand s. Gewand
Leumund 210
Levi's Jeans 125
lichterloh 210
liebenswürdig 166
Lindwurm 210
Linie 141
»links« 91
Linoleum 120
Lissabon 28
Lobby 89
logisch 147
Lückenbüßer 210
Luder 182
Luft 54
Lümmel, Lump 182
Lustspiel 170
lustwandeln 168
Luzifer 71
lyrisch 147

Macht 89
Madeira 39

Magie 64
Maharadscha 88
Mailand 39
Majestät 115
Majolika s. Fayence
mal 219
Mallorca 117
Mandala 82
Manie 132
Manieren 112
Mantel 144
Marathon 161
March 40
Markt 144
Mars 49
Matterhorn 57
mause 161
Mechanik 147
Meer 55
mehr 219
Mehrzahl 171
Meineid 96, 210
Meister 144
Memel 27
Merkur 48
Messias 70
Meteorit 45
Methode 147
Mexiko 38
Miasma 203
Mietskaserne 188
Mikado 88
Milchmädchenrechnung 188
Mimikry 203
Minderheit 172
mischen 144

Mississippi 43
Missouri 43
Mitgift 211
Moin, moin 107
mollig 144
Moloch 71
Monarchie 84
Mond 46
moralinsauer 189
Mord 161
Moschee 80
Moskau 27
Most 144
motzen 189
Müller 144
München 28
Mundart 168
Mysterium 64

Nachruf 168
nackt 161
Nagel 161
Nairobi 28
Nanking 39
Narzissmus 132
Nation 90
Natur 141
ne? 219
Neandertaler 197
Neptun 50
nett 144
New Look 125
New York 25
Nickel 198
Niederlande s. Holland
Niger 43

Nigeria 43
Nirwana 82
noch s. nun
Nomenklatura 94
normal 133
Nornen 203
Norwegen 34
Nouvelle cuisine 117
nüchtern 144
nun 219
nur 219

oben, ober 219
Oberfläche 168
Objekt 141
Odaliske 204
oder 219
Oder 41
offen 219
Öffentlichkeit 172
oft 219
Ohio 43
Oktoberfest
  s. Biergarten
oktroyieren 204
Ökumene 75
Okzident 56
Oligarchie 84
Olymp 65
Opfer 64
Opportunist 182
opulent 204
Organ, Orgel 147
Orgie 147
Orient 56
Orion 51

Österreich 34
Ozean 56

paar 220
Paderborn 27
Pangäa 56
Paradies 64
Paragraf 97
Paraguay 42
parallel 147
paranoid 133
Parlament 90
Partei 91
Paste 147
patrouillieren 100
Pavillon 204
Pegasus 51
Pein 144
Peinlichkeit 113
Peking 39
Pensum 142
Perestroika 94
Perseus 51
Petersburg 25
Pfanne 144
Pfeife 144
Pfeiler 144
Pflanze 144
Pflaster 144
Pforte 144
Pfosten 144
pfui 189
Pfund 144, 161
Phalanx 100
Pharao 88
Philippinen 30

Phobie 133
piefig 189
Piefke 182
piek 161
Piesepampel 182
Pilger 66
Planet 46
platt 144
Pleuelstange 211
Pluto 50
Pokal 147
Polemik 147
Polen 34
Polizei 97
Pomp 66
Pore 147
Portugal 35
Postkarte 175
postlagernd 175
potz 162
Preisliste 175
Priester 66
Prinz 115
Prinzessin auf der Erbse 183
Prolet 183
Proppen 162
Protokoll 98
protzig 189
Prozess 98
Prozession s. Pomp
Psalm 77
psychosomatisch 134
Pudel 162
Pulver 145
Pumpernickel 198
Punk 125

Puppe 145
Pyrenäen 57

Quanten 189
Quarz 198
Quatsch 189
quengeln 189
quer 220
quick 162
quietsch 162
quitt 144

Rabatz 189
Rabauke 183
Rabbi 78
Rabeneltern 183
Ramsch 190
Randbemerkung 172
rasant 144
Ratte 162
Recht 98
»rechts« 91
Reck 174
Regel 145
Regensburg 27
Religion 66
Republik 91
Resopal 120
Reykjavík 28
Rhein 41
Rhythmus 147
richten s. Recht
Riege 174
Riese 162
Riesling 198
Ritus 67

Rock s. Frack
Rom 25
Rotterdam 27
Rowdy 183
ruchbar s. Gerücht
rund 144
Rüpel 183
Russland 35

Sacher 198
Sack, alter 184
Sahara 58
Sakrament 101
salbadern 204
Salzburg 27
Samt 126
Sansibar 39
Satan 71
Satrap, Satrapie 205
Saturn 49
Sau 162
-, gesengte 190
Saufbold 214
Schachtel, alte 184
Schaffner 175
Schah 88
Scharia 80
Scharmützel 101
Scheibenhonig, Scheibenkleister 190
scheiß, Scheiße 162, 190
Schia 80
Schiet s. Scheiße
Schiiten s. Schia
Schindel 145
Schindluder 190

Schiss s. Scheiße
Schizophrenie 134
Schlachtenbummler 101
Schlampe 184
Schlaraffenland 22
Schlemihl 184
Schleswig 27
Schlips 126
Schmeichelei 113
Schmierentheater 190
Schmonzes, Schmonzette, Schmus 190
Schnalle 185
Schnapsidee 191
schniegeln 126
Schnitzel 199
Schnulze 191
schon 220
Schrank, Schrein 120
Schriftsprache 170
Schrifttum 174
Schrumpfgermane 185
schuften 191
Schule 145
Schüssel 145
schwänzen 191
Schwarze, das kleine s. Chanel-Kostüm
Schwarzwald 57
Schweden 35
Schweinepriester 185
Schweiz 35
Schwuchtel 185
See 56
segnen 76
sehr 220

Seide s. Samt
selbstständig 168
Seminar 142
Senat 142
Serbien 36
servus s. ciao
Sessel 120
Sevilla 39
Shanghai 39
Shangri-La 22
shit s. Scheiße
sicher 145
Sicherheit 92
Siff, siffig 191
Sintflut 77
Sofa s. Couch
sogar 220
Sonne 46
Spalte 175
Spanferkel 211
Spanien 36
Speise 145
Spessart 57
Sphäre 147
Spießer, Spießbürger 185
Spind s. Schrank
Spindel 162
Spinne 162
Spinner 186
Spitzbube 186
Spleen 191
Spott 162
Staat 92
Stammform 168
Statik 147
Stein 162

Stelldichein 171
Sterblichkeit 169, 173
Stil 118
stink 162
Stock 162
Stockholm 39
Streitgespräch 172
Stress 135
Strichpunkt 168
Strudel 199
Studium 142
Stuhl 121
Sturz 163
Sucht 135
Sultan 89
Sünde 76
Supernova 46
Sybarit 205
Sydney 26
Sympathie 147
Synagoge 79
Syrien 38

Tafel 145
Tageblatt 171
Tagesbefehl 172
Talmud 79
Tasmanien 30
tatsächlich 172
taufen 76
Taunus 57
Technik 147
Teheran 39
Telegramm 175
Tempel 67
Tenno 89

Testament 142
Teufel 72
Texas 39
Theke 147
Theorie 147
Thora 79
Tiegel 145
Tien-tsi 89
Tierkreis 169
Tinte 145
Tisch 121
Titel 145
Tod 163
Tohuwabohu 78
Tokio 39
Tölpel 186
Trauerspiel 166
Traun s. Drau
Trinken 116
Trophäe 101
Trottel 186
Trunkenbold 214
Tschechien 36
Tschüs 107
T-Shirt 126
tünchen 145
turnen 174
Tweed 126

über s. oben
Übereinstimmung 166
überkandidelt 192
Ukraine 37
um 221
Umwälzung 171
Ungarn 37

ungefähr s. Gefahr
unter 221
unverfroren 211
Ural 57
ur 163
Uranus 50
Urknall 47
Urteil 98

Valparaíso 28
Vandale 186
Vater 69
Venezuela 38
Venus 48
verbaseln 192
verbiestert 211
verbläuen s. Pleuelstange
verblüffen 211
Verbrennungsofen 175
verdammt 192
verdattert 211
verdrießen 211
Verfasser 169
verfemt 211
verfranzen 105
vergessen 212
vergeuden 212
Verhältniswort 172
verhätscheln 212
verheddern 212
verklausuliert s. Klausel
verknusen 212
vermählen s. Gemahl
verplempern 192, 212
verrecken 192, 212
verrotten 212

verrucht 212
verschmitzt 212
verschollen 213
verschroben 213
versiegen 213
verteidigen 213
vertrackt 213
Vertrag 169
vertuschen 213
verwalten 213
verwirklichen 172
verzeihen 214
Verzeihung 113
verzetteln 214
verzichten s. verzeihen
Vesuv 57
Vettel 186
viel 221
Vignette 205
Virginia 30
Volkstum, volkstümlich 174
Vollmacht 167
Voraussage 172
Vulkan 56

Wahlspruch 169
Wahn 135
Walachei 192
Waldschrat 214
Waldsterben 199
Walfisch (Sternbild) 51
Wall 145
Walzer 199
Wand 121
Wanne 145
Washington 26

Wasser 53
WC s. Klo
Wecker 175
wegen 221
Weiher 145
Weihnachtsmann 186
weil 221
wenig 221
Wenigkeit, meine 166
Wern, Werra, Weser 41
wider, wieder 221
Wien 27
Wildbret 214
windel 163
Witzbold 214
wohl 222
wohlfeil s. feilbieten
wohnen 122
Wolkenkuckucksheim 23
Wörnitz s. Wern
Wunder 163
Wuppertal 27
Wust 172

Xanadu 23

Yoga 81

Zange s. Beißzange
zappen 163

Zar 89
Zartgefühl 171
Zeitalter 170
Zeitschrift 167
Zeitwort 165
zelebrieren 113
Zelle 145
zentral, Zentrum 142
Zepter 147
Zerrbild 172
Zettel 145
Zeuge 98
Zibebe 205
Zicke 186
Zimelie 205
zimperlich 214
Zimtzicke 187
Zipperlein 192
Zoll 145
Zone 147
Zopf, alter 192
zu 222
Zürich 39
zwar 222
zwecks 222
zweideutig 167
Zweikampf 169
zwischen 222